MIRIAM MECKEL

Das Glück der Unerreichbarkeit

Buch

Handy, E-Mail, Internet sind digitale Zeitdiebe und Hausbesetzer, die unser Leben ungefragt erobern. Wir lieben und brauchen sie, aber wir können nicht ständig auf Stand-by sein. Das frisst Energie und ist auch fürs Klima schädlich – vor allem für das zwischenmenschliche. Miriam Meckel macht eine Bestandsaufnahme: Zerstören die neuen Kommunikationstechnologien unsere Identität und unsere Beziehungen? Werden wir durch sie schneller, produktiver und effizienter? Oder simsen und mailen wir uns orientierungs- und besinnungslos? Eine kluge Frau zieht ein kluges Fazit: Wir brauchen Kommunikationspausen. Wer sich verständigen und verstanden werden will, muss nachdenken können und sich erklären dürfen. Für jemanden oder etwas wirklich da zu sein bedeutet, auch mal abzuschalten. Das Glück liegt in der Unerreichbarkeit.

Autorin

Miriam Meckel, geboren 1967, ist Professorin für Corporate Communication an der Universität St. Gallen in der Schweiz und geschäftsführende Direktorin des Instituts für Medien- und Kommunikationsmanagement. Sie studierte Kommunikations- und Politikwissenschaft, Jura und Sinologie und promovierte über das europäische Fernsehen. Sie war zehn Jahre als Journalistin für ARD, VOX und RTL tätig und wurde 1999 als Professorin für Publizistik- und Kommunikationswissenschaft an die Universität Münster berufen. 2001 übernahm sie als Staatssekretärin das Amt der Regierungssprecherin beim Ministerpräsidenten in Nordrhein-Westfalen und war später als Staatssekretärin für Europa, Internationales und Medien zuständig. Miriam Meckel hat zahlreiche Bücher und Aufsätze zu den Themenfeldern Kommunikation, Journalismus, Globalisierung und Internet veröffentlicht. Sie moderiert auf n-tv die wirtschaftspolitische Talksendung »Miriam Meckel – Standpunkte«.

Miriam Meckel

Das Glück der Unerreichbarkeit

Wege aus der Kommunikationsfalle

GOLDMANN

FSC
Mix
Produktgruppe aus vorbildlich
bewirtschafteten Wäldern und
anderen kontrollierten Herkünften

Zert.-Nr. SGS-COC-1940
www.fsc.org

Verlagsgruppe Random House FSC-DEU-0100
Das für dieses Buch verwendete FSC-zertifizierte Papier
München Super liefert Mochenwangen.

1. Auflage
Taschenbuchausgabe Januar 2009
Wilhelm Goldmann Verlag, München,
in der Verlagsgruppe Random House GmbH

Umschlaggestaltung: Design Team München
Umschlagabbildung: imagesource
KF · Herstellung: Str.
Druck und Bindung: GGP Media GmbH, Pößneck
Printed in Germany
ISBN: 978-3-442-15533-0

www.goldmann-verlag.de

Inhalt

TEIL II

Wir Simultanten:
Immer erreichbar, im Stand-by

Lästige Erledigungen verschiebe ich gerne. Seit Wochen fehlte mir ein Halogenlämpchen. Abends war die rechte Seite meines Schreibtischs nur noch dunkel. Schließlich fuhr ich an einem Samstagmorgen mit der U-Bahn in die Stadt und stieg am Neumarkt aus. Direkt auf der anderen Seite des Platzes befindet sich eines der großen, alteingesessenen Lampen- und Elektrogeschäfte von Köln. Dort haben sie eigentlich alles. Es gelang mir noch, die Straße zu überqueren, da klingelte mein Mobiltelefon. Es war die Hausverwaltung, die mich tags zuvor nicht erreicht hatte, um mit mir zu klären, ob ich einen Nachmieter für meine Wohnung gefunden hätte. Hatte ich. Ja, ich würde ein Fax schicken mit den Unterlagen. Ja, gut, dass jetzt alles geregelt ist. Das ging schnell.

Ich hatte das Handy noch nicht wieder verstaut, da klingelte es noch mal. Diesmal war es ein Kollege. »Hast du kurz Zeit?«, fragte er, es müsse dringend die Gliederung des gemeinsamen Aufsatzes besprochen werden. »Eine Minute«, sagte ich und meinte »keine Minute«. Ich war unter Zeitdruck. Außerdem ist es prinzipiell unsinnig, ein anspruchsvolles Thema zwischen Tür und Angel zu besprechen, im Lärm der Stadt, das Quietschen der Straßenbahn im Hintergrund. Ich bat dann doch noch um Aufschub und erklärte meine Situation. Er wollte keinen Aufschub gewähren, habe er doch nur noch die nächsten drei Stunden, um seinen Teil des Artikels zu schreiben. Dann müsse er nach Paris fliegen und dann nach London, und dann … sei der Abgabezeitpunkt verstrichen. Ich diskutierte also geschlagene 20 Minuten mitten auf der Straße die Gliederung und die inhaltlichen Schwerpunkte des Aufsatzes. Zwischenzeitlich musste ich ins Telefon schreien. Denn es wurde immer lauter um mich herum; die samstägliche Einkaufswelle war längst angerollt.

Als das Gespräch endlich beendet war, entdeckte ich einen kleinen gelben Briefumschlag auf dem Display meines Mobiltelefons. Zwei Nachrichten waren während des Telefonats eingegangen. Die erste erinnerte mich daran, dass ich bereits seit zehn Minuten im Café an der Apostelnstraße hätte sitzen müssen, weil ich dort verabredet war (»Wann kommst du denn? Warten hier«). Die zweite Nachricht lautete: »Meldest du dich heute gar nicht?« Es war 11:10 an einem Samstagvormittag, ich hatte mich bislang nicht gemeldet. Der Tag hatte noch 12 Stunden und 50 Minuten, aber an der privaten Front war er bereits kommunikativ verloren.

Genau in diesem Moment piepste mein BlackBerry, um mich an eine Telefonkonferenz (englisch: *Conference Call*) zu erinnern, die – ausnahmsweise – auch am Samstagmorgen möglich sein sollte, denn es gab drängende Probleme. Ich hatte auch einige: Dieses Telefonat hätte bereits in dem besagten Café stattfinden sollen, nachdem ich das Halogenlämpchen gekauft, ein Weilchen nett mit meinen Freunden geplaudert und einen Kaffee getrunken hatte. Nun fand auch die Telefonkonferenz auf dem Bürgersteig vor dem Lampenladen statt. Ich war sauer auf das Gerät, das zu dem Zeitpunkt piepste, den ich selbst festgelegt hatte. Ich war nass geschwitzt, denn es waren fast 30 Grad, und das Mobiltelefon klebte an meinem Ohr. Menschen drängten sich an mir vorbei und redeten rücksichtslos in voller Lautstärke, obwohl ich doch telefonieren musste.

Mehrfach überkam mich die unbändige Lust, den anderen

Teilnehmern der Telefonkonferenz das Wort abzuschneiden und eine knappe und präzise Zusammenfassung zu präsentieren, um endlich den Gehsteig verlassen zu können. Als das nach mehreren Anläufen nicht gelungen war, legte ich einfach auf und stellte mein Mobiltelefon ab. Über den BlackBerry schickte ich schnell eine Mail an einen Kollegen, der noch an der Telefonkonferenz teilnahm: »Mein Akku schmiert ab, bitte entschuldige mich bei den Teilnehmern.« Ich dachte: Wenn jetzt noch irgendjemand anruft, bringe ich ihn um.

Dann betrat ich den Lampenladen. Eine ältere Verkäuferin steuerte auf mich zu: »Wat kann isch für Sie tun?« Ich kramte mein kaputtes Halogenlämpchen aus dem Rucksack und hielt es ihr hin. »Dat hammer nisch«, sagte sie gut gelaunt. »Sie sind doch ein Lampenladen?«, fragte ich spitz. »Jawoll«, antwortete die Frau. »Und Sie verkaufen Lampen und Zubehör?« Ich nahm selber meine leicht gepresste Tonlage wahr. »Jawoll«, wiederholte die Frau und ließ sich in ihrer guten Stimmung nicht beirren. »Aber Sie haben keine Halogenlampen?«, fragte ich, fast schon kreischend. »So isset: Die hammer nisch.«

Ich verspürte ein Beben in mir. Dann sagte ich zu der freundlichen älteren Dame »Schlampe!«, drehte mich auf dem Absatz um und verließ das Geschäft.

Digitale Bohème

An jenem Tag habe ich festgestellt, dass ich etwas ändern musste. Etwas war mit mir während der vergangenen Jahre geschehen. Ich war zu jener Spezies Mensch mutiert, die angeblich alles gleichzeitig kann. Ich war geworden, was ich nie sein wollte: ein Simultant.

Irgendwann in den zwei Jahren vor dieser Szene im Lampenladen muss es einen Punkt gegeben haben, den ich selbst nicht bemerkte. Den Zeitpunkt nämlich, als die Kommunikationsanforderungen, die von außen an mich herangetragen wurden, begannen, meine eigene Lebensgestaltung zu bestimmen und meine eigene Kommunikationslogik zu überlagern. Als ich anfing, auf Information nur noch zu reagieren, statt nach meinen Wünschen und Vorstellungen zu kommunizieren. Als die kommunikative Vernetzung ein Wert an sich geworden war und nicht mehr Mittel zum Zweck der Verständigung. Als ich zuließ, dass die Technik mein soziales Leben bestimmt – und nicht umgekehrt. Ich war immer online, immer auf Stand-by und immer erreichbar. Aber ich war eigentlich nie mehr richtig da.

Wohlwollend betrachtet war ich zu einem Exemplar der Spezies Mensch geworden, die einen neuen Lebenstrend definiert: das virtuelle mobile Ich. Immer unterwegs, immer mit den neuesten Informationen versorgt, immer vernetzt mit anderen, die gleiche Interessen und Ziele haben. So jedenfalls versteht sich die digitale Bohème[1], die man in den Cafés in Berlin-Mitte beobachten kann. Da sitzen sie, junge Menschen, die dank Internet und digitaler Technik dem Traum vom selbstbestimmten Arbeiten offenbar sehr nahe kommen. Sie haben sich von den klassischen Lebens- und Arbeitsräumen emanzipiert (wozu noch ein Büro nutzen?), leben und arbeiten in wechselnden Gemeinschaften *(communities)* und brauchen dazu nicht mehr als einen Laptop mit Internet und ein Handy. Das Motto dieser Generation lautet: »Leben ist da, wo ich Netz habe.«[2] Der Reiz dieser Lebensform jenseits der Festanstellung mit stationärem Arbeitsplatz und Bürostuhl liegt auf der Hand: Wer findet es nicht schön, beim Milchkaffee mit Freunden in einem Trendcafé interaktiv an einem Text, einem Grafikkonzept oder anderen Produkten der digitalen Wirtschaft zu arbeiten?

Kritisch betrachtet war ich zum Sklaven meiner technischen Vernetzung geworden. Ich bekam durchschnittlich 250 E-Mails pro Tag, die meisten über den BlackBerry, dieses handtellergroße Gerät, das den mobilen Empfang von E-Mails an jedem Ort und zu jeder Zeit möglich macht und gleichzeitig Telefon, elektronischer Kalender, Adressverzeichnis und Notizblock ist. Ich hatte eine Handyrechnung von mehreren hundert Euro pro Monat, weil ich nie zu Hause war und alle Gespräche mobil von unterwegs erledigte. Und ich arbeitete mehr als zwölf Stunden am Tag, regelmäßig bis in die Nacht hinein.

War mein Arbeitsvolumen plötzlich so gewachsen? Eigentlich nicht. Verschiedene Dinge hatten ineinandergegriffen und mich und mein Leben verändert. Weil ich immer erreichbar war, hatte ich keine Pausen mehr, um mich zu konzentrieren und wichtige Dinge wirklich zu durchdenken. Weil ich mir keine Zeit nahm, mit anderen in Ruhe und ohne Zeitdruck zu sprechen oder zu telefonieren (und die anderen sich diese Zeit auch nicht nahmen), gelang es selten, die Dinge zu Ende zu besprechen und eine wirkliche Lösung zu finden. Weil ich permanent auf alle Kommunikationskanäle achtete und sie alle gleichzeitig bedienen wollte, ließ ich mich dauernd in meiner eigentlichen Arbeit unterbrechen. Als Simultant war ich nicht mehr bei mir und selten bei denen, die meine Aufmerksamkeit gerne für sich in Anspruch genommen hätten.

Gesammeltes Schweigen

Eine verfahrene Situation. Ich wollte sie ändern, nur wie? Was tut man in einer solchen Lebenslage? Man beginnt von der extremen Gegenbewegung zu träumen. In Gedanken versetzte ich mich immer wieder in den Steingarten im Ry-an-ji-Tempel in Kyoto. Auf einer Reise zum Deutschland-Jahr in Japan hatte ich 30 Gespräche geführt und einen Sightseeing-Marathon absolviert. Wirklich im Gedächtnis blieb mir ein alter Mann, der in unfassbarer Langsamkeit einen kleinen Rechen mit wenigen Zinken durch das Kieselbett dieses Gartens zog. Die anderen Besucher habe ich gar nicht recht bemerkt; wir alle standen oder saßen am Rand dieses Gartens, vollkommen versunken in die langsamen Bewegungen des Mannes und die wunderschönen Muster, die er dabei zauberte.

Mir fiel Doktor Murke ein, der kauzige Hörfunkredakteur aus Heinrich Bölls Erzählung *Doktor Murkes gesammeltes Schweigen.*[3] Er zeichnet im Rundfunk Gespräche mit bedeutsamen Menschen auf und schneidet daraus Teile für seine eigenwillige Sammlung. Keine bedeutsamen Aussagen, sondern das Schweigen, jene Sekunden, in denen der Gast im Studio einmal nichts sagt. Diese Partien fügt er aneinander und hört sich das Ergebnis immer wieder an. Seine Umwelt findet Doktor Murkes Steckenpferd absurd. Aber wer ständig dem Sprechen und Hören verpflichtet ist, für den wird das Schweigen zu etwas Besonderem. Die Stille wird so kostbar, dass man sie sorgsam sammelt und konserviert.

Immer online, immer im Prozess des digitalen Austauschs und – häufig genug – Geplappers gefangen, sehnen sich viele heute nach Ruhe und Abgeschiedenheit. Und selbst dafür gibt es im Netz mittlerweile einen Ort. Wer den Kontrapunkt zum Nachrichtenstrom, zum digitalen Grundrauschen sucht, findet im Netz die Seite »alleinr.de«. Auf dieser Seite gibt es keine Fotos und Grafiken, keine Pop-ups, keine Links, keine bunten Animationen und keine weiterführenden Informationen. Eigentlich findet sich hier nichts – außer einem kleinen Begrüßungstext: »Entspannen Sie sich. Hier müssen Sie nichts tun. Sie melden sich nicht an, Sie laden nichts hoch, Sie kommentieren nicht, Sie knüpfen keine Kontakte. Niemand beobachtet, was Sie tun. Sie sind allein.« Folgt man der abschließenden Aufforderung, nach unten zu scrollen, hat man vor sich nur noch den schwarzen Bildschirm.

Technisch erreichbar, sozial isoliert

Das ist eine schöne Idee für einen Ausnahmemoment. Für die Bewältigung des ganz normalen Alltags hilft das wenig. Zen-Meditation, Schweigen oder die Verweigerung, im Internet das zu tun, was man dort normalerweise macht – all das sind Gegenentwürfe, die einem das Grundproblem der Informations- und Kommunikationsüberlastung bewusst machen und kurzzeitig Entlastung verschaffen können. Letztlich aber müssen wir andere Wege finden, um das Leben in der mobilen und vernetzten Gesellschaft selbstbestimmt und konstruktiv zu gestalten. Denn eigentlich *wollen* wir ja vernetzt sein. Wir wollen nur nicht den Überblick verlieren, und wir wollen nicht ständig in der Pflicht zur Kommunikation stehen.

Unsere technische Vernetzung spiegelt die Wirklichkeit der modernen Gesellschaft wider. Wir arbeiten mit Informationen und in Kommunikationsprozessen. Dies ist ein Ergebnis des technischen und sozialen Fortschritts. Die Vorteile, die darin für uns liegen, wird niemand ernsthaft bestreiten. Am Institut für Medien- und Kommunikationsmanagement der Universität St.Gallen führen wir zu dieser Frage ein Forschungsprojekt durch. Die bislang vorliegenden Ergebnisse zeigen: Die Möglichkeiten der umfassenden mobilen Kommunikation können die individuelle Produktivität und die eines Unternehmens steigern. Für unsere Wirtschaft gilt: Ideen und Kreativität werden die wichtigsten Wirtschaftsgüter des 21. Jahrhunderts sein. Die Arbeit damit braucht Informationen und gelingende Kommunikation. Es geht also nicht darum, sich von dieser Vernetzung abzuschneiden, um mit den Problemen fertig zu werden, die sie uns auch bringt. Denn die mobilen Kommunikationstechnologien erleichtern und bereichern unser Leben. Ich halte per SMS Kontakt zu fernen Freunden und zu meiner Familie. Ich kann mich spontan für den Abend verabreden, wenn er unerwartet frei wird. Ich schicke Liebesgrüße und Lebenszeichen, die ohne diese Technologien erst nach Tagen ankommen würden. Das alles möchte ich nicht missen.

Aber ich möchte auch die Zeiten nicht missen, die nur mir gehören. Die es mir erlauben, zu denken, zu pausieren, mich ganz und gar auf einen anderen Menschen oder eine bestimmte Frage zu konzentrieren. Das wird wieder möglich, wenn es gelingt, die Exzesse der technischen Vernetzung zu vermeiden. Sie sind es, die Probleme in unser Leben bringen. Und sie sind es, die uns in die Kommunikationsfalle laufen lassen. Zwei grundlegende Einsichten helfen, wieder zu den richtigen Prioritäten zurückzufinden:

1. Wer technisch angeschlossen ist, ist nicht zwangsläufig auch sozial angebunden.

2. Wer immer erreichbar ist, ist eigentlich für nichts und niemanden wirklich da.

Lob der Kommunikationspause

Früher gab es Phasen, für die sich die Gesellschaft auf eine Kommunikationspause verständigt hatte. Zu Zeiten meiner Kindheit war es ungehörig, zwischen 13 und 15 Uhr bei jemandem zu Hause anzurufen. Da war Mittagspause, und man wollte ungestört sein. Heute gibt es höchstens noch vereinzelt Menschen, die entnervt reagieren, wenn sie während der »Tagesschau« oder samstags zur Bundesligazeit vom Telefon gestört werden. Ansonsten gilt: Wir sind immer auf Empfang.

Wer Kinder und Jugendliche heute am Schreibtisch beobachtet, wird darauf selbstverständlich nicht nur einen Computer und ein Handy entdecken, sondern auch feststellen: Hier geschieht alles gleichzeitig: Hausaufgaben, SMS, Telefonieren, Chats, Online-Spiele und die Suche bei Wikipedia. Die jüngere Generation scheint das alles spielend parallel zu bewältigen. Die Kinder und Jugendlichen von heute sind mit dem Computer, dem Internet und dem Mobiltelefon aufgewachsen und sozialisiert worden. Für Menschen, die in ihrer Kindheit noch fasziniert auf einen Schwarz-Weiß-Fernseher mit drei Programmen gestarrt haben, mag ein solcher Umgang mit der Technik manchmal schwer verständlich sein.

Wie wir Menschen mit den modernen Kommunikationsmitteln umgehen, hängt ganz wesentlich davon ab, ob und wie wir mit ihnen sozialisiert worden sind. Ich habe mir meine PC-Erfahrung erst nach der Pubertät mühsam und begleitet von unterschiedlich gearteten Systemabstürzen erarbeiten müssen. Mein sechsjähriger Neffe hat längst einen intuitiven Zugang zum Computer. Er spielt, er malt, er mailt am PC. Und dann hat er plötzlich keine Lust mehr und wendet sich anderen Dingen zu. Manchmal kann man dann beobachten, wie seine Stimmung kippt. Wie er dennoch nicht loslassen kann vom Computer und all den Angeboten, die er dort findet und entdecken will. Dann muss meine Schwester eingreifen, um ihm die Pause zu verordnen, die er für sich braucht.

Wenn wir neue Technologien für unser Leben entdecken, dann reicht es nicht zu lernen, wie man sie *technisch* benutzt. Man muss auch lernen, wie man *richtig* und *sozial verträglich* mit ihnen umgeht.

Eine Mehrheit scheint die permanente kommunikative Vernetzung und Erreichbarkeit zwar zu wollen, fühlt sich von ihr aber zugleich geplagt oder gar überfordert. Eine Umfrage im Auftrag der amerikanischen Zeitschrift *Newsweek* brachte widersprüchliche Zahlen ans Licht: 70 Prozent der Befragten gaben an, nicht mehr ohne E-Mail leben zu können, 60 Prozent waren darüber hinaus der Meinung, ihre Arbeit werde dadurch effizienter. Gleichzeitig klagten aber 94 Prozent der Befragten darüber, dass sie pro Tag mindestens eine Stunde darauf verwendeten, zahllose Mails zu beantworten oder unwichtige Mails zu löschen.[4] Berechnungen nach einer Studie des Henley Management College in Großbritannien Anfang 2007 haben ergeben, dass Manager insgesamt 3,5 Jahre ihrer Lebenszeit mit irrelevanten E-Mails verschwenden.[5]

Mitunter ergreifen Menschen fragwürdige Maßnahmen, um sich der Überforderung zu erwehren. Eine Befragung von 417 Führungskräften in Deutschland brachte ans Licht, dass Manager mithilfe der mobilen Kommunikationstechnologien regelmäßig lügen.[6] Am häufigsten wird dabei die Wahrheit per SMS verdreht: 81 Prozent der Befragten gaben an, oft bzw. sehr oft die Unwahrheit zu schreiben. Auf Platz zwei der »Lügen-Liste« steht die E-Mail. Für diese Inflation der Unwahrheiten geben die Autoren der Studie verschiedene Gründe an: Weil der persönliche und direkte Kontakt immer seltener wird und weil viele Menschen ständig unterwegs sind, können ihre per SMS oder E-Mail übermittelten Informationen häufig nicht überprüft werden. Der wichtigste Grund liegt in der Motivation: Die Manager wollen dem hohen Kommunikationsdruck der ständigen Erreichbarkeit einfach einmal entfliehen. »Kein Handy-Empfang«, »Klingeln nicht gehört«, »Probleme mit dem E-Mail-Server«, »Akku leer« oder »Habe im Flugzeug gesessen« sind die häufigsten Ausreden für einen Kommunikationsabbruch. Sie stimmen fast nie.

Das ist ein deutlicher Hinweis, dass auch etwas anderes nicht stimmt – unser Verhältnis zu den technischen Kommunikationsmöglichkeiten, unsere Positionierung im umfassenden Strom der Kommunikation. Wer lügen muss, um sich eine Atempause zu verschaffen, der traut sich offensichtlich nicht zu sagen, dass er einmal abschalten muss.

In St. Gallen sind wir in unserer Studie zum Gebrauch von BlackBerry und Smartphones (Telefone, die auch mobile E-Mails empfangen können) zu ähnlich widersprüchlichen Ergebnissen gekommen: Unter anderem haben wir nach der Belastung durch die permanente kommunikative Verfügbarkeit gefragt. Bei den vorgegebenen Antwortmöglichkeiten wählten die meisten zunächst nur die positiven Einschätzungen: »erleichtert mein Leben«, »macht mich unabhängig vom Büro«, »lässt mich meine Arbeit flexibler erledigen«. In der zweiten offenen Antwortrunde rückten die meisten Teilnehmer dann auf Nachfrage in ihrer Beschreibung mit den Problemen heraus: kein Wochenende mehr ohne Arbeit, sonntagabends kommen per E-Mail die Aufgaben für den Montag herein (die womöglich schon um sieben Uhr morgens erledigt sein müssen), Ärger und Frust beim

Partner und in der Familie, weil nie mehr richtig »abgeschaltet« wird.

Das Abschalten hat zweierlei Dimensionen: Wir müssen technisch ausschalten, um gedanklich abschalten zu können. Das fällt vor allem jenen Menschen schwer, die in den Kommunikationsströmen der mobilen und vernetzten Gesellschaft ganz vorne mitschwimmen. Wenn besonders aktive Wissensarbeiter in den USA 341, in Großbritannien 320, in Deutschland 301 und in Frankreich 256 Mails am Tag empfangen und senden,[7] dann lässt sich leicht vorstellen, was es bedeutet, einen Tag offline zu bleiben. Am nächsten Tag sind dann eben zwischen 500 und 700 Mails zu lesen, zu löschen oder zu beantworten.

Die meisten von uns haben die Erfahrung gemacht, was es bedeutet, eine Zeit lang offline zu sein. In der Regel beantwortet niemand die Anrufe und E-Mails für uns, die sich in dieser Zeit angehäuft haben. Aber wir versuchen nicht, etwas an der Ursache dieser Überlastung zu ändern, wie arbeiten einfach mehr. Notfalls auch in der Freizeit und im Urlaub. Das wiederum macht den Menschen auf Dauer kaputt. Wer nie entspannt, wird erst verspannt – und tickt irgendwann womöglich aus. »Crazy busy, overbooked, overstreched and about to snap« (wahnsinnig beschäftigt, überbucht, überdreht und kurz vorm Ausrasten), so beschreibt der US-amerikanische Psychologe Edward M. Hallowell diesen Zustand.[8]

Wie sich das auch auf die schönsten Augenblicke unseres Lebens auswirkt, zeigt ein Beispiel aus der Forschung: Die Entspannungs- und Glücksgefühle, die der Einzelne im Urlaub gewinnt, sind nur drei Tage nach Wiederaufnahme der Arbeit nahezu verschwunden. Das ergab eine experimentelle Studie mit 76 Angestellten der IT-Wirtschaft an der Universität Tel Aviv. Ein Urlaub hat heutzutage also eine Halbwertszeit von drei Tagen! Zweiundsiebzig Stunden nach der Rückkehr an den Arbeitsplatz ist die Erholung aus der Empfindungswelt des Arbeitnehmers getilgt. Und das ist noch nicht alles: Drei Wochen nachdem die befragten Angestellten wieder ihren Job aufgenommen hatten, waren Stress und Burn-out wieder auf dem Level angekommen, den sie vor dem Urlaub erreicht hatten. [9]

Heutzutage muss vor dem Antritt der Ferien und nach der Rückkehr aus dem Urlaub ein ganzer Berg von Informationen und Kommunikationsanfragen bewältigt werden. Das liegt nicht zuletzt daran, dass im Zeitalter von E-Mail und Mobiltelefon nicht mehr »das Büro« die im Urlaub eingehende Arbeit unter den Weiterarbeitenden verteilt. Sie wird entweder gleich an den Urlaubenden weitergeleitet oder auf Wiedervorlage gelegt. Wir erleben seit einigen Jahren ein »Stellvertretersterben«. Die übliche Regelung, dass man sich im Urlaub von einem Kollegen oder einer Kollegin vertreten lässt, der oder die dann auch wirklich die Arbeit übernimmt, ist im Aussterben begriffen. Stellenabbau und immer flachere Hierarchien haben den Einzelnen oft wirklich zum Einzelkämpfer gemacht. Viele, die im Berufsleben stark eingebunden sind, gönnen sich mit Blick auf ihre Informations- und Kommunikationsgewohnheiten längst keine Tage mehr, an denen sie wirklich im Urlaub, also tatsächlich für das Büro unerreichbar sind. E-Mails werden auch in den Ferien täglich gecheckt, wichtige – und auch unwichtige – Dinge telefonisch schnell erledigt.

Droge Information

Der Entwicklungsschritt, der diese Veränderungen am stärksten vorangetrieben hat, ist, wie ich glaube, der BlackBerry – oder allgemeiner: die Möglichkeit, immer und überall E-Mails zu senden und zu empfangen. Im Jahr 2000 erlebte der BlackBerry an der Wall Street in New York seinen ersten Höhenflug, und kein gestandener Broker oder Investmentbanker wollte sich mehr ohne das Gerät sehen lassen.

Ich habe mir frühzeitig einen BlackBerry zugelegt. Und damit begannen die Probleme. Ich fühlte mich ständig genötigt nachzuschauen, ob eine Nachricht eingetroffen war. Wer hatte mich eigentlich dazu verpflichtet? Wenn dann nicht eine, sondern 20 Mails angekommen waren, wurde ich hektisch. Manchmal war es zum Verzweifeln. Bei jeder neu eingegangenen Mail blinkt der BlackBerry rot und schlägt Alarm. In langweiligen Konferenzen kann man regelmäßig Teilnehmer beobachten, die auf ihren BlackBerry starren wie das Kaninchen auf die Schlange, um ja nicht zu verpassen, wenn eine neue Mail eingeht. »Natürlich muss ich nicht sofort jede E-Mail checken, die eingeht, das ist nun wirklich nicht nötig«, sagt ein Teilnehmer einer Studie zu den Wirkungen der mobilen E-Mail, »aber ich habe irgendwie doch das Gefühl, ich sollte nachsehen.«[10] Pawlow lässt grüßen.

Für das multiple Telefon bürgerte sich bald ein Spitzname ein, der inzwischen sogar Eingang in einige internationale Wörterbücher gefunden hat: »Crackberry«. Crack, eine fatale Mischung aus Kokainsalz und Natron, macht sofort abhängig und ist hochgradig zerstörerisch für die Gesundheit und die soziale Verträglichkeit. Es wirkt außerdem extrem schnell, verursacht beim Anwender ein Gefühl gesteigerter Aufmerksamkeit und Leistungsfähigkeit bis hin zu Selbstüberschätzung und Größenwahn. Beobachtet man exzessive BlackBerry-Nutzer, kann man auch bei ihnen den Eindruck bekommen, sie stünden unter Drogen, abgekoppelt von ihrer Umwelt, nur noch auf sich und das Gerät konzentriert.

Bei YouTube kursieren längst Filme, die den BlackBerry aufs Korn nehmen und die allumfassende mobile Kommunikation ad absurdum führen: Ein Video präsentiert beispielsweise den »BlackBerry Helmet«, den Helm passend zur mobilen E-Mail. Damit der BlackBerry-Nutzer nun wirklich nie wieder vom Display seines Geräts aufschauen muss, wird er mit einem Helm ausgestattet, der durch eine Signalflagge von weitem sichtbar ist. So werden die anderen Passanten frühzeitig vor Rempelattacken des unaufmerksamen mobilen Workaholics gewarnt. Außerdem verfügt der Helm über eine Kamera, deren Aufnahmen direkt auf den BlackBerry übertragen werden, so dass der Nutzer sehen kann, wohin er gerade läuft, während er unablässig auf das kleine Display starrt und die Tastatur bearbeitet.

The BlackBerry Helmet: Ultimative Lösung für den mobilen Workaholic

Ich maile, also bin ich

Warum lassen wir uns tyrannisieren von den Möglichkeiten der technischen Kommunikation, die – richtig verwendet – doch eine Hilfe sein können? Warum tyrannisieren wir uns selbst?

Es ist nicht die Technik, die diese Verhaltensweisen auslöst. Es sind wir, die die Technik mit einem klaren Ziel nutzen: Wir wollen Aufmerksamkeit. Wir wollen beachtet werden, beteiligt sein am Spiel der Wichtigen und Wahrgenommenen. Immer im Einsatz, immer leistungsbereit. Immer ganz vorne bei denen, die Informationen senden und empfangen, und so die Agenda setzen: Ich maile, also bin ich. Diesen Grundzug des Menschen hat der irische Theologe und Aufklärungsphilosoph George Berkeley bereits vor rund 250 Jahren auf den Punkt gebracht: »Esse est percipi« (Sein heißt wahrgenommen werden).

Jede SMS, jedes Telefonat und jede E-Mail, die jemand bekommt, ist für ihn ein Signal: Da gibt es jemanden, der an mich denkt, mit mir in Kontakt treten will – und meine Aufmerksamkeit haben möchte. Aufmerksamkeit ist die neue Währung unserer Zeit. Der Medienphilosoph Georg Franck beschreibt das im Entwurf einer »Aufmerksamkeitsökonomie« so: »Aufmerksamkeit braucht man nicht nur für fast, sondern für restlos alles, was man erleben will. Man kann Aufmerksamkeit auch für restlos alles ausgeben, was es überhaupt zu erleben gibt. Die Aufmerksamkeit übertrifft in dieser Universalität das Geld. Zugleich ist ihre Verfügbarkeit schärfer begrenzt.«[11] Wir wetteifern darum, wahrgenommen zu werden. Denn Wahrnehmung bringt Anerkennung, und die bringt Einfluss. Und so bimmeln, blinken und brummen wir ohne Unterlass durch die Welt.

Die meisten haben ein untrügliches Gespür für die Probleme, die damit verbunden sind, wenn man sich selbst, die eigene Identität und Position im sozialen Leben vornehmlich über den Grad der Vernetzung und den Umfang der Erreichbarkeit definiert. Es ist ihnen klar, dass es letztlich nicht funktioniert, aber sie wissen nicht, wie sie es ändern sollen. Und alle kluge Einsicht ist in dem Moment vergessen, in dem es darum geht, für andere so erreichbar wie möglich zu sein. Die wechselseitige Erwartung permanenter Erreichbarkeit ist eine enorme Belastung – aber sie verspricht zugleich Erfüllung. Sie setzt uns unter einen hohen Kommunikationsdruck, bahnt uns zugleich den Weg zu Anerkennung und Wertschätzung.

Entscheidend ist, dass die Aufmerksamkeit, die wir entgegennehmen und anderen zukommen lassen, sich nicht allein auf den *Prozess* des Kommunizierens beschränkt. Sie muss das *Ergebnis* von Kommunikation sein, im Sinne der Verständigung zwischen zwei Menschen, die sich im Wortsinne etwas zu sagen haben. Ich *bin* nicht dadurch, dass ich maile, funke, simse. Ich *bin* dadurch, dass ein anderer das zur Kenntnis nimmt, was ich ihm mitteilen möchte, und daraus etwas macht. Und der andere *ist* dadurch, dass ich nicht nur wahrnehme, wie er kommuniziert, sondern aufnehme, was er mir sagen will.

Um dieses Ergebnis zu erreichen, müssen wir gelegentlich aus dem Strom der Informationen ausscheren, einen Stopp einlegen am Rand des Datenhighways und innehalten. Nur dann können wir Informationen verstehen und verarbeiten, daraus Anschlusskommunikation herstellen. Nur dann sind wir mehr als technisch angeschlossen: Wir sind sozial verbunden. Wer zu diesem Schritt des Innehaltens nicht mehr in der Lage ist, verfehlt die Übersetzung des virtuellen Lebens der Kommunikationsnetzwerke in das reale Leben der zwischenmenschlichen Beziehungen. Wem diese Übertragung nicht gelingt, der ist überladen mit Informationen, aber verarmt in der Kommunikation.

Das existenzielle Funkloch

In diesem Buch will ich näher beleuchten, woran das liegt. Warum sind wir dabei, den Zweck der Kommunikation zugunsten des Selbstzwecks eines permanenten Informationsaustauschs zu vernachlässigen (Teil I)? Weil es zu viele Informationen gibt, die wir verarbeiten müssen, und ihre Menge auch durch den technologischen Fortschritt täglich anwächst (Kapitel 2). Weil wir dadurch zu viele Entscheidungen treffen müssen (Kapitel 3) und versuchen, alle Dinge parallel zu erledigen, obwohl wir dazu gar nicht in der Lage sind (Kapitel 4). Und weil wir der Technik erlauben, unser Leben zu beherrschen, anstatt selbst zu bestimmen, wie wir diese Technik sinnvoll und produktiv einsetzen wollen (Kapitel 5).

Ich möchte außerdem fragen, was diese Abhängigkeiten von der technischen Vernetzung für den einzelnen Menschen bedeuten (Teil II). Was kann er tun, um die eigene Position im Strom der Informationen zu bestimmen? Wie kann er sich darin mitbewegen, kommunikativ anschlussfähig bleiben und die Vorteile der technologischen Entwicklung nutzen, ohne Getriebener seiner Geräte und Vernetzung zu sein (Kapitel 6)? Wie inszeniert sich das mobile vernetzte Ich in seiner Lebenswelt (Kapitel 7)? Ich werde dabei nicht allein auf unseren Arbeitsalltag schauen, sondern auch auf die Veränderungen im privaten Leben (Kapitel 8 und 9). Arbeit, Leben und Lieben sind immer stärker miteinander verwoben – auch das ist eine Konsequenz der umfassenden technischen Vernetzung und Erreichbarkeit.

Die müssen nicht zum Problem werden, aber sie bedürfen der Gestaltung, der Kommunikationsregeln für den Umgang mit sich selbst und mit anderen.

Es ist ein Anfang, das Handy auch mal auszuschalten. Aber es geht um mehr. Der Einzelne muss die Fähigkeit entwickeln, die eigene Position in der modernen vernetzten Gesellschaft zu finden und zu definieren. Nur eine solche Position ermöglicht Individualität in einer Welt, in der unablässig konventionelle oder normative Anforderungen des Kollektivs an uns herangetragen werden. Auch die will und muss der Einzelne erfüllen, zumindest muss er sich zu ihnen verhalten. Denn er will Anteil haben an den Möglichkeiten der Vernetzung – am Produktivitätszuwachs, der mit ihr verbunden ist, und an den flexiblen Lebensformen, die nur durch sie möglich werden. Aber er darf sich nicht versklaven lassen.

Wir alle vollführen in unserem Leben ständig den Balanceakt, der unsere moderne Welt bestimmt: zwischen den Anforderungen einer technokratisch-leistungsorientierten Umwelt auf der einen Seite und dem Willen zur eigenen Lebensgestaltung und zum individuellen Lebensglück auf der anderen. Das Verbindungsglied zwischen ihnen ist die gelungene Kommunikation (Kapitel 10).

Die Lösung unserer Probleme und die Chance für geglückte Kommunikation liegen in einer so simplen wie effektiven Maßnahme: der klugen *Un*erreichbarkeit. Sie gewährt uns Zeiten der Ruhe, des Abschaltens und der Konzentration. Der Kölner Autor Navid Kermani beschreibt in seinem Roman *Kurzmitteilung* den Vorstandsvorsitzenden eines Autokonzerns und seine ungewöhnlichen Arbeits- und Lebensregeln: »Etwa zog er sich täglich zweimal zurück, um zu meditieren, und er hatte auch alle zwei Wochen einen festen Tag, an dem er nicht ins Büro kam, keinerlei Termine annahm und nicht erreichbar war.«[12] Wenn es diesen Vorstandsvorsitzenden wirklich gibt, dann hat er verstanden, worum es heute geht.

Solche Strategien der klugen *Un*erreichbarkeit sind heute im realen Leben gefragt. Wir müssen Bedingungen schaffen, dass Phasen der Vernetzung und des Informationsinputs sich mit Phasen der Verarbeitung und des kreativen Outputs abwechseln. Nur dann können wir uns selbst verständlich machen und andere verstehen. Nur dann kann aus Kommunikations*last* wieder Kommunikations*lust* entstehen.

Kommunikation braucht Qualität. Und Qualität braucht Zeit. Wer sich verständigen will und verstanden werden will, muss nachdenken können und sich erklären dürfen. Der größte Luxus ist es heute, technisch unerreichbar und im gleichen Augenblick für jemanden oder etwas wirklich da zu sein. Jeder braucht heute von Zeit zu Zeit sein individuelles existenzielles Funkloch. Das sorgt nicht nur für eine Steigerung der Lebensqualität, es ist überlebenswichtig.

TEIL I

In der Kommunikationsfalle: Datenflut und Denkebbe

Gab es je einen Moment, in dem unsere Menge an verfügbarer Information begrenzt war? Vermutlich nicht. Und so ist es auch ein sinnloses und endloses Unterfangen, die Informationen auf der Welt »zählen« oder kategorisieren zu wollen. Dem Analytiker der »Weltinformationsmenge« mag die Menschheit wie Sisyphos vorkommen: Mühsam rollt sie eine Kugel bergan, die mit jedem Moment und jeder Strecke Weges an Umfang zunimmt. Die Realität übertrifft den Mythos noch: Das, was da bewegt wird, verändert sich, es ist zunächst aus Stein, dann kommt Papier hinzu, später magnetisches Material, schließlich Silizium, denn im Abstand von einigen Jahrzehnten bringt der technologische Fortschritt neue Übertragungswege und Speichermedien hervor. Bei jeder Veränderung fallen Stücke von der Kugel und rollen bergab. Vielleicht zerschellen sie an einer Felskante, vielleicht bleiben sie auch einfach am Rand liegen und verrotten dort, weil niemand mehr auf sie aufmerksam wird. Aufsammeln kann die schuftende Menschheit diese vielen Teile nicht mehr, denn dann würde die große Kugel ihr entgleiten. Was verloren geht, ist unwiederbringlich fort. Was hinzukommt, wird für einen gewissen Zeitraum Teil der Last, die es zu bewältigen gilt. Das, was die Menschheit vor sich her schiebt, ist schon seit langem viel zu groß, als dass der Einzelne es überschauen oder voranbewegen könnte.

Ich fühle mich oft wie Sisyphos. Wenn ich morgens mein E-Mail-Programm starte und, bevor ich die Augen richtig aufgemacht habe, schon wieder eine zweistellige Zahl an Nachrichten in der Eingangsbox vorfinde. Wenn ich eine Stunde später, nach einem Termin, auf meinen BlackBerry schaue und dort weitere 30 E-Mails eingegangen sind, davon mehrere mit angehängten Dokumenten, die ich möglichst schnell lesen und kommentieren soll. In meinem Kollegen- und Freundeskreis gibt es kaum jemanden mehr, der nicht spätabends oder am Wochenende E-Mails kontrolliert und verschickt. Ich kenne auch niemanden mehr, der sein Handy konsequent ausschaltet. Selbst bei meinem Vater, der 78 Jahre alt ist, muss ich überlegen, ob ich ihn mit penetrantem Piepsen wecke, wenn ich nach 23 Uhr noch eine SMS schicke. Auch er macht das Ding selten aus.

Das Problem an all diesen Informationen ist: Ich muss etwas mit ihnen machen: antworten, etwas bearbeiten, Stellung nehmen. Auf Information folgt mehr Information. Wir alle müssen reagieren. Und wenn wir uns den Luxus leisten, es nicht zu tun, ist der Preis dafür oft ein schlechtes Gewissen.

Das Sisyphos-Syndrom

Aus Information wird mehr Information. Und so wächst die Menge stetig an, von der wir alltäglich einen Teil zu bewältigen haben. Um zu ermitteln, wie viele Informationen es in der Welt überhaupt gibt, hat eine Forschergruppe der School of Information Management and Systems an der Universität Berkeley in zwei Studien für die Jahre 1999 und 2002 versucht, die Menge an weltweit verfügbarer und gespeicherter Information zu ermitteln.[1] Danach wurden auf allen physikalischen Datenträgern (Print, Film, magnetische und optische Speichermedien) im Jahr 2002 etwa fünf Exabyte an *neuen* Daten gespeichert. Neu heißt in diesem Fall: Datenmengen, die zusätzlich zu den bereits vorhandenen entstanden sind. Das klingt nach viel. Um welche Informationsmengen es sich dabei handelt, führt ein Vergleich plastisch vor Augen: Wenn man die 19 Millionen Bücher und anderen Archivdokumente der Kongressbibliothek zu Washington digitalisieren könnte, dann kämen dabei etwa zehn Terabyte Daten heraus. Ein Terabyte ist aber nur der einmillionste Teil eines Exabyte. Wir brauchten also eine halbe Million Mal die Kongressbibliothek zu Washington mit ihren gesamten digitalisierten Beständen, um auf die Menge von fünf Exabyte zu kommen.

Der größte Teil der gespeicherten Daten landet auf Festplatten – und auf dem altbekannten Papier, das bis heute auch immer noch der langlebigste Informationsträger ist. Der Löwenanteil dieser Daten besteht aus Bürodokumenten. Mit der Entwicklung des Computers wurde die Vision des papierlosen Büros populär. Allein zwischen 1999 und 2002 ist die Menge der auf Papier gespeicherten Informationen um 36 Prozent gestiegen. Pro Jahr werden fast 700 Milliarden Seiten in den Büros weltweit unnötig gedruckt. Vision und Wirklichkeit haben also nicht recht zueinandergefunden.

Mit den gespeicherten Daten sind allerdings noch nicht die gesamten weltweit vorhandenen Daten erfasst. Ergänzt werden die auf Trägermedien gespeicherten Informationen durch die Daten, die über elektronische Übertragungskanäle (Telefon, Radio, TV und das Internet) ausgetauscht werden. Diese Datenmenge belief sich nach den Angaben der Berkeley-Studie im Jahr 2002 weltweit auf fast 18 Exabyte. Das ist dreieinhalb Mal mehr als die Menge an gespeicherten Daten und umgerechnet so viel wie 1,75 Millionen digitalisierte Kongressbibliotheken. Sage und schreibe 98 Prozent dieser Datenmenge entfallen auf Telefonate, gefolgt von der Datenübertragung im Internet. Im Netz ist wiederum die E-Mail das Medium, das die größte Datenmenge produziert. Mittlerweile gibt es weltweit mehr als eine Milliarde E-Mail-Nutzer, die täglich etwa 171 Milliarden Mails verschicken. Einundsiebzig Prozent davon sind leider Spam-Mails.[2]

Ein einzelner Mensch kann unmöglich auch nur einen Bruchteil dieser Datenflut bewältigen. Wir benötigen und benutzen nur eine verschwindend kleine Menge dieser Daten, die als Informationen für uns wichtig, hilfreich oder einfach angenehm sind. Dennoch: Wenn die weltweite Datenmenge insgesamt stetig zunimmt, wächst im Verhältnis auch die Menge an Informationen, die wir als Ausschnitt daraus zur Verfügung haben und nutzen können oder auch nutzen müssen.

Die Informationen gelangen außerdem immer schneller zu uns. Die Datenübertragungsleistungen haben sich durch das schnelle Internet oder neue Übertragungsstandards im Mobilfunk vervielfacht. Der Einzelne muss nicht nur immer mehr Informationen bewältigen, er muss sie auch immer schneller aufnehmen und bearbeiten, und es bleibt ihm immer weniger Zeit für die gedankliche Auseinandersetzung damit. In dieser Situation gerät er leicht in die Kommunikationsfalle: Wer immer auf Empfang ist, versteht bald gar nichts mehr.

Wir sind *overnewsed* und *underinformed*. Wenn Datenquantität und Informationsqualität auseinanderklaffen, versinken wir im Treibsand der Daten. Es gibt keinen festen Halt mehr, keine Orientierungspunkte, die uns den Ausweg weisen könnten, und jede Bewegung treibt uns weiter in die Kommunikationsfalle hinein. Dabei ist es ganz einfach: Je mehr Informationen es gibt, desto mehr Zeit braucht man, um sorgfältig zu prüfen, wie wichtig, relevant, nützlich diese Informationen jeweils sind.

Diese Zeit haben heute die wenigsten. Fehlt diese Zeit, bleibt nur ein Ausweg: Wir reagieren oberflächlicher, um mit der Informationsmenge überhaupt noch zurande zu kommen. Zugleich nehmen Beanspruchung und Belastung zu, die Ruhe- und Erholungszeiten verringern sich. So entsteht ein Krankheitsbild des modernen vernetzten und mobilen Menschen, das ich als informationelles Sisyphos-Syndrom bezeichne.

Information overload

Wann wird aus viel Information zu viel Information? Der US-Schriftsteller und Zukunftsforscher Alvin Toffler hat schon 1970 den Begriff der Informationsüberflutung *(information overload)* geprägt.[3] Getragen von einer Grundskepsis gegenüber dem technologischen Fortschritt, nimmt Toffler an, der Mensch müsse in kurzer Zeit zu viele Veränderungen durchmachen, die ihn belasten oder ihm gar die Orientierung nehmen. Die wachsende Informationsflut ist dabei einer der wichtigsten Gründe für den »Zukunftsschock«, unter dem die Menschen erstarren.

Die Sozial- und Wahrnehmungspsychologie hat einen nüchternen Erklärungsansatz: Sie geht davon aus, dass der Mensch über begrenzte Kapazitäten verfügt, mit denen er auch nur eine begrenzte Menge von Reizen verarbeiten kann.[4] Es ist ihm nicht möglich, mehr als 2 Prozent der ihm zur Verfügung stehenden Informationen wirklich wahrzunehmen und zu verarbeiten. Der Rest ist »Informationsmüll«, der zwar nicht genutzt wird, aber dennoch zum Kommunikationsgrundrauschen beiträgt.

Zum Glück sind wir zur selektiven Wahrnehmung fähig. Wir können überschüssige Informationen ausblenden und nur die wirklich an uns heranlassen, die wir auch tatsächlich brauchen. Es gelingt uns auch unter Bedingungen der Informationsüberlastung immer wieder, Informationen abzuwehren, die nicht nur wenig hilfreich, sondern womöglich sogar schädlich sind. Wir weisen Informationen ab, die dem eigenen Wissen, der individuellen Lebenserfahrung oder den für unsere persönliche Identität und den sozialen Zusammenhalt im unmittelbaren Lebensumfeld wichtigen Erfahrungswerten entgegenstehen. [5]

Wir können ausblenden. Wir können verwerfen und gewichten. Und wir halten zuweilen sogar die Mehrdeutigkeit von Informationen aus, die sich nicht sofort eins zu eins in unser Wissen einbauen und einordnen lassen. Diese Ambiguitätstoleranz hilft uns, in einer komplexen und widersprüchlichen Welt zu überleben, ohne schlicht verrückt zu werden.

Das alles ändert aber nichts an der Tatsache, dass die überzähligen Informationen eine Belastung darstellen. Sie erschweren die Mechanismen, mit denen der Einzelne sich gegen zu viel Information zur Wehr setzen kann. Selbst wenn wir auswählen können, müssen wir mit unseren vorhandenen kognitiven Kapazitäten unter einem immer größeren Informationsangebot auswählen; auch wenn wir ausblenden, werden wir gefordert, einen immer größeren Teil auszublenden. Datenmenge und Gedankenmenge verhalten sich nicht proportional zueinander – im Gegenteil.

Homo connectus

Vom informationellen Sisyphos-Syndrom sind die Menschen vor allem an ihrem Arbeitsplatz betroffen. Führungskräfte leiden besonders häufig darunter, aber inzwischen greift die Überlastung auf alle Hierarchiestufen über. Jeder steht im Strom der Informationen und muss sich in ihm behaupten.

Schon 1996 gaben in einer internationalen Befragung von 1300 Managern in Großbritannien, USA, Australien, Hongkong und Singapur zwei Drittel der Befragten zu Protokoll, sie fühlten sich durch Informationsüberlastung gestresst und ihre persönlichen Beziehungen litten unter dieser Belastung. Fast die Hälfte der Befragten meinte, ihre Entscheidungsfähigkeit werde durch die Informationslast beeinträchtigt und die dadurch entstehenden Kosten (Verschwendung von Arbeitszeit, Unterbrechungen etc.) überstiegen den Wert, den die Informationen auf der anderen Seite für das jeweilige Unternehmen hätten.[6]

Zwischen 1996 und heute hat sich einiges geändert: Die Menge an Informationen ist stetig angewachsen, und die Möglichkeiten des Zugriffs auf diese Informationen wurden erweitert. Ich erinnere mich noch daran, wie ich vor zwölf Jahren zum ersten Mal ein mobiles Telefon benutzt habe. Es war das Redaktionstelefon des Fernsehmagazins, für das ich damals arbeitete, ein Exemplar des sogenannten C-Netzes, und hatte sehr wenig mit dem heutigen Handy zu tun. Das Gerät im Ausmaß eines Werkzeugkoffers wurde nur im Notfall eingesetzt. Meist trug oder fuhr der Chef es mit sich herum. Wir Redakteure telefonierten an unserem Arbeitsplatz oder privat zu Hause.

Heute haben wir nach Angaben des Forschungsinstituts »Research and Markets« in Europa längst im Mobilfunk eine Marktsättigung erreicht, die bei 100 Prozent liegt.[7] Das heißt, jeder potenzielle Kunde besitzt inzwischen ein Handy. Der Trend geht nun zum Zweittelefon oder zum Smartphone, mit dem sich auch mobil E-Mails empfangen lassen. Es sind heute also nicht mehr allein oder in erster Linie die Manager, die von den Möglichkeiten der vernetzten mobilen Kommunikation profitieren.

Und sie profitieren auch nicht nur, sondern leiden auch unter der allumfassenden Erreichbarkeit. Wir können inzwischen von einer neuen Generation des Menschen sprechen: dem »Homo connectus«.[8]

Es ist die gewachsene Menge und die Vielfalt der Informationen, die unsere Lebens- und Arbeitswelt immer komplexer machen. Und es sind die veränderten Rahmenbedingungen eines globalen digitalen Kapitalismus, die uns in unserem Arbeits- und Lebensumfeld verändern. Die Anforderungen betreffen inzwischen uns alle: Wir müssen permanent neue Informationen verarbeiten, wir müssen jederzeit kommunikations- und kooperationsbereit sein und rund um die Uhr erreichbar. Jeder hat heute nicht nur die Chance, sondern auch die Pflicht, mobil und vernetzt zu kommunizieren. Und er muss sich den Veränderungen stellen, die damit verbunden sind.

Das Gedächtnis der Menschheit

Derzeit sind BlackBerry und Smartphone die Vorzeigeprodukte für den mobilen vernetzten Menschen, da sie ihm ermöglichen, immer und überall Informationen zu empfangen und zu kommunizieren. Doch so wie die technologische Entwicklung uns in den vergangenen Jahrzehnten immer wieder neue Möglichkeiten und Endgeräte beschert hat, wird sie sich nicht auf BlackBerry und Smartphone ausruhen. Längst sind die nächsten Schritte in Sicht, die uns Menschen noch umfassender in ein computergestütztes elektronisches Netzwerk einbinden, das permanenten Informationsaustausch und allumfassende Kommunikation möglich macht.

Die Idee eines solchen Netzwerks ist alt. Im Juli 1945 veröffentlichte der wissenschaftliche Berater von US-Präsident Franklin D. Roosevelt, Vannevar Bush, einen Artikel im Magazin *Atlantic Monthly*, in dem er den Gang des technologischen Fortschritts beschrieb und die Vision eines solchen Netzwerks entwickelte.[9] Dieses Netzwerk, »Memex« genannt, stellte sich Bush als ein technisches Gerät vor, in dem das Individuum alle seine Bücher, Schallplatten, Informationen und Kommunikationsverläufe speichert. Bush konzeptualisierte Memex als mechanisches Gerät, das einen immer schnelleren und flexibleren Zugriff auf die gespeicherten Daten ermöglicht und als eine Art ausgelagerte Erweiterung des menschlichen Gedächtnisses fungiert. Zusätzliche Inhalte, wie Bücher oder Bilder, sollten auf Mikrofilm erworben und in Memex integriert werden.

Die Vision Vannevar Bushs zeigt zweierlei: Natürlich müssen wir bei der Lektüre des Textes an manchen Stellen schmunzeln, können wir uns an mechanische Datenträger heute fast kaum noch erinnern. Ich habe während meines Studiums Tage und Wochen in der Universitätsbibliothek zugebracht, um dort Dokumente zu lesen, die auf Mikrofilm gespeichert waren. Hatte man einige Stunden verkrampft auf die weiße Schrift auf schwarzem Grund gestarrt, fingen die Texte an zu verschwimmen, die Augen und der Rücken schmerzten. Fast überall sind die mechanischen Datenträger längst durch neue Technologien ersetzt worden.

Aber die Grundidee Vannevar Bushs ist klug und noch immer aktuell: die Speicherung und Vernetzung aller Daten, die ein Mensch in seinem Leben sammelt und zur Verfügung haben will. Weise eingesetzt, würde eine solche Technik das Leben erleichtern. Vergessen zu dürfen bringt einem jeden Erleichterung im alltäglichen Leben und Entlastung im Umgang mit Informationen. Wenn die Technik uns richtig unterstützt, können wir all das vergessen, was wir im Moment nicht brauchen, in dem Wissen, dass wir es jederzeit wiederfinden.

Genau das ist die Kernherausforderung unserer informatisierten Zeit: Wir brauchen den Zugriff auf die Informationen und das Wissen dieser Welt genau dann, wenn wir es benötigen, denn wir sind nicht in der Lage, alles in unserem Gehirn abrufbar zu halten. Um dieses Problem zu lösen, bringt die Forschung technologischen Fortschritt hervor, der manchmal weniger, manchmal aber auch mehr dazu beiträgt, die Diskrepanz zwischen Informationspotenzial und Verarbeitungskapazität zu verringern, von der wir heute alle geplagt werden.

Immer schneller, immer mehr

Es sind drei Gesetzmäßigkeiten, mit denen sich die Dynamik des technologischen Fortschritts beschreiben lässt und die dafür sorgen, dass wir heute ein riesiges Stück weiter sind, als Vannevar Bush sich das 1945 hat vorstellen können.[10]

- Gordon Moore, Gründer des Chipherstellers Intel, prognostizierte schon in den sechziger Jahren zutreffend, dass sich die Halbleiterkapazitäten alle 18 Monate verdoppeln würden *(Moores Gesetz)*. Bei gleichbleibenden Kosten verzeichnen die Computerleistungen ein exponentielles Wachstum, das auch den Vernetzungsprozess erheblich beschleunigen kann.[11]
- Robert Metcalfe, Gründer von 3Com, entwickelte die These, dass der Nutzen oder die Leistungsfähigkeit eines Netzwerks proportional zum Quadrat der im Netzwerk vorhandenen Knotenzahl wächst *(Metcalf'sches Gesetz)*. Anders formuliert: Wenn nur ein Mensch ein Telefon besitzt, dient es höchstens zum

Selbstgespräch mit geringem Nutzwert. Je mehr andere Menschen allerdings über ein Telefon verfügen, desto mehr Kommunikationsmöglichkeiten ergeben sich, und desto größer wird auch der Nutzwert des eigenen Telefons.

❐ Der dritte Entwicklungsindikator wurde von dem Nobelpreisträger für Ökonomie Ronald Coase »entdeckt« – die Transaktionskosten *(Coase Theorem)*.[12] Während sie in den analogen Wirtschaftsprozessen häufig – abhängig von der Art des Produkts oder der Dienstleistung – recht hoch ausfallen, operiert die Netzökonomie zum großen Teil mit deutlich geringeren Transaktionskosten.

Diese drei Gesetzmäßigkeiten sorgen dafür, dass Vernetzungsprozesse exponentiell vonstattengehen und den Wandel unserer Informations- und Kommunikationsstrukturen in Wirtschaft und Gesellschaft immer weiter vorantreiben.

Bislang waren es immer nur Menschen, die über die Vernetzung von Computern ihre individuellen Informations- und Kommunikationsformen verändert, beschleunigt, intensiviert haben. Doch der nächste technologische Evolutionsschritt ist schon im Ansatz vollzogen: das Internet der Dinge. In Zukunft soll unsere kommunikative Vernetzung in alle Lebensbereiche hineinreichen und auch die Alltagsgegenstände unseres täglichen Lebens einbeziehen. In der Computerindustrie wird diese Entwicklung als *pervasive computing* oder *ubiquitous computing* bezeichnet.[13] Der zweite Begriff wurde Anfang der neunziger Jahre von Mark Weiser geprägt, damals Wissenschaftler am Xerox-Forschungszentrum in Palo Alto.[14] Weiser sieht *ubiquitous computing* als vollständige und umfassende Integration des Computers in unsere Lebenswelt: »Wenn die Technologie stärker eingebettet und damit unsichtbar wird, beruhigt das unser

Leben, indem die ständigen Störungen entfallen ... Die profundesten Technologien sind die, die irgendwann verschwinden. Sie weben sich selbst in die Prozesse des alltäglichen Lebens ein, bis wir sie nicht mehr von ihnen unterscheiden können.«[15]

Fernbedienung fürs Leben

Verschiedene Technologien lassen schon heute Teile dieser Vorstellung wirklich werden. Eine wichtige Entwicklung ist die Sprachsteuerung und Spracherkennung von Computern. Erste Anwendungen gibt es längst. So kann ich die wichtigsten Gesprächspartner, deren Nummern in meinem Mobiltelefon gespeichert sind, durch die Aussprache ihres Namens anrufen. Meistens funktioniert das tatsächlich, es sei denn, ich spreche mit vollem Mund oder es ist sehr laut in meiner Umgebung. Wie wenig ausgereift diese Basisform der Spracherkennung durch Computer manchmal noch ist, weiß jeder, der gelegentlich versucht, im Callcenter der Lufthansa die Nummer seiner *Miles and More*-Karte zu hinterlassen. »Ich habe Sie leider nicht verstanden«, ist die häufigste Antwort, die das elektronische Fräulein vom Dienst auf Lager hat. Stellen wir uns vor, was möglich ist, wenn die Spracherkennung wirklich umfassend funktioniert: Mit einem kleinen Headset oder Miniohrhörer und einem Mikrofon im Hemdknopf können wir alle Bedienfunktionen unseres Mobiltelefons oder Kleinstcomputers über Sprache steuern.

Das Mobiltelefon ist schon jetzt eine Form des tragbaren Computers *(wearable computing)*. Schon heute können wir mit dem Smartphone nicht nur telefonieren, sondern SMS und E-Mails verschicken, unseren Kalender führen, im Internet surfen, Fotos und kleine Videofilme machen oder Computerspiele spielen. Künftig wird das Telefon noch mehr Funktionen übernehmen: Wir werden mit dem Gerät unsere Umgebung steuern können, Fahrkarten oder Getränke am Automaten kaufen, das Garagentor öffnen, uns beim Zutritt zum Bürogebäude elektronisch ausweisen und die elektronische Wegfahrsperre unseres Autos deaktivieren. Irgendwann werden wir auf einer Party über das Handy die Namen der uns plötzlich gegenüberstehenden Gäste eingeflüstert bekommen – über das Display oder über das Headset, das wir immer an uns tragen.[16] Das Mobiltelefon entwickelt sich zum Allroundhelfer im Alltag, sozusagen zum Schweizer Messer des digitalen Zeitalters. Es wird zur Fernbedienung für unser Leben.

Vernetzung total

Noch komplexer wird es, wenn wir die Weiterentwicklung des Mobiltelefons mit dem »Internet der Dinge« kombinieren. Jeder Gegenstand in unserem Lebensumfeld kann zukünftig identifiziert werden. Dazu wird er mit einem kleinen und in der Herstellung billigen Kommunikationsmodul ausgestattet, zum Beispiel einem elektronischen Etikett. Eine Technologie, die insbesondere im Handel entwickelt und eingesetzt wird, sind die RFID-Chips *(Radio Frequency Identification)*, kleine elektronische Etiketten, die eine Antenne, einen analogen und digitalen Schaltkreis und einen permanenten Speicher enthalten und dabei nicht größer als ein Fingernagel sind. Waren, die mit einem solchen Chip ausgestattet sind, können automatisch identifiziert, zugeordnet, sortiert oder verladen werden. RFID-Chips ermöglichen den Einkauf ohne Kassiererin: Man fährt den Einkaufswagen einfach an der Kasse vorbei, und alle Waren werden erkannt, damit man sie dann auch bezahlen kann. Damit ein RFID-Lesegerät einen Chip erkennt, braucht zwischen beiden Gegenständen nicht einmal Sichtkontakt zu bestehen, die Gegenstände kommunizieren über Funk miteinander und tauschen ihre Daten aus.

Stellen wir uns vor, dass unser Mobiltelefon zukünftig als Lesegerät für solche Chips dienen kann, dass jeder einzelne Gegenstand unseres Alltags seine individuelle Beschreibung auf einem elektronischen Etikett erhält, vielleicht sogar eine spezifische Internetadresse (URL), die auf die »Homepage« des jeweiligen Gegenstands im Netz verweist. Und stellen wir uns weiter vor, dass in das System dieser Datenvernetzung auch noch Lokalisierungsdienste, wie GPS, eingebunden werden. Dann wären nicht nur Informationsaustausch und Kommunikation von jedem Ort aus mit jedem Gegenstand möglich, wir könnten auch immer wissen, wo sich etwas befindet.

Es ist durchaus vorstellbar, dass ich in 20 Jahren bei »Google Home« meinen Haustürschlüssel in die Suchmaske eingeben kann, weil er mir gerade wieder einmal abhandengekommen ist. Über das mobile Internet in Verbindung mit GPS »meldet« sich mein Schlüssel bei meinem Mobiltelefon und gibt an, er befinde sich derzeit auf dem kleinen Weinregal im Keller. Auch meine Brille weiß dann immer, wo sie ist, teilt es mir über mein Handy mit, und wir finden wieder zusammen. Die Tiefkühlpizza weiß nicht nur, wo sie liegt und ob es dort kühl genug ist, sondern auch, wie sie zubereitet wird. Das übermittelt sie der Mikrowelle, ohne dass ich eingreifen muss. Und der Rasensprenger kommuniziert nicht nur mit den Feuchtigkeitssensoren im Garten, sondern erhält über das mobile Internet auch die Daten der lokalen Wettervorhersage. Wenn es innerhalb der kommenden 24 Stunden regnen soll, richtet er sich auf einen freien Tag ein.

So komfortabel ein solches vernetztes Leben sein kann, so offen liegt in ihm auch alles, was wir gewohnt sind, als Privatsphäre zu schützen. Längst ist es möglich, ein eingeschaltetes Handy in einem Umkreis von wenigen hundert Metern zu lokalisieren. Mit zusätzlichen Funkschnittstellen (wie Bluetooth oder RFID) lässt sich dieser Radius auf etwa zehn Meter verringern.[17] Wir ziehen eine Lebens- und Kommunikationsspur hinter uns her, die womöglich nicht nur die Menschen nachvollziehen können, denen wir dies gerne zugestehen. Wo werden alle die Daten wie lange gespeichert, die aus diesen komplexen Vernetzungen hervorgehen? Und wer hat Zugriff auf diese Daten? Lassen sich aus der Kombination einzelner Datensätze detaillierte Lebens- und Gewohnheitsbilder einzelner Menschen konstruieren, so dass ihr künftiges Verhalten daraus mit hoher Wahrscheinlichkeit abgeleitet und dementsprechend vorhergesagt werden kann?

Ein Beispiel sind die Bonuskarten des Einzelhandels. Wer beispielsweise in der Schweiz bei Migros einkauft, kann über die »Cumulus«-Karte Punkte sammeln, die sich dann zur Belohnung von Einkaufstreue in Waren oder Geld umsetzen lassen. Mit der Nummer der Karte lässt sich im Internet jeder Einkauf bis zum einzelnen Apfel, Haarentfernungsmittel oder Tampon nachvollziehen. Zwar ist der Zugang passwortgeschützt. Aber 100-prozentige Sicherheit bietet das bekannterweise nicht. Mir ist ziemlich egal, ob irgendjemand kontrollieren kann, welches Obst ich erwerbe. Was aber ist mit der jungen Frau, die ein Päckchen Kondome kauft und deren Freund sich nach Lektüre der Einkaufsliste im Netz fragt, für wen sie die wohl braucht? Auch in Deutschland sammeln die Anbieter von Bonuskarten bei jedem Einkauf wertvolle Kundendaten, die weit über die unmittelbar mit dem Einkauf zusammenhängenden Informationen hinausgehen.

Dies sind Fragen der Privat- und Intimsphäre sowie des Datenschutzes, die noch längst nicht beantwortet sind. Wir müssen sie stellen, weil unsere informationelle Selbstbestimmung hier auf dem Spiel steht. Wenn unser Mobiltelefon zur Fernbedienung unseres Lebens wird, dann muss der Zugang zu diesem Gerät anders gesichert werden als heute. Dann reicht kein vierstelliger PIN-Code, den man jedes Mal eingibt, wenn das Gerät angeschaltet wird. Das Gerät muss nach kurzer Zeitspanne in den Sicherheitsmodus umschalten. Wir brauchen beispielsweise den Fingerscanner am Telefon, um unsere gespeicherten Daten, vor allem aber den Zugang zu allen mobilen Datennetzen, den uns dieses Telefon ermöglicht, vor unbefugtem Zugriff zu schützen. Umgekehrt brauchen wir Schutzmechanismen, die uns vor ungewollten und nicht zu bewältigenden Datenströmen aus anderen Quellen bewahren, die über das Mobiltelefon den Zugang zu uns suchen.

Vorsicht, Kommunikationsfalle!

Was bedeutet das alles für unser Leben? Es bedeutet ganz sicher nicht, nach der Vergangenheit zu rufen, nach dem Motto: Früher war alles besser und übersichtlicher. Wir können die Zeit nicht zurückdrehen, den technologischen Fortschritt nicht ungeschehen machen und uns den Informations- und Kommunikationsanforderungen nicht gänzlich entziehen. Ich behaupte: Die meisten Menschen wollen auf die Möglichkeiten, die mit alledem verbunden sind, auch gar nicht verzichten. Also geht es nicht um die Frage, *ob* wir Teil dieser mobilen Kommunikationsnetzwerke sein wollen. Es geht darum, *wie* der Einzelne daran teilhat, wie es ihm gelingen kann, die Kommunikationsanforderungen der Umwelt und die eigenen Konzentrations- und Ruhebedürfnisse in Einklang zu bringen.

Wer die Kommunikationsfalle umgehen will, darf nicht stecken bleiben in Datenmengen und Informationsbergen. Um den Überblick zu behalten, braucht er Selbstdisziplin und eine klare Vorstellung davon, wie das eigene Leben aussehen soll und welche privaten Bedürfnisse er darin befriedigen möchte. Er braucht die Chance auf Ruhepausen, die sich in der Regel nicht von selbst einstellen, sondern organisiert und abgesichert werden müssen. Dafür gibt es offenbar bei den meisten Menschen ein klares und bewusstes Bedürfnis.

Ein interessantes Beispiel: Jahrelang galt das mobile Telefonieren an Bord eines Flugzeugs als Sicherheitsrisiko und war verboten. Während sich einige besonders wichtige Menschen anfänglich noch darüber beklagten und beschwerten, haben sich die meisten Reisenden inzwischen sehr gerne mit dieser Einschränkung abgefunden. Es gibt sogar Menschen, die behaupten, sie liebten besonders die Langstreckenflüge, weil sie ihnen eine wunderbare telefonfreie Ruhe- und Konzentrationszeit von mehreren Stunden bescherten. Nun überlegen verschiedene Airlines, das Telefonieren an Bord zu erlauben – und siehe da: Das will kaum jemand. Bei einer Umfrage unter mehr als 4000 Passagieren der Lufthansa hat sich die Mehrheit gegen das Telefonieren an Bord ausgesprochen. Eine Studie mit 8000 Passagieren bei United Airlines kommt zu den gleichen Ergebnissen.[18]

Ein wenig Vorstellungskraft genügt, um zu verstehen, warum diese Resultate so klar sind: Wer möchte zehn Stunden oder mehr im Flugzeug neben einem Menschen der Sorte sitzen, die einem häufig im Zug begegnet: Die gesamte Strecke laut telefonierend, dabei mehr auf die Aufmerksamkeit der Abteil- oder-Kabinenumwelt als auf die des Gesprächspartners bedacht, die-Mitreisenden mit unsinnigem oder uninteressantem Geschwätz belästigend. Auf der Zugfahrt kann man notfalls in den Speisewagen fliehen – wenn der nicht auch schon durch Showtelefonierer besetzt ist. Während des Fluges wäre man den Sprechexhibitionisten nahezu hilflos ausgeliefert. Vermutlich sind die Fluggesellschaften gut beraten, dieses Problem noch einmal in Ruhe zu überdenken. Sonst müssen künftig womöglich Sky Marshals eingreifen, um handgreifliche Auseinandersetzungen zwischen Telefonfreaks und Telefonabstinenzlern in der Luft zu schlichten.

Informations- und Kommunikationsökologie

Die meisten Menschen wissen, was sie wollen: Sie wollen mobil sein, vernetzt leben und kommunizieren können. Aber sie brauchen auch ihre Ruhepausen, eine gewisse Ordnung in den Informationsströmen, den Kommunikationsformen und den Abläufen des täglichen Lebens. Es geht um nicht weniger als eine Informations- und Kommunikationsökologie, die wir etablieren und weiterentwickeln müssen, wollen wir in der Lage sein, mit den wachsenden Informations- und Kommunikationsanforderungen umzugehen, um eher die Vorteile zu genießen, denn die Nachteile zu erleiden. Drei grundsätzliche Strategien genügen, um den richtigen Rahmen zu setzen.

Informationen sind für uns Menschen so wichtig wie Lebensmittel. Deshalb müssen wir auch bei unserem täglichen »Infococktail« darauf achten, dass er richtig zusammengestellt ist und in angemessenen Portionen aufgenommen wird. Ähnlich wie in der Ernährungswissenschaft kommt auch die Informationswissenschaft Schritt für Schritt zu der Erkenntnis, dass Informationsqualität wichtig, Informationsquantität problematisch ist.

Um für uns selbst eine Qualitätsdimension unseres persönlichen Informationsmix zu beschreiben, müssen wir uns darüber klar werden, *welche* Informationen wir benötigen, *wozu* wir sie brauchen und *wo* wir sie am besten finden. Auch wenn die Informationen heute auf allen Kanälen über sogenannte Push-Funktionen an uns herangetragen werden, sollten wir uns eher auf unser eigenes Auswahl- und Orientierungsvermögen verlassen und selbst suchen. Zielloses Surfen im Netz führt selten zu einem produktiven Ergebnis, es verschwendet auch viel Zeit. Sich zum Beispiel durch einen kurzen Moment der Besinnung auf die Frage »Was ist wesentlich?« jeden Morgen zu vergewissern, welche Aufgaben auf der Agenda stehen, was wir dazu brauchen und wie wir es am besten finden, gibt uns eine Struktur für den Tag und hilft, Prioritäten zu setzen und uns selbst nach diesen Prioritäten zu organisieren.

Datensammeln ist nicht Denken. Es gibt Phasen, in denen man vornehmlich versucht, Neues zu finden, Informationen zusammenzustellen, sich einen ersten Überblick zu verschaffen. Dann muss eine zweite Phase folgen, die ich etwas anachronistisch die »kontemplative Phase« nenne. Das ist die Zeit der Verdichtung, der Bewertung, der Weiterentwicklung von Gedanken und Sachverhalten. In dieser Phase kommen nicht mehr allein mediale Informationsquellen, wie Datenbanken oder das Internet, in Betracht. (Wie wär's mit der Lektüre eines Buchs?) Dann brauchen wir einen dialogischen Abgleich: die Diskussion oder auch den konstruktiven Streit mit einem oder mehreren anderen Menschen über das Gedachte und Recherchierte.

Wer immer in der Sammelphase stecken bleibt, jeder Information hinterherhechelt, leidet irgendwann an Informationsermüdung *(information fatigue syndrome).*[19] Dazu gehören Symptome wie Frustration, Verwirrung, Entscheidungsschwäche, wachsende Ungeduld und Intoleranz, aber auch physische Auswirkungen wie Kurzsichtigkeit, Blutdruckprobleme oder Herzrhythmusstörungen. Wir brauchen im Umgang mit den Informationslasten, die wir zu bewältigen haben, Reflexions- und Vertiefungspausen, sonst folgt auf die Datenflut unweigerlich die Denkebbe.

Die kluge Verarbeitung von nützlichen Informationen setzt den Wechsel zwischen den Kommunikationsdimensionen voraus. Ein Großteil unserer täglichen Kommunikation findet heute auf den virtuellen Plattformen, im Internet, per E-Mail, im Chat, in Weblogs etc. statt. Das ist in vielerlei Hinsicht hilfreich und hat den Zugang zu vielen Recherchewegen und Informationsquellen erheblich erleichtert. Wo es ihm leicht gemacht wird, neigt der Mensch dazu, sich festzusetzen. Wer allerdings seine Zeit nur noch vor dem Computer verbringt oder – die modernere Form – den Computer permanent in Form eines kleinen mobilen Handgeräts, wie dem BlackBerry oder einem Smartphone, mit sich trägt, der verliert gelegentlich den Anschluss an das wirkliche Leben. Immer wieder lässt sich in Büros, Konferenzräumen oder an Cafétischen beobachten, dass zwei Menschen miteinander reden, aber eigentlich doch nicht. Der eine tippt während des Gesprächs permanent nahezu manisch in seinen Kleincomputer und versucht parallel dazu, das Gespräch in Gang zu halten. Aus einer solchen Situation entwickeln sich keine kreativen Gedanken, es entstehen auch keine menschlichen Beziehungen, und darüber hinaus ist dieses Verhalten schlicht unhöflich.

Ein wirkliches Kommunikationstalent der mobilen vernetzten Gesellschaft ist in der Lage, die Kommunikationsdimensionen spielend zu wechseln, folgt dabei der klaren Regel, nicht alles ständig zu vermischen und gleichzeitig zu tun, und weiß um die Bedeutung jeder der beiden Dimensionen: des wirklichen Lebens und des virtuellen Lebens. Wir brauchen beide Dimensionen, müssen in beiden Dimensionen technisch, aber auch sozial anschlussfähig sein.

Andernfalls laufen wir Gefahr, irgendwann in Zukunft eine Entwicklung mitzuerleben, die das »American Life Project« in einem Szenario zum Internet 2020[20] als Ergebnis einer Befragung für möglich hält: Von knapp 750 befragten Experten war der Großteil der Meinung, es werde sich aus dem Widerstand gegen die mit der technologischen und informationellen Entwicklung unserer Welt verbundenen Konsequenzen eine Klasse von »Technologieverweigerern« herausbilden. Sie wird als eigene, separierte kulturelle Gemeinschaft am Rande der modernen vernetzten Gesellschaft leben, und einzelne Mitglieder werden terroristische Anti-Technologie-Attacken gegen den Rest der Gesellschaft begehen. Der US-Psychologe Edward Hallowell, Spezialist für Informationsflut und menschliche Überlastung, bringt das Problem am Beispiel des elektronischen Spiels auf den Punkt: »Es ist nicht das Videospiel, das dein Hirn zerrüttet, es ist das, was du wegen des Spiels nicht tust, was dein Leben zerrüttet.«[21]

Select all!
Die Tyrannei der Entscheidung

Es gibt Menschen, die leiten ihr Maß an persönlicher Freiheit aus der Größe einer Speicherkarte ab. Auf diese passt zum Beispiel die gesamte Musiksammlung, die zu Hause in Form von CDs im Regal herumsteht. Alle Titel können digital auf der Speicherkarte abgelegt werden. Wir müssen auf keinen einzigen mehr verzichten. Das ist die neue digitale Freiheit: Alles immer zur Verfügung zu haben, unsichtbar mit sich herumzutragen und zu jedem Zeitpunkt jede Wahl treffen zu können.

Ich habe 1168 Titel auf meinem MP3-Player gespeichert und könnte damit 83,3 Stunden oder knapp dreieinhalb Tage am Stück Musik hören, ohne dass sich ein einziger Titel wiederholt. Und damit sind nicht einmal fünf Gigabyte Speicherplatz belegt. Wenn ich wollte, könnte ich meine Musiksammlung auf der Festplatte also derzeit problemlos auf mehr als 20 000 Titel und eine Spielzeit von 1500 Stunden oder gut 62 Tagen bzw. mehr als zwei Monaten ausweiten. Aber wann soll ich jemals zwei Monate lang ununterbrochen Musik hören? Wann werde ich Zeit dazu haben? Und würde ich es wollen, wenn ich es könnte?

Ich beobachte eine seltsame Genügsamkeit an mir, was die Auswahl von Musikstücken betrifft. Ich habe eine Reihe von Playlisten angelegt, die für verschiedene Stimmungslagen und Hörsituationen besonders geeignet sind. »Schnulz & Schmilz« höre ich zum Beispiel, wenn ich mich beruhigen und auf schöne Dinge konzentrieren will. Es gibt Musik zum Joggen, zum Tanzen und eine Klassiksammlung, die ich besonders gerne höre, wenn ich arbeite oder schreibe. In diesen Playlisten ist nicht einmal ein Viertel der Stücke zusammengefasst, die auf meinem MP3-Player gespeichert sind. Was geschieht mit den übrigen drei Vierteln? Sie lagern virtuell im tragbaren Musikarchiv und kommen selten oder nie zum Einsatz. Warum ist das so? Vielleicht weil ich faul bin oder nicht Musikfan genug, um immer wieder abwägen zu wollen, was gerade das beste und außergewöhnlichste Musikerlebnis sein könnte.

Vielleicht habe ich aber auch einfach ein Problem mit einem Überangebot an Alternativen. Tatsächlich höre ich oft Ähnliches, so wie ich von den knapp 100 Fernsehprogrammen, die ich zu Hause empfangen kann, eigentlich kaum mehr als vier oder fünf wirklich nutze. Und genauso wähle ich im Supermarkt immer wieder dieselben Produkte, von denen ich weiß, dass ich damit richtigliege. Ich tue das im vollen Bewusstsein, dass ich nur einen minimalen Ausschnitt des Variantenreichtums wahrnehme. Und ich tue es in dem Bewusstsein, dass dieser Variantenreichtum mich glücklich machen soll (wie mir die Werbung sagt). Das kann er entweder deshalb, weil ich wirklich wählen kann oder weil das immer wieder Gewählte gerade durch die immer wieder nicht gewählten Alternativen erst richtig gut erscheint.

Als wir anfingen, unsere Mobiltelefone als digitale Kameras und MP3-Player zu nutzen, mussten wir um jedes Foto und jedes Musikstück ringen – mit uns selbst. Wir mussten entscheiden, ob wir dieses oder jenes Foto behalten und dieses oder jenes Musikstück hören wollten. Die Speicherkapazität auf den kleinen Einsteckkarten ließ nur eine begrenzte Auswahl von Dateien zu. Auch bei den Kurzmitteilungen, die man gelegentlich wie kleine Briefe gerne dauerhaft behalten möchte, weil etwas so Schönes darin steht oder weil sie von einer bestimmten Person empfangen wurden, mussten wir entscheiden. Denn plötzlich vermeldete das Handy: »Nicht genügend Speicherkapazität. Wollen Sie Dateien löschen?« Und dann blieb eigentlich nur ein »Ja«, denn sonst war man vom Empfang neuer Informationen und von der weiteren Kommunikation abgeschnitten.

Die Freiheit der grenzenlosen Byte-Vermehrung enthebt uns der Notwendigkeit, Entscheidungen dieser Art zu treffen. Wir müssen heute nicht mehr im Vorfeld überlegen, welche Musik wir unterwegs wohl hören wollen. Wir müssen nicht mehr verzagt zwischen Kurzmitteilungen wählen, die wir gerne behalten und dauerhaft im Handy gespeichert wissen wollen. Wir können ganze Bildergalerien im Mobiltelefon oder im Smartphone durchs Leben tragen. Datenspeicher von bis zu 100 Gigabyte, die früher auf dem größten Computer nicht vorstellbar waren, machen kreditkartengroße MP3-Player zu einem fast unerschöpflichen Archiv – und zum Paradies der spontanen Auswahl. Wir können unsere gesamte Musiksammlung auf diese Speicherkarte laden. Und die Entscheidung, was wir hören wollen, treffen wir immer im Moment des Abspielens. Die Datenspeicher geben uns die Freiheit der umfassenden intuitiven Spontaneität.

Ich muss mich immer wieder vergewissern, dass es diese Entscheidungsmöglichkeiten gibt, muss mir das Leben im Wahlparadies vor Augen führen, denn ich neige dazu, die Chancen nicht ausreichend zu nutzen, die mir gegeben werden. Das Interessante an der Beobachtung meiner eigenen Verhaltensweise ist die Tatsache, dass ich mich in meiner Ignoranz gegenüber einem großen Teil meiner Wahlfreiheit in guter Gesellschaft befinde. Es gibt unendlich viele Menschen, die es ganz genauso machen.

Variantenreichtum und Entscheidungsarmut

Dafür gibt es offenbar gute Gründe, die nicht erst im digitalen Zeitalter gelten. Schon in der alten analogen Zeit hat uns die Auswahl überfordert. Ein Forscherteam aus US-Psychologen fand bereits vor einigen Jahren heraus, dass für die menschliche Entscheidung die Maxime gilt: Weniger ist mehr. In einem Supermarkt testeten die Wissenschaftler das Entscheidungs- und Kaufverhalten von 754 Menschen, indem sie den Kunden 24 Sorten Marmelade zum Probieren anboten – oder nur sechs. Das Ergebnis erklärt uns viel über das paradoxe Verhältnis, das zwischen der Größe der Auswahl und der Entscheidungsneigung des Menschen besteht: Wurde die große Zahl an Marmeladen zur Auswahl gestellt, blieben zwar 60 Prozent der Kunden zunächst stehen, aber nur 3 Prozent kauften schließlich eines der Produkte. Wurden »nur« sechs Marmeladensorten angeboten, blieben 40 Prozent der Kunden stehen, allerdings kauften 30 Prozent dann auch tatsächlich eine Marmelade.[1]

In zwei weiteren Experimenten prüften die Psychologen, ob andere Wahl- und Entscheidungskonstellationen andere Ergebnisse hervorbringen: In einem Kurs für Sozialpsychologie an der Stanford University hatten fast 200 Studenten die Möglichkeit, einen Aufsatz zu schreiben, um so zusätzliche Leistungspunkte für das Studienjahr *(credit points)* zu erlangen. Ein Teil der Studenten erhielt sechs Themen zur Auswahl, ein anderer Teil konnte zwischen 30 verschiedenen Themen wählen. In der Gruppe mit geringerer Auswahl entschieden sich nicht nur deutlich mehr Studenten dafür, die Studienarbeit anzufertigen, sie erzielten auch signifikant bessere Ergebnisse.

Ein drittes Experiment sollte schließlich prüfen, wie der Entscheidungsprozess bei Menschen verläuft, die eine Wahl zwischen mehr oder weniger Alternativen treffen können, und wie zufrieden sie im Nachgang mit ihrer Entscheidung sind. Dazu konnten 134 Studenten der Columbia University zwischen verschiedenen Schokoladensorten wählen. Die Studenten wurden in drei Gruppen unterteilt, von denen eine Gruppe keine Auswahl hatte, eine unter sechs und eine zwischen 30 Schokoladensorten wählen konnte. Das Experiment brachte ein differenziertes Ergebnis: Zum einen brauchten die Studenten, die unter 30 Schokoladensorten wählen konnten, mehr Zeit, um ihre Wahl zu treffen. Sie berichteten aber gleichzeitig, dass ihnen die Auswahl Freude gemacht habe. Zum anderen gaben die Probanden zu Protokoll, dass ihnen zu viele Schokoladen zur Auswahl gestellt worden seien. Die Kontrollgruppe, die unter sechs Sorten wählen konnte, bezeichnete die eigenen Auswahlmöglichkeiten dagegen als gerade richtig. Spannend ist darüber hinaus, was mit der Interpretation der individuellen Wahl im Nachgang der jeweiligen Entscheidung geschah: Diejenigen, die zwischen 30 Sorten wählen konnten, waren in der Folge deutlich unzufriedener mit ihrer Entscheidung und bedauerten häufiger ihre getroffene Wahl.

Drei Lehren lassen sich aus den Ergebnissen dieser Experimente ziehen:

- *Mehr ist nicht mehr, sondern weniger*: Je größer die Auswahl ist und je mehr Alternativen uns zur Verfügung stehen, desto schwieriger wird es, eine Entscheidung zu treffen.
- *Mehr ist nicht besser, sondern schlechter*: Je größer die Auswahl und das mit ihr verbundene Informationsangebot ist, desto schlechter lassen sich Entscheidungen treffen bzw. desto schlechter wird das Resultat der Entscheidung.

- *Mehr macht nicht zufriedener, sondern unzufriedener*: Je größer die Auswahl ist, desto unzufriedener sind wir mit dem, was wir aus diesem großen Angebot ausgewählt haben, und desto weniger mögen wir das Ergebnis unserer Wahl.

Diese Schlussfolgerungen bringen nun allerdings alles durcheinander, was Grundlage unserer Zeit ist: die Vermehrung der Alternativen und die wachsende Wahlfreiheit, die sich aus ihr ergibt. Durch die beschriebenen Experimente mit ihren Forschungsergebnissen wird die »Multioptionsgesellschaft«[2], wie der Soziologe Peter Gross sie nennt, grundsätzlich infrage gestellt.

Die Immer-mehr-Gesellschaft

In den Regalen der Supermärkte können wir seit Jahren etwas beobachten, was unsere gesamte Gesellschaft beschlichen hat: den Hang zum Mehr. Wir erhalten immer mehr Informationen, wir kommunizieren immer mehr, und vor allem haben wir immer mehr Alternativen. Das gilt nicht nur für die Wahl, die wir zwischen Marmeladen, Schokoladen oder Aufsatzthemen treffen können, es gilt für alle Lebensformen und Lebensbereiche: »Die endlose und kompetitive Ausfaltung neuer Möglichkeiten ist omnipräsent«, meint Gross, »nicht nur in den Regalen der Supermärkte, sondern auch im Reich des Geistes. Die rasche Folge von die Lebenswirklichkeit als Parallelwelten begleitenden, einander kommentierenden und konkurrierenden Theorie- und Sinnwelten offenbart einen Welt-, Menschen- und Selbstverbesserungszwang, der endlose Folge und weitertreibende Ursache der gleichen gesellschaftlichen Dynamik ist.«[3]

In der Multioptionsgesellschaft schwinden Grenzen und Einschränkungen, Komplexität und Kontingenz nehmen zu. Seit Mitte der achtziger Jahre haben sich verschiedene Autoren ausgiebig mit diesem Phänomen beschäftigt und es aus ganz verschiedenen Blickwinkeln gedeutet. Ulrich Beck hat die moderne Gesellschaft unter dem Vorzeichen der mit ihr verbundenen Lebensrisiken betrachtent.[4] Gerhard Schultze fasst sie in seinem Entwurf einer »Erlebnisgesellschaft« unter dem Motto »Erlebe dein Leben« als Suchtkonstrukt hedonistischer Erlebniswelten.[5] Und Gross begreift sie in ihrer »monotonen Steigerungsprogrammatik«[6] als gesellschaftliche Manifestation eines bekannten Werbespruchs: »Nichts ist unmöglich« (Toyota). Letztlich geht es immer um diese eine Erkenntnis: Der Mensch in der modernen Gesellschaft erlebt einen unerhörten Zugewinn an Wahl- und Gestaltungsfreiheit. Aber er muss zugleich mit wachsender Komplexität und Verantwortung umgehen. Es ist schwierig, zwischen 24 Marmeladensorten zu entscheiden. Was bedeutet dies dann erst für kompliziertere, anspruchsvollere und folgenreichere Entscheidungen in unserem Leben?

Bis in die achtziger Jahre hinein ist die Sozialpsychologie der Vermutung gefolgt, dass Wahl und Wahlfreiheit beim Menschen ein hohes Maß aus ihm selbst erwachsender, intrinsischer Motivation freisetzen und seine Leistungsfähigkeit steigern.[7] Und sie hat auch reichlich empirische Belege für diese These gefunden. In den letzten Jahrzehnten haben sich die Gesellschaft und ihre Entscheidungsanforderungen an den Einzelnen verändert, und entsprechend haben auch Wissenschaft und Forschung andere Fragen gestellt und neue Antworten gefunden. Inzwischen bestehen grundlegende Zweifel an der Vermutung, dass der menschliche Wunsch nach Wahl ebenso unerschöpflich ist wie seine Fähigkeit, mit dieser wachsenden Wahlfreiheit umzugehen.[8] Im Gegenteil: Je größer die Auswahl und je komplexer die Entscheidungsprozesse, desto eher neigt der Mensch dazu, sich einfacher Muster zu bedienen, um das Entscheidungsproblem zu lösen. Je höher der Berg an Angeboten sich vor uns auftürmt, desto mehr starren wir auf den Felsvorsprung, auf dem wir schon einmal erfolgreich angelangt sind und uns ausgeruht haben.

Menschen brauchen solche schlichten Heuristiken manchmal, um sich mitten im Überangebot noch zurechtzufinden. Der US-Psychologe Barry Schwartz beginnt sein Buch über die Paradoxie der Wahlmöglichkeit[9] mit dem Kapitel »Ein Tag im Supermarkt«. Er beschreibt, wie er im Laden in seiner Nachbarschaft einkaufen geht und das dort vorhandene Angebot taxiert: 285 Kekssorten, Fruchtsäfte in 85 Geschmacksrichtungen, 80 Schmerztabletten, 150 verschiedene Lippenstifte, 360 Sorten Shampoo, 230 Tütensuppen, davon allein 29 mit Hühnchengeschmack, 175 Teebeutelvariationen-… und so weiter, Regal für Regal. Die Menschen in den USA verbringen mehr Zeit mit dem Einkaufen als die aller anderen Nationen. In den Vereinigten Staaten gibt es mehr Mega-Shoppingcenter als Highschools. Und seit Jahren kaufen die Amerikaner zwar immer mehr ein, empfinden aber immer weniger Freude dabei.

Für den Besucher birgt die Auswahlkomplexität, mit der man plötzlich konfrontiert ist, besondere Tücken. Sobald ich in einer amerikanischen Großstadt ankomme, verspüre ich eine Art Zwang, wenigstens einen kleinen Teil der Einkaufsmöglichkeiten zu nutzen, die sich an jeder Ecke aufdrängen. Das kann in echten Stress ausarten, wenn man sich vornimmt, die enorme Angebotsvielfalt *systematisch* zu nutzen. Dann lassen sich ganze Konferenzvormittage in ständiger Bemühung um die Planung des obligatorischen Shoppings verbringen. Dazu tritt die Gefahr, völlig unsinnige Kaufentscheidungen zu treffen. Ich brauche nämlich eigentlich gar keine Jeans mehr, geschweige denn weitere T-Shirts oder Turnschuhe. Ich habe zu Hause im Schrank viel mehr Bekleidungsstücke, als ich jemals anziehen kann. Das weiß ich sehr genau. Doch angesichts der Angebotsvielfalt gerät dieses rationale Wissen irgendwann aus dem Blickfeld.

Inzwischen habe ich dazugelernt. Ich kaufe einfach bei jedem Aufenthalt gleich zu Beginn eine Jeans oder etwas anderes ähnlich Brauchbares. In dieser symbolischen Nutzung der Einkaufsvielfalt entlädt sich die überkomplexe Anforderung an den Shoppingtouristen, so dass ich mich dann auf den eigentlichen Zweck meines Aufenthalts konzentrieren kann. Eigentlich verfolge ich damit eine »Aussonderungsstrategie«. Sie zielt darauf, mich durch eine – in der Regel nicht optimale – Entscheidung von allen weiteren Entscheidungen grundsätzlich zu entlasten. Unter funktionalen Gesichtspunkten eines Kaufs ist das völlig irrational, unter Gesichtspunkten meiner Befreiung von den Zwängen der Entscheidungsfreiheit ist es indes absolut funktional.

Das Glück der begrenzten Wahl

Die wissenschaftliche Forschung belegt dieses paradoxe Verhältnis zwischen Wahlfreiheit und Entscheidungsschwierigkeit. In den Niederlanden hat man die Strategien bei der Auswahl eines geeigneten Kandidaten für eine Stellenbesetzung untersucht.[10] Die Probanden waren mit einer unterschiedlichen Anzahl von Kandidaten konfrontiert, die ihrerseits durch eine unterschiedlich große Anzahl von Attributen in ihrer Eignung für die Stelle beschrieben waren. Das Ergebnis: Die Probanden mit drei Wahlalternativen wandten in 21 Prozent der Fälle eine Aussonderungsstrategie an, die mit sechs Alternativen bei 31 Prozent. Bei der Gruppe mit neun Alternativen waren es tatsächlich 77 Prozent. Sie entledigten sich spontan einer großen Zahl von Kandidaten, um dann unter wenigen wirklich zu wählen. Die Zahl positiver Bewertungen der Personen verhielt sich umgekehrt proportional zur Anzahl der Kandidaten: Je mehr Bewerber zur Auswahl standen, desto weniger positive Bewertungen erhielten sie.

Variantenreichtum und Entscheidungskomplexität sind die Kinder der Moderne: Sie sind Folgen unserer Individualisie-

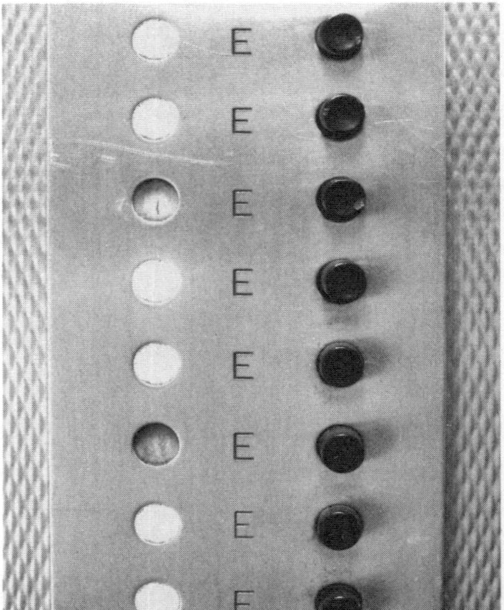

Wo geht's zur Entscheidung, bitte?

rung und der Tatsache, dass sich das ökonomische Wettbewerbsprinzip in unserer Gesellschaft durchgesetzt hat – von der Kategorie der kleinsten Produktklasse bis hin zum übergeordneten Lebensentwurf. Das erlegt uns eine Last der Wahl auf, die unser Leben nicht nur bereichert. Eine Befragung einiger hundert US-Bürger förderte schon Mitte der achtziger Jahre zutage, dass viele Menschen mit ihren aktuellen Lebensentscheidungen unzufrieden waren. Sie hatten die Orientierung darüber verloren, ob sie die richtigen Entscheidungen trafen oder sich zumindest in ihrem Leben in die richtige Richtung bewegten.[11]

Das aber ist die zentrale Frage, die jeder einzelnen unserer Wahlentscheidungen letztlich zugrunde liegt: Wie soll mein eigenes Leben aussehen? Wohin will ich und was will ich erreichen? An welchen Abzweigungen muss ich über die Richtung neu entscheiden? Und wie soll ich entscheiden, wenn die Alternativen immer zahlreicher, aber gleichzeitig immer ähnlicher werden und ich sie letztlich nicht wirklich prüfen kann?

Der verzwickte Zusammenhang von Wahlfreiheit und Lebenszufriedenheit spiegelt sich auch in der Glücksforschung wider. Statistiken über das Glücksgefühl und die Zufriedenheit der Menschen mit ihrem eigenen Leben belegen: Menschen in reicheren Ländern mit mehr Wohlstand und Lebensqualität sind tatsächlich glücklicher als Menschen in solchen Ländern, in denen die Grundbedürfnisse des Menschen nicht gedeckt sind. Der Mensch braucht Überlebenssicherheit (ein Dach über dem Kopf, Nahrung, ein gewisses Maß an persönlicher Sicherheit, Gesundheit), ohne sie kann er sein Glück nicht finden. Ist dieser Grundstock erreicht, spielen andere Faktoren eine Rolle.

Die World Database of Happiness zeigt, dass die Menschen in El Salvador glücklicher sind als die in Großbritannien, die Filipinos glücklicher als die Polen und die Österreicher glücklicher als die US-Amerikaner.[12] Noch überraschender ist das Ergebnis, das die New Economics Foundation[13] in ihrem »Happy Planet Index« kürzlich bekannt gab: Sie ermittelte den pazifischen Inselstaat Vanuatu mit einem Happy Planet Index von 68,2 Punkten als Land mit den glücklichsten Menschen der Welt– einen Staat, den die meisten Menschen erst einmal bei Wikipedia oder auf der Landkarte suchen müssen.

Der Index analysiert neun Faktoren, die für das Glück der Menschen überall auf der Welt relevant sind: Lebensstandard, Gesundheit, Ausbildung, Diversität und Widerstandsfähigkeit des Ökosystems, Diversität und Vitalität des kulturellen Lebens, Nutzen und Balance von Lebenszeit, gute Regierungsführung, Vitalität des Gemeinschaftslebens und psychologisches Wohlgefühl. In Vanuatu loben die Menschen vor allem das Zusammengehörigkeitsgefühl, das Leben in einer egalitären Gesellschaft, die gemeinschaftlichen Aktivitäten, die sehr viel mit Kommunikation zu tun haben, und den entspannten Umgang mit der Zeit. Es ist also nicht in erster Linie der Entwicklungs- und Zivilisationsstand einer Gesellschaft, der über den Glücksgrad entscheidet. Vor allem sind nicht Geld und Status die ausschlaggebenden Faktoren, warum Menschen in den einzelnen Ländern mehr oder weniger glücklich leben. Es sind Menschen, die Menschen glücklich machen, nicht Dinge.

Hat ein Land die Armut hinter sich gelassen und die Grundsicherung der Lebensverhältnisse nach Pro-Kopf-Einkommen erreicht, trägt wachsender Wohlstand kaum noch zu wachsendem Glück bei.[14] Vielmehr ist es umgekehrt: Die zunehmende Komplexität der Lebensgestaltung und Lebensentscheidungen verunsichert die Menschen und lässt ihren jeweiligen Lebensentwurf fragil werden. Sie leben in einer Spannung, die einem grundlegenden Glücksempfinden abträglich ist. »Wir müssen einfach zu viele Lebensentscheidungen fällen [...], ohne dass wir gleichzeitig für die daraus folgende Überlastung und den Mangel an Beschränkung durch Gewohnheit Sorge tragen können. [...] Dadurch sind wir ständig gezwungen, eine neue Identität für uns zu entdecken oder zu kreieren, anstatt eine gegebene einfach anzunehmen.«[15]

Wer permanent damit beschäftigt ist, die Rahmenbedingungen für seine eigene Identitätskonstruktion zu gestalten, steht ziemlich unter Stress. Denn dabei geht es ja ständig um weitreichende und tiefgreifende Entscheidungen, die unser Leben nachhaltig prägen: Wer bin ich? Wer will ich sein? Und was gehört zu diesem Entwurf meiner selbst und meines Lebens unbedingt dazu? Ein Überangebot an Wahlmöglichkeiten macht das Leben nicht leichter, erst recht nicht besser. Eine wesentliche Voraussetzung für Glück ist tatsächlich, nicht immer alles haben zu können.

Leben in der Zu-viel-isation

Wir sind so frei, uns in einer unüberschaubaren Vielfalt von Fragen, die unser eigenes Leben betreffen, entscheiden zu können. Diese Freiheit ist ebenso verbunden mit der Verantwortung für die gewählte Variante wie für die vielen nicht gewählten Alternativen. Und sie ist verbunden mit der permanenten Gefahr, eine falsche Entscheidung zu treffen. Wir leben eben nicht nur in einer »Zivilisation«. Wir leben durch die explosionsartige Vervielfältigung unserer Wahl- und Entscheidungsalternativen in der modernen Gesellschaft auch in einer »Zuvielisation«, wie David Bosshart, Chef des Schweizer Gottlieb-Duttweiler-Instituts, es beschreibt.[16] Dadurch verändert sich auch die Bedeutung, die der Begriff »Wahlfreiheit« heute für uns hat.

Grundsätzlich verstehen wir Freiheit ja nicht nur als die Möglichkeitsdimensionen, die sich für das Individuum durch die Abwesenheit von Zwang auftun und nutzen lassen. Freiheit kann auch die Freiheit sein, nicht zu wählen. Der politische Philosoph Isaiah Berlin unterscheidet in seinem Buch *Two Concepts of Liberty* zwischen negativer Freiheit und positiver Freiheit.[17] Die negative Freiheit bezeichnet einen Zustand, der frei von Zwängen anderer ist, die das individuelle Handeln einschränken. Die positive Freiheit ist dagegen jene, die der Mensch tatsächlich nutzen kann, die sich als konkretes Handeln aus der negativen Freiheit ergibt. Was bedeutet diese Unterscheidung für unsere heutige Wahl- und Entscheidungsfreiheit? Sicherlich ist für weite Teile *unseres* Lebens die negative Freiheit garantiert. Es gibt nur sehr überschaubare Zwänge, die uns von anderen auferlegt und durch die unsere Wahlfreiheiten eingeschränkt werden (zum Beispiel solche, die für ein funktionierendes Zusammenleben notwendig sind und durch die Rechtsordnung abgesichert werden).

Mit der positiven Freiheit verhält es sich komplizierter. Verfügen wir tatsächlich über die Voraussetzungen, unsere vorhandene Freiheit konkret umzusetzen? Oder mangelt es uns an diesen Voraussetzungen, weil wir beispielsweise nicht in der Lage sind, unsere Wahl- und Handlungsspielräume richtig einzuschätzen, da wir nicht über die richtigen oder schlicht über zu viel Informationen verfügen? Es ist aber nicht nur die Informationsüberfrachtung, die Menschen nur schwer schultern können. Es gibt auch eine Entscheidungsüberlastung, die uns vor unlösbare

Probleme stellt. *Choice overload* und *information overload* sind Geschwister. Und sie sind beide Kinder der Digitalisierung.

Alles auf Abruf

In den vergangenen Jahren hat sich die Auswahl an verfügbaren Angeboten und Produkten wieder um ein Vielfaches vergrößert. Das geht nicht nur auf die Digitalisierung zurück, sondern folgt aus der Konkurrenz- und Wettbewerbsphilosophie der Marktwirtschaft. Sie beruht auf der Grundidee, dass Wachstum und Angebotsvielfalt im Interesse des Verbrauchers sind. In Zeiten der analogen Wirtschaft beschränkten die Grenzen von Raum und Zeit auch die Angebotsvielfalt. Sollten neue Produkte ins Regal, mussten alte weichen. Kein Groß- oder Einzelhändler konnte es sich auf Dauer erlauben, alle Produkte vorrätig zu halten. Die Kosten für Lagerung und Auslieferung einzelner Produkte, die mit der Zeit nur noch sporadisch nachgefragt wurden, waren viel zu hoch.

Für den wahlüberlasteten Menschen war das zuweilen ein Segen: Ab einem bestimmten Zeitpunkt musste er sich in jenen Tagen nicht mehr mit der Frage plagen, ob er eine bestimmte CD von Jethro Tull, Uriah Heep oder Fleetwood Mac erstehen solle. Es gab sie einfach nicht mehr. Bücher, deren analoge Auflage vergriffen war, verschwanden aus dem Programm der im Buchhandel verfügbaren Literatur. Wir mussten uns in die öffentlichen Bibliotheken begeben, um an ein solches Buch heranzukommen. Ob man wollte oder nicht: Wenn Schlaghosen nicht mehr in Mode waren, quetschte man sich in Röhrenjeans, oder man wartete auf einen Zufallsfund im Secondhandladen.

In der digitalen Wirtschaft ist das anders: Sie hat die Bestandhaltung und Lieferung von Produkten revolutioniert. Und zwar in zwei Schritten: Wer heute bei Amazon ein Buch bestellt, der initiiert eine digitale Transaktion, gefolgt von einer analogen, denn das Buch kommt ja immer noch in gedruckter Form und per Post zu uns nach Hause. Niemand aber weiß, woher es kommt, jedenfalls nicht von den spärlichen und teuer gemieteten Ladenquadratmetern der lokalen Buchhandlung. Es wird aus irgendeinem Großlager geliefert, das auf dem platten Land hochgezogen wurde und für günstigste Konditionen nahezu unbegrenzte Lagerflächen bietet. Dieser erste Schritt in der Rationalisierung des Produktvertriebs wurde möglich, weil die Transaktionskosten durch die neuen Formen der dezentralen Lagerhaltung und des Vertriebs *on demand* erheblich gesenkt werden konnten.

Der zweite Schritt folgte aus der Digitalisierung der Produkte selbst: Wir können heute viele Bücher und sonstige »Druckwerke« direkt in digitaler Form, also als Datensammlung, aus dem Internet herunterladen. Gleiches gilt für Musik, die als Dateiformat über iTunes oder Musicload direkt aus dem Netz auf die Festplatte des Nutzers gelangt, natürlich gegen Bezahlung. Diese digitalen Produkte benötigen überhaupt keinen Lagerplatz mehr. Sie sind dematerialisiert, nichts anderes als Reihungen von Bits und Bytes auf unseren wachsenden digitalen Datenspeichern.

Diese beiden Entwicklungen verändern die Angebotsstrukturen unserer Wirtschaft. Der elektronische Handel *(E-commerce)* macht es möglich, dass fast alle Geschäftsprozesse (Beschaffung, Produktion, Logistik, Marketing) über das Internet abgewickelt werden bzw. gleich im Internet stattfinden können. Oft genug werden auch die Zwischenhändler ausgeschaltet. Ein bekanntes Beispiel ist Amazon. Und schließlich lässt man viele Produkte nach dem Prinzip der *Just-in-time*-Produktion erst dann herstellen, wenn der Kunde sie bereits bestellt hat. Michael Dell, Gründer von Dell Computers, hat mit dieser Geschäftsidee die Computerindustrie revolutioniert. Jeder Dell-PC wird erst dann produziert, wenn die Bestellung des Kunden eingegangen ist. Es gibt keine Lager und keine Läden.

Diese Entwicklungen revolutionieren auch unser Kauf- und Nutzungsverhalten. Die Zeiten sind endgültig vorbei, in denen Produktpaletten auf natürlichem Wege reduziert wurden, weil ältere Angebote im Wege der historischen Aussonderung einfach aus dem Angebot herausfielen. Die Digitalisierung hält alles für uns vor. Und wer freut sich nicht, wenn er die 20 Jahre alte CD seines Lieblingsstars über das Internet kaufen kann? Doch mit diesen Wahlmöglichkeiten wachsen auch unsere Wahlverpflichtungen.

Chris Anderson hat den Zusammenhang zwischen unbegrenzter Wahlfreiheit und Nachfrage in seinem Buch *The Long Tail* am Beispiel der Medien- und Unterhaltungsindustrie eindrucksvoll nachgewiesen.[18] Auslöser seiner Überlegungen war das Gespräch mit dem CEO einer Firma, die digitale Jukeboxes anbietet. Die funktionieren ähnlich wie die althergebrachten Musikboxen, die wir noch aus einigen Kneipen kennen, nur wird das Musikstück nicht in der Box als Schallplatte aufgelegt, sondern über Breitbanddatenleitung aus dem Internet heruntergeladen. Dadurch steht in der digitalen Jukebox eine nahezu unbegrenzte Zahl an Musiktiteln zur Verfügung, während die analoge Musikbox bei 50 Titeln kapitulierte – mehr Singles gingen einfach nicht rein.

In dem Gespräch mit dem CEO kam Anderson auf eine brillante Idee: Der Manager ließ ihn nämlich schätzen, wie viele der Tausende auf den Jukeboxes erhältlichen Musikstücke wohl mindestens einmal im Quartal gekauft und gespielt würden. Die aus der Wirtschaft bekannte Regel lautet in diesem Zusammenhang: 20 Prozent der Produkte stehen für 80 Prozent des Umsatzes. Auf die Musikbox übertragen hieße das: 20 Prozent der Musiktitel, vermutlich die Megahits, bringen 80 Prozent des Umsatzes. Im Fall der digitalen Jukebox stellte sich die Regel als falsch heraus. Zur großen Überraschung von Anderson wurden 98 Prozent der Musiktitel zumindest einmal im Quartal gespielt.[19]

Das bedeutet: In der digitalen Wirtschaft eröffnet sich ein völlig neuer ökonomischer Spielraum für die Vermarktung von Produkten. Millionen von individuellen Wünschen einzelner Kunden können erfüllt werden und summieren sich zu einem wesentlichen Vermarktungspotenzial. Es sind nicht mehr nur die Megahits im Musikgeschäft, die Blockbuster im Kino und die Bestseller auf den Buchmärkten, die den Unternehmen das Geschäft bescheren. Es ist auch der »Rattenschwanz«von Produkten, die eigentlich nur eine Minderheit interessieren, der ganz erheblich zum Geschäft beiträgt.

Früher hätte man diese Menge der Minderheitenprodukte nicht bewirtschaften können. Die Kosten für Bestand und Lager waren zu hoch. In der digitalen Wirtschaft ist das nun anders. Das Vermarktungsprinzip lautet: »Mache jedes Produkt zugängig und hilf dem Kunden, es zu finden.«[20] Für den Kunden bedeutet dies Freude und Herausforderung zugleich: Wir müssen wählen, mehr als je zuvor. Alles ist und *bleibt* im Angebot. Man lässt uns auch nichts mehr vergessen, weil es sich immer wieder hartnäckig als Teil des aktuellen Angebots in Erinnerung ruft. Der Mensch ist aber eigentlich auf das Vergessen angewiesen, um seinem Gehirn die Möglichkeit zu geben, aufzuräumen und Platz für Neues zu schaffen. Unsere Kognition und Psyche haben keine ähnlich revolutionäre Veränderung erfahren, wie wir sie für Angebotsstrukturen und Vermarktungsformen der digitalen Wirtschaft erleben. Die Tyrannei der Wahl geht in die nächste Runde.

Übrigens auch die Tyrannei der Information. Denn in der digitalen Wirtschaft hat sich mehr verändert als nur die Geschäftsprozesse des Handels. Wenn immer mehr Produkte zur Verfügung und zur Auswahl stehen und immer mehr von ihnen sich immer ähnlicher werden, dann müssen neue Formen der Unterscheidbarkeit her. Diese Formen kennen wir seit jeher als Marken. Über eine Marke werden Identität, Unterscheidbarkeit und Image eines Produkts geprägt. Wenn es immer mehr Produkte ähnlicher Ausprägung gibt, wenn diese Produkte also zu gewöhnlichen und leicht verwechselbaren Handelsgütern *(commodities)* werden, wird es allerdings für die Hersteller immer schwieriger, diese Unterscheidbarkeit herzustellen und zu kommunizieren.

Unternehmen müssen sich immer mehr anstrengen, die Besonderheiten und Vorzüge *ihrer* jeweiligen Produkte darzustellen, sie mit symbolischen Werten auszustatten, die mehr bieten, als das Gebrauchsgut in seiner Produkteigenschaft eigentlich bieten kann. Deshalb verspricht ein probiotischer Joghurtdrink nicht nur Nahrungsaufnahme, sondern dass der Nutzer gesund bleibt und seine Abwehrkräfte stärkt. Der Turnschuh verspricht nicht nur seinen erfolgreichen Einsatz beim Basketballspiel oder beim Joggen, sondern ein ganzes Lifestyle-Konzept für seinen Träger. Und der Sportwagen verspricht nicht nur schnelles Fahren, sondern allumfassende Freiheit. Die Güter und Produkte werden mit immer mehr Informationen und Emotionen aufgeladen, um sie unterscheidbar beim Kunden zu verankern. Der muss sich das alles merken und es verarbeiten.

Wenn ich in den USA eine Tüte Milch oder einen Orangensaft kaufe, dann fällt es mir nicht schwer, mich etwa eine Stunde und damit ein ausgedehntes Frühstück lang der Packungslektüre zu widmen: von den »Nutrition Facts« über die »Nourishing Recommendations«, die verschiedenen Fett- oder Kohlehydratstufen, die Diät-Tipps bis zum Gewinnspiel, in dem ich beweisen kann, dass ich verstanden habe, warum dieses Produkt einfach das beste ist. Wir können das alles auch ignorieren. Aber diese Informationen zwingen uns immer wieder, wenigstens diese eine Entscheidung zu treffen: sie nicht zur Kenntnis zu nehmen. Oft genug müssen wir uns informieren, beispielsweise um eine Kaufentscheidung vor uns selbst (und anderen) zu legitimieren. Und das bedeutet: Die Tyrannei der Wahl wird durch Informationsüberlastung verschärft.

Der Homo oeconomicus im Jeansgeschäft

In diesem Dschungel von Optionen und Informationen versuchen wir unsere Wahl zu treffen – ohne dabei einen Fehler zu machen. Im wirklichen Leben sehen wir immer wieder, dass genau das nicht funktioniert. Es gibt bei unseren Entscheidungsprogrammen keine erfolgreiche Strategie, die der Leitformel folgt: Maximiere deinen Nutzwert. Weder Individuen noch Organisationen oder Unternehmen vermögen so zu handeln, dass sie tatsächlich auf Basis vernünftiger Entscheidungen ihren Nutzen maximieren und das jeweils beste Ergebnis erzielen.

Herbert Simon, amerikanischer Sozialwissenschaftler und 1978 mit dem Nobelpreis für Wirtschaftswissenschaften ausgezeichnet, hat untersucht, ob Unternehmen tatsächlich ihren Profit durch »richtiges« Entscheiden maximieren können. Seine Antwort lautet: Nein, können sie nicht. Es gibt keine Entscheidungen, die den Nutzen maximieren, weil Menschen das mögliche beste Ergebnis gar nicht kennen und bewerten können. Vielmehr geben wir uns in unseren Entscheidungen damit zufrieden, das nach unseren Möglichkeiten Beste zu tun. Simon hat in seinen Arbeiten für diese Erkenntnis einen treffenden Begriff kreiert: Wir können nicht maximieren oder optimieren, sondern wir »satisfizieren« (»we satisfice«).[21] Der Neologismus entsteht aus den beiden englischen Begriffen *satisfy* (zufriedenstellen) und *suffice* (ausreichen).

Alles andere wäre auch schlecht: Es scheitert nämlich in der Regel der ganz kläglich, der versucht, die eigene Entscheidung durch mehr Informationen und bessere Abwägung zu optimieren, um schließlich doch den größten Nutzen zu ziehen. Er erzielt sogar ein schlechteres Ergebnis als derjenige, der sich mit den Grenzen seiner Entscheidungskraft abfindet. Eine Studie zweier italienischer Wirtschaftswissenschaftler belegt das eindrucksvoll: Die beiden untersuchten mehr als 1800 Konten und Depots von Kunden der italienischen Bank Unicredit, um herauszufinden, warum sie sich unterschiedlich entwickeln und wie Informationsmenge und Risikostrategie zusammenhängen.[22] Das Ergebnis ist eindeutig: Die Kunden, die über mehr Informationen verfügen, gehen bei ihren Entscheidungen auch höhere Investmentrisiken ein und erzielen schließlich eine geringere Rendite. Auch für die Informationsmengen, die uns für Entscheidungen zur Verfügung stehen, gilt also: Weniger ist manchmal mehr.

Die Forschungen von Simon und anderen haben dem in den Wirtschaftswissenschaften hoch gehandelten Modell des »Homo oeconomicus« einen kräftigen Knacks verpasst. Das geht nämlich vom Menschen als einem streng rationalen Entscheider aus.[23] Auf der Grundlage der klassischen Rationalitätskonzepte konzipierten die Wirtschafts- und Sozialwissenschaften den Menschen als einen Akteur, der 1. eigennützig, 2. rational, 3. seinen Nutzen maximiert, 4. dabei auf Umweltbedingungen reagiert, 5. feststehende Präferenzen hat und 6. über alle relevanten Informationen verfügt. Das ist als pragmatische Fiktion eine schöne Idee, hat aber mit der Wirklichkeit recht wenig zu tun.

Zum Glück, mag manch einer denken, denn das Bild eines gewinnmaximierenden Monsters ist nicht gerade die Krone der Schöpfung. Vor allem stimmt es nicht. Die experimentelle Wirtschaftswissenschaft, zu der auch die Spieltheorie gehört, liefert die Belege: Sie bricht mit diesem Menschenbild und weist durch Experimente und theoretische Verbindungen zur Psychologie und Chaostheorie nach, dass der Mensch sehr wohl sozial orientiert ist und dass er auch Entscheidungen zugunsten seiner Mitmenschen treffen kann. Diese Erkenntnis ist einer ganz menschlichen Grundeigenschaft geschuldet: der Sehnsucht nach Fairness.[24] Sie wird begleitet von der eingeschränkten Fähigkeit des Menschen, vernünftig zu entscheiden. Und damit sind wir wieder beim Thema unserer Wahlmöglichkeiten: »Kunden haben sehr begrenzte kognitive Fähigkeiten. Alltägliche Entscheidungen wie das Einkaufen im Supermarkt könnte der Homo oeconomicus praktisch nicht bewältigen«, sagt Reinhard Selten, Wirtschaftswissenschaftler der Universität Bonn und Nobelpreisträger des Jahres 1994.[25] Die neuere Forschung greift die Gedanken auf, die Herbert Simon schon vor Jahrzehnten als Konzept der begrenzten Rationalität *(bounded rationality)* in die Diskussion eingeführt hat: Der Mensch ist in seinen Entscheidungen nicht durch und durch vernünftig, er ist beschränkt. Deshalb trifft er keine optimalen, sondern für ihn angemessene Entscheidungen.

Wenn wir um unsere eigene Beschränktheit und Unfähigkeit wüssten und danach handeln könnten, wäre dies wieder vernünftig. Aber dem ist nicht so. Wir wissen zwar häufig, dass wir bei einer Entscheidung unseren Nutzen nicht maximieren können, weil wir nicht über alle möglichen Informationen verfügen und nicht alle gegebenen Alternativen vergleichen können. Aber es gibt genug Menschen, die es trotzdem permanent versuchen. Ich habe eine Freundin, mit der Einkaufen zum reinen Geduldsspiel wird. Sie geht als »Maximiererin« an die Sache heran und erobert sich systematisch das Angebot *aller* im Umkreis befindlichen Geschäfte, um *eine* Jeans zu kaufen. Da werden in einem Laden die Angebote geprüft und Preise verglichen, es wird aber nichts gekauft, sondern sie geht weiter in den nächsten. Gleiches Prozedere, wieder ohne Ergebnis. Spätestens nach dem fünften Geschäft bin ich aus der Nummer ausgestiegen. Ich bin nämlich eine »Satisfiziererin«. Ich vergleiche eine beschränkte Anzahl von Alternativen und kaufe dann zügig das, was die Eigenschaften hat, die mir im Wesentlichen wichtig sind. Meine Freundin tut dies nicht. Nach fünf, sechs, sieben oder auch zehn Läden kehren wir zum zweiten zurück. Dort wird dann noch einmal verglichen (es könnte sich ja in der Zwischenzeit etwas am Angebot geändert haben). Und dann wird – mit etwas Glück – tatsächlich gekauft.

Regelmäßig höre ich dann an der Kasse noch den Satz: »Ich kann das aber auch umtauschen, wenn etwas nicht stimmt?« Sie gehört nicht nur zu den »Maximierer«-Typen, sondern auch noch zur Kategorie der potenziellen Entscheidungsumkehrer. Das sind Menschen, die sich immer noch ein Hintertürchen offen lassen, die sich immer noch absichern dadurch, dass sie ihre Entscheidung auch wieder rückgängig machen könnten, im intuitiven Wissen um ihre begrenzte Fähigkeit, bei einer Entscheidung das optimale Ergebnis zu erzielen. Diese Kombination ist einfach zu anstrengend. Deshalb habe ich beschlossen, künftig nicht mehr mit ihr einkaufen zu gehen – und diese Entscheidung keinesfalls wieder rückgängig zu machen.

Das Suboptimale als Lebensglück

Was also brauchen wir, um mit der Informationsüberlastung und der Überzahl an Entscheidungen umgehen zu können? Wir sind keine Computer, können also nicht nach dem Prinzip *select all* im Bearbeitungsmodus unseres Textverarbeitungsprogramms verfahren: Alles auswählen, alles markieren, alles übertragen. Der Mensch ist anders. Er muss es zulassen, nicht optimal zu handeln, auch wenn das menschliche Streben gelegentlich auf die Bestform ausgerichtet ist. In der einzelnen Entscheidung, in der Ausbildung unserer Identitäten, in unseren gesamten Lebensentwürfen müssen wir das Suboptimale zulassen. Mangelnde Perfektion könnte so vom *missing value* zum Wert an sich werden.

Der britische Soziologe Gregory Bateson hat für den Begriff der »Information« eine schöne Definition geprägt: Sie sei ein Unterschied, der einen Unterschied macht (»a difference which makes a difference«). Unsere ganze Welt besteht und entsteht aus Differenzen, und nur ganz wenige von ihnen wählen wir aus, so dass sie für uns persönlich einen Unterschied machen und zur Information werden.[26] Diese Information verlangt uns dann etwas ab, sie ist relevant, und wir müssen etwas mit und aus ihr machen. Alle anderen Differenzen dürfen und müssen wir außen vor lassen. Sie sind nicht relevant, und sie sollen und dürfen für uns persönlich auch keinen Unterschied machen.

Wer glaubt, jede Differenz prüfen zu müssen, jede Wahlalternative zu einem persönlich relevanten Unterschied machen zu müssen, der wird über kurz oder lang verrückt. Wir brauchen die Fähigkeit, das Unvollständige und Nichtperfekte zu akzeptieren. Der perfekte Informationslevel für die perfekte Entscheidung ist unerreichbar – zu unserem Glück.

Bitte nicht unterbrechen!
Der Mythos Multitasking

Einen der teuersten Strafzettel, die ich jemals bekommen habe, verdanke ich dem Multitasking. Ich fuhr von Wuppertal nach Düsseldorf, war zu spät dran und wollte bereits auf der Fahrt alles erledigen, was nach der Ankunft noch Zeit gekostet hätte, die ich ja jetzt bereits nicht mehr hatte. Deshalb fuhr ich und aß gleichzeitig ein Käsesandwich. Parallel dazu telefonierte ich mit der Redaktion, in der ich damals arbeitete, um mein Zuspätkommen anzukündigen, und versuchte, mich noch etwas zu schminken. Was ich dabei nicht bemerkte: Mir folgte eine Zivilstreife der Polizei. Als wir den Katernbergtunnel auf der A 46 mit 120 km/h durchmessen hatten (erlaubt sind 80), sah ich das rot leuchtende »Bitte folgen« vor mir.

In solchen Situationen, in denen wir offensichtlich uns selbst und andere gefährden, sind wir dann unter Umständen auch einsichtig – so wie ich es nach der Standpauke des Polizeibeamten war. Ganz anders sieht es mit der Einsicht angesichts schwerer fassbarer immaterieller Bedrohungen aus, die sich aus unseren Versuchen ergeben, alles gleichzeitig zu tun. Wir schaffen uns immer neue Probleme, statt alte durch Lernen zu lösen. Dies gilt gerade im Umgang mit dem Stoff, der eigentlich helfen soll, Probleme zu lösen: Informationen. Unsere alltäglich zu bewältigende Menge an Informationen und Aufgaben wächst immer weiter an. Aber die Zeit, die zur Verfügung steht, um diese Informationen zu sortieren und zu verarbeiten, bleibt gleich. Also müssen immer mehr Informationen aufgenommen und immer mehr Aufgaben in gleicher Zeit gelöst werden. Weil dies nicht recht gelingt, versuchen wir, alles gleichzeitig zu erledigen. Das nennt sich dann Multitasking.

Der Conference Call

Erfahrene Junkies der stationären und mobilen Kommunikation haben ein feines Gespür dafür, ob jemand gerade versucht, gleichzeitig weitere Kommunikationskanäle zu bedienen und andere Dinge parallel zu erledigen. In der Regel entlarven die Geräusche den Multitasker am anderen Ende der Leitung. Relativ auffällig ist es, nebenher die Spülmaschine auszuräumen, leiser geht es, wenn man Akten sortiert oder eine E-Mail beantwortet. Neuere Computertastaturen geben oft kaum noch Geräusche von sich. Man muss schon genau hinhören, um die Abfolge leisen Klickens als untrüglichen Indikator für kommunikatives Multitasking zu erkennen. Nicht wenige Menschen versuchen, parallel zu einem Telefonat in verlangsamtem Tempo und mit erheblicher Muskelverspannung vorsichtig mit einem Finger Text in den Computer zu tippen. Oft ist das Telefonat kürzer als die E-Mail, aber man hat zumindest schon mal angefangen, sie zu schreiben.

Einen weiteren Hinweis geben uns Pausen, die plötzlich in einem Telefongespräch entstehen, ohne dass das Gespräch den Grund dafür liefert. Nach kurzer Reorientierungsphase findet der Gesprächspartner zwar wieder in den Dialog zurück, aber wir merken: Er ist nicht kontinuierlich bei der Sache. Eklatanter fallen Gesprächslücken auf, wenn sie anstelle einer Antwort nach einer Frage entstehen, weil der Gesprächspartner gar nicht bemerkt hat, dass er gerade etwas gefragt worden ist. Er war mit seiner Konzentration kurzzeitig ganz bei der anderen Aufgabe, die nebenher abgearbeitet werden soll. Geschieht dies in einem Telefonat gleich mehrfach, so ist es angeraten, das Gespräch zu beenden und den anderen zunächst seine Dinge erledigen zu lassen, die offenbar wichtiger sind als die Verständigung am Telefon.

Etliche Berufszweige wie Anwälte, Investmentbanker oder Berater verleben große Teile ihres Arbeitstages in virtuellen Kommunikationsräumen, die sich jeweils neu konstituieren. Ihre Arbeitsplattform ist der Conference Call (altdeutsch: Konferenzschaltung), in dem Menschen aus verschiedenen beruflichen Kontexten und Teilen der Welt zusammengeschaltet werden, weil sie für eine begrenzte Zeit im Rahmen eines gemeinsamen Projekts miteinander arbeiten und sich austauschen müssen. Alle geben dieselbe Einwahlnummer ein, der Moderator öffnet mithilfe eines Zugangscodes den virtuellen Gesprächsraum – und schon kann es losgehen.

Die Kommunikation im Conference Call ist im Gegensatz zu einer Livekonferenz, bei der alle Teilnehmer am selben Ort sind, allein auf sprachliche Verständigung angewiesen. Nonverbale Kommunikation findet (mit Ausnahme der Stimmmodulation) nicht statt, denn die Gesprächspartner können sich nicht sehen. Dadurch wird auch die Gesprächsführung erschwert, weil die einzelnen Gesprächsteilnehmer nicht durch Mimik oder Körperspannung signalisieren können, dass sie nun auch gerne etwas sagen möchten oder der andere eindeutig zu lange redet. Der Conference Call wird damit zur idealen Selbstdarstellungsplattform für Egozentriker und Neurotiker. Selten haben sie eine vergleichbare Gelegenheit, das »Gespräch« an sich zu reißen und bei sich zu behalten, so lange sie wollen. Darunter leidet nicht nur die Kollegialität des Gesprächs, es schadet auch den Inhalten. Entwickeln sich doch gute und kritische Ideen häufig erst im Dialog und in der Auseinandersetzung zwischen den Gesprächspartnern.

Für viel beschäftigte Menschen ist der Conference Call die ideale Gelegenheit zum Multitasking. Da es allemal häufig eine Herausforderung ist, überhaupt zu Wort zu kommen, und am Ende eines womöglich mehrstündigen Calls oft trotzdem kein wesentliches Ergebnis auf dem Tisch liegt, nutzen sie die Zeit für andere Dinge. Akten werden bearbeitet, E-Mails gelesen, Dateien auf dem Computerdesktop neu geordnet und gespeichert. Gelegentlich wird auch der Koffer für die anstehende Geschäftsreise gepackt (denn Conference Calls finden zu jeder Tages- und Nachtzeit statt). Das alles ermöglicht die Mobilkommunikation und die Mute-Funktion moderner Handys. Mit dem Knopf im Ohr und dem Telefon in der Tasche kann man sich auch als Teilnehmer eines Conference Calls frei durch die Welt bewegen. Die Stummschaltung des Telefons sorgt dafür, dass der Teilnehmer zwar mitbekommt, was gesprochen wird, aber selber von den anderen nicht gehört werden kann.

Auf diesem Wege lassen sich auch komplexere Paralleltätigkeiten mit der Teilnahme am Conference Call verbinden. Gelingt es beispielsweise nicht, rechtzeitig zu Beginn der Schaltkonferenz mit dem Auto am Ziel angekommen zu sein, kann man das Gespräch schon mal während der Fahrt beginnen. Gerät man dann in einen Stau und verspürt nach langer Wartezeit ein menschliches Bedürfnis, so ist auch das kein Problem. Die anderen Gesprächsteilnehmer hören ja nichts (was die übrigen Verkehrsteilnehmer sehen, ist eine andere Frage). Fällt ein Conference Call in die späten Abendstunden, die eigentlich für das romantische Dinner mit dem Partner bestimmt waren, lässt sich mit wenigen Sätzen die Präsenz im Call dokumentieren, während es mithilfe der Stummschaltung gelingt, ungestört Suppe und Hauptgang zu verzehren. Auch das Gespräch mit dem Partner leidet zumindest akustisch dann nicht erheblich unter der parallel laufenden Konferenzschaltung.

Auf einem anderen Blatt steht, welcher inhaltliche Mehrwert sich überhaupt aus der Teilnahme an dem Conference Call ergibt. Weiß der Gesprächspartner später überhaupt noch, worüber im Einzelnen gesprochen wurde? Gibt es Ergebnisse, die das Projekt voranbringen? Bei einem Großteil solcher Schaltkonferenzen ist das nicht der Fall. Sie erfüllen nicht mehr als den Zweck einer symbolischen Kommunikation: »Gut, dass wir mal darüber gesprochen haben.« Und selbst wenn relevante Informationen vermittelt oder wichtige Entscheidungen getroffen wurden, bleibt davon nur wenig beim Teilnehmer hängen, wenn er wie üblich versucht, parallel andere Aufgaben zu bewältigen. Dass wir Menschen glauben, wir seien Weltmeister im Multitasking, bedeutet nicht, dass dies auch stimmt.

Wirklich alles gleichzeitig?

Menschen sind in der Lage, Dinge gleichzeitig zu tun, ohne dabei Fehler zu machen. Dass Menschen zu einem Zeitpunkt in zwei oder mehrere Aktivitäten eingebunden sein können, beschreibt die Wissenschaft als Polychronität.[1] So können wir beispielsweise eine Zeitung lesen und dabei essen. Auch Autofahren und dabei Radio hören gehört zu den gängigen Kombinationstätigkeiten unseres Alltags. Häufig ist eine der Aktivitäten durch einen hohen Grad an Habitualisierung gekennzeichnet: Wir haben von klein auf gelernt zu essen und müssen uns daher kaum mehr darauf konzentrieren, welche Bewegungsabläufe und Koordinationsmechanismen dabei notwendig und üblich sind.

Bei komplexeren Tätigkeiten wird es schon schwieriger: Zu telefonieren und gleichzeitig einen Text oder eine E-Mail zu lesen gelingt nicht recht; in einer Besprechung parallel Akten zu bearbeiten ist nicht nur eine kognitive Überforderung, es ist auch unangebracht. Der Multitasker verstößt damit gegen die Erwartung der anderen Anwesenden, dass er sich doch bitte für eine gewisse Zeit auf die Besprechung einlassen und konzentrieren soll.

Menschen sind unterschiedlich sozialisiert und leben in verschiedenen Kulturen, in denen sich der Umgang mit Zeit und Arbeit und damit auch die Kommunikation unterscheidet. Monochrone Kulturen organisieren sich linear, zum Teil auch hierarchisch, Dinge geschehen nacheinander. Menschen in eher monochronen Kulturen erledigen vorzugsweise eine Aufgabe *nach* der anderen und empfinden unvorhergesehene Ereignisse und Einbrüche in ihren Tages- oder Arbeitsablauf als störend. Das ist beispielsweise in den USA, Nordeuropa, der Schweiz, Deutschland und Japan der Fall. In polychronen Kulturen geschieht alles zur selben Zeit und nach variablen Ordnungsmustern; manchmal gibt es auch gar keine Muster. Menschen in eher polychronen Kulturen gehen innerhalb eines Zeitabschnitts im Tagesverlauf wie selbstverständlich mit verschiedenen Aufgaben parallel um, indem sie zwischen den einzelnen Tätigkeiten hin- und herwechseln. Ungeplante Ereignisse, wie ein Telefonanruf oder ein unangekündigter Kollegenbesuch, werden in den als Einheit betrachteten Zeit- und Arbeitszusammenhang eingebaut. Das ist in Lateinamerika, in Südostasien oder im Mittleren Osten ganz normal.

Polychronizität meint aber nicht, dass Menschen verschiedene Aufgaben oder Kommunikationen tatsächlich *gleichzeitig* bewältigen. Vielmehr entwickeln sie eine Befähigung, in einem stetigen Wechselspiel zwischen einzelnen Tätigkeiten alle Arbeiten innerhalb eines bestimmten Zeitraums (zum Beispiel dem Bürovormittag) zu erledigen.[2]

Schwierig wird es, wenn wir die Konzepte der Polychronizität auf unser Informations- und Kommunikationsverhalten übertragen wollen. Die Aufgaben, die sich für den Menschen im Umgang mit Informationen stellen, sind kompliziert. Eine Information ist für uns nur dann mehr als Datenmüll, wenn sie für uns eine Differenz bedeutet. Eine Mitteilung wird zur Information, wenn sie in unserem jeweiligen Wissen eine Veränderung hervorruft, unser Wissen nachher also einen anderen Zustand aufweist als zuvor.[3] Ein Beispiel: Ein Arbeitskollege spricht den anderen an, um ihm mitzuteilen, dass seine Freundin bei der Premiere im Stadttheater die Hauptrolle spielt. Der Kollege wusste bereits von der Premiere, er kannte womöglich gar den Namen der Hauptdarstellerin. Aber er wusste nicht, dass sie die Lebensgefährtin seines Arbeitskollegen ist. Dieser Teil der Mitteilung hat für ihn also Informationscharakter. Er schafft eine Differenz in seinem Wissen, das dadurch anders ist als noch wenige Sekunden zuvor. Eine Information bezeichnet also einen Zustand der Differenz, der erst im Empfänger entsteht. Der wiederum muss die Information mithilfe seines Gehirns verarbeiten. Gerade weil die Information einen Zustand der Differenz im Empfänger bezeichnet, ist sie nicht habitualisiert. Man benötigt Energie und Konzentration, um sie sich anzueignen.

Noch komplizierter verhält es sich mit der Kommunikation, unabhängig davon, ob sie von Angesicht zu Angesicht oder über ein technisches Hilfsmittel wie das Mobiltelefon geschieht. Findet zwischen zwei oder mehr Personen ein Austausch statt, kommunizieren sie also, so entsteht auf allen Seiten Information als eine Wissensdifferenz, die jeweils verarbeitet werden muss. Kommunikationen sind darüber hinaus selektive Prozesse, in denen wir ständig eine Auswahl treffen müssen – zwischen verschiedenen Angeboten, die uns von unterschiedlicher Seite gemacht werden. Und schließlich ist Kommunikation ein reflexiver Prozess: Ich treffe aus dem Angebot an Mitteilungen eines anderen eine Auswahl. Indem ich diese Wahl treffe und auf Basis dieser Wahl reagiere, beeinflusse ich gleichzeitig die Anschlusskommunikation meines Gegenübers. Denn ich hätte ihm nicht nur dieses, sondern genauso gut ein anderes Angebot machen können. Er wird nun aus meinem Reaktionsbündel wiederum eine Auswahl treffen, die meine Anschlusskommunikation beeinflusst. Diese reflexive Beziehungsreihe könnte man endlos fortsetzen. Kurzum: Kommunikation ist ein hochkomplexer Vorgang. Und: Man kann nicht nebenbei kommunizieren, es sei denn, es handelt sich um sinnloses Geplänkel. Kommunikatives Multitasking gibt es nicht.

Bekifft vom Handy

Ein Wissenschaftlerteam am Londoner King's College hat 2004 einen auf den ersten Blick seltsam anmutenden Versuch gemacht, um die kognitiven Fähigkeiten des Menschen beim Multitasking zu prüfen: In einem psychiatrischen Experiment mit mehr als 1000 Probanden testeten die Forscher, inwieweit eine Gruppe von Menschen in der Lage war, Aufgaben zu lösen und gleichzeitig E-Mails zu empfangen. Die Kontrollgruppe bekam die gleiche Aufgabe gestellt, dazu aber keine E-Mails, sondern Marihuana. Das überraschende Ergebnis: Die Kiffer-Gruppe erzielte deutlich bessere Ergebnisse als die E-Mail-Gruppe. Bei den E-Mailern sank der gemessene IQ-Wert sogar mehr als doppelt so stark wie bei den Marihuana-Rauchern. Exakt 10 Prozent ihrer kognitiven Fähigkeiten büßten die Mail-Multitasker ein. (Unnötig zu sagen, dass diejenigen, die während der Bearbeitung ihrer Aufgaben weder E-Mails empfingen noch Marihuana rauchten, am besten abschnitten.) »Kann man sich blöd informieren?«, fragte daraufhin Spiegel Online.[4] Eine berechtigte Frage, auf die es nur eine paradoxe Antwort gibt: Informationen verändern und erweitern die Wissensbestände des Menschen, aber im Überfluss führen sie zu einer Einschränkung unserer kognitiven Fähigkeiten.

Eine andere Studie, durchgeführt am Center for Cognitive Brain Image der Carnegie Mellon University im Jahr 2001, offenbart ebenfalls aufschlussreiche Zusammenhänge zwischen den kognitiven Aktivitäten des menschlichen Gehirns und äußeren Kommunikationsreizen. Alle drei Sekunden wurden bei 18 Probanden Messungen ihrer Gehirnaktivitäten im Kernspintomografen durchgeführt, während sie sprachliche und visuelle Aufgaben lösen mussten. Wurden den Versuchsteilnehmern während der Lösungsphase Sätze vorgelesen, reduzierte sich die Gehirnaktivität, die auf die Lösung der visuellen Aufgaben gerichtet war, um durchschnittlich 29 Prozent. Bei den sprachlichen Aufgaben sank die entsprechende Hirnaktivität gar um 53 Prozent. Übertragen wir diese Ergebnisse auf die alltägliche Situation des Telefonierens am Steuer, ergibt sich ein bedenkliches Szenario. Ein Autofahrer kann zwar beim Fahren telefonieren, nimmt dann aber ein Drittel weniger von seiner Umwelt wahr als gewöhnlich. Aus einer anderen Perspektive betrachtet, kann man nur raten, am Steuer keine Bewerbungsgespräche mit dem Handy zu führen. Die Wahrscheinlichkeit,

Unsinn zu reden, steigt um mehr als die Hälfte. Marcel Just, Leiter der Studie, stellt fest: »Der Gebrauch von Handys lenkt nicht nur die Augen ab. Das Gespräch selbst lenkt das Gehirn ab.«[5]

Auf die Frage nach dem Zusammenhang der kognitiven Leistung des Menschen und seiner Kommunikationsgewohnheiten gibt es heutzutage mehrere Antworten. Mit einem Umsatz von 134 Milliarden Euro und einem Anteil von 6,2 Prozent am Bruttoinlandsprodukt (2005) ist die Informations- und Kommunikationstechnik die wichtigste Branche in Deutschland. Längst hängen mehr als die Hälfte aller Industrieproduktionen und mehr als 80 Prozent aller Exporte vom Einsatz der Informations- und Kommunikationstechnologie ab.[6] Diese Daten passen wunderbar in das von allen Seiten gepflegte Bild von Information und Kommunikation als Innovations- und Produktivitätstreiber. Und vom industriellen Betrachterstandpunkt aus stimmt das ja auch.

Ein etwas anderes Bild ergibt sich, wenn wir die Rolle der Informations- und Kommunikationstechnologien für die Arbeitsprozesse und Arbeitsrollen der sogenannten Wissensarbeiter analysieren. Für sie wächst die Menge an zu verarbeitenden Informationen und damit verbundenen Aufgaben täglich: Tischtelefon, Handy, E-Mail, Smartphone oder BlackBerry und nicht zuletzt der Mensch am Nebentisch oder im Büro nebenan fordern regelmäßig unsere Aufmerksamkeit ein. Wir entwickeln immer weiter gehende Strategien, um mit diesem Zuwachs an Reizen und Mitteilungen fertig zu werden. Das geht letztlich auf Kosten der Gesundheit, des Privatlebens – und der Produktivität.

Unterbrechungs-Unkultur

Die Unternehmensberatung Basex macht auf der Grundlage einer eigenen Untersuchung in den USA eine erschreckende Rechnung auf: 28 Prozent der täglichen Arbeit eines Wissensarbeiters entfallen auf ungewollte oder unnötige Unterbrechungen. Das entspricht einer Zahl von 28 Milliarden verlorenen Arbeitsstunden allein in den USA. Bei durchschnittlich 21 US-Dollar pro Arbeitsstunde kostet die Unterbrechungs-Unkultur die amerikanische Volkswirtschaft in jedem Jahr 588 Milliarden US-Dollar. [7]

Das größte Problem an der Unterbrechung durch Informations- und Kommunikationsangebote ist, dass man sich ihrer kaum erwehren und sich ihnen fast nicht entziehen kann. Beispiel E-Mail: Gefragt, wie schnell sie nach Eintreffen eine E-Mail öffnen oder sogar darauf reagieren, antworteten 55 Prozent der in der Studie Befragten mit »sofort«, nur 35 Prozent gaben an, erst zu antworten, wenn sich dazu eine angemessene Gelegenheit ergibt. [8] Gehen wir davon aus, dass ein Wissensarbeiter heutzutage 200 bis 300 E-Mails pro Tag erhält, so wird im normalen Berufsalltag nicht mehr die Arbeit durch die E-Mail, sondern das Mailen durch die Arbeit unterbrochen. Die Kommunikationstechnologie ermöglicht die permanenten Unterbrechungen und forciert sie durch entsprechende Reize, wie ein akustisches Signal bei jeder neuen E-Mail, die auf dem Rechner eingetroffen ist. Die Entscheidung darüber, wie und wann diese Mail gelesen und bearbeitet wird, fällt allerdings der Adressat. Wenn die Arbeitsprozesse nicht konzentriert beendet werden, bevor dem neuen Kommunikationsreiz nachgegeben wird, zeigt dies: Der größte Feind einer konzentrierten Arbeitsroutine ist der Mensch selbst.

Die Computerwissenschaftlerin Gloria Mark von der University of California in Irvine hat sich auf die Erforschung des Zusammenhangs zwischen Arbeitsphasen, Unterbrechungen und Multitasking spezialisiert. Mit ihrem Forscherteam hat sie herausgefunden, dass die menschliche Arbeit inzwischen extrem fragmentiert ist. So verwendet der Einzelne durchschnittlich nicht mehr als zweieinhalb Minuten auf eine Information, Aufgabe oder Interaktion, bevor er sich eigenständig einer anderen zuwendet oder durch einen äußeren Reiz unterbrochen wird.[9] Dieses Ergebnis ist spannend, zumal die Gehirnforschung ebenfalls bestimmte Zeiträume definiert, in denen das Gehirn am Stück aktiv ist, um dann eine kurze Erholungspause einzulegen. Diese Aktivitätsperioden sind allerdings nur etwa drei Sekunden lang.[10]

Nun wäre es allerdings durchaus vorstellbar, dass sich das eigene Gehirn nach der kurzen Erholungspause wieder auf dieselbe Aufgabe fokussiert, die schon vor der Pause in der Bearbeitung war. Auf diesem Wege können einzelne Aufgaben in größeren Zeitabschnitten konzentriert abgearbeitet werden. Die ständigen Unterbrechungen, denen wir Menschen ausgesetzt sind, lassen das aber nicht zu. In einer weiteren Studie von Gloria Mark wird deutlich, dass zwar immerhin mehr als zwei Drittel der Aufgaben, in deren Bearbeitungsverlauf Menschen unterbrochen werden, auch am selben Tag wieder aufgenommen werden. Geschieht dies, so brauchen die Menschen allerdings durchschnittlich mehr als 25 Minuten, um zur eigentlichen Aufgabe zurückzukehren, und sind in der Zwischenzeit mit mindestens zwei anderen Aufgabenfeldern beschäftigt.[11] Nehmen sie schließlich die Arbeit an der ursprünglichen Aufgabe wieder auf, müssen sie sich selbst nicht nur wieder auf den Stand bringen, bei dem sie den Aufgabenbereich verlassen haben, oft hat sich auch das Arbeitsumfeld verändert.

Bei manischen Multitaskern kann man dieses Phänomen am Schreibtisch ablesen. Erfolgt eine Unterbrechung, wird schnell eine Notiz auf ein Post-it geschrieben und an den Bildschirmrand geklebt. Ähnliches geschieht bei weiteren Unterbrechungen. E-Mails, die parallel zwar empfangen, aber noch nicht recht zur Kenntnis genommen oder gar bearbeitet wurden, werden ausgedruckt, um als papiernes Mahnmal bis zur Wiederzuwendung auf dem Schreibtisch zu ruhen. Unterbrechungen durch Kollegen resultieren in weiteren Dokumenten oder Materialien, die auf dem Schreibtisch Platz finden müssen. Wendet sich der so viel Beschäftigte und häufig Unterbrochene irgendwann wieder seiner eigentlichen Aufgabe zu, muss er sich zunächst durch einen Stapel von anderen Dingen wühlen, bis er zum Ausgangspunkt zurückfindet.

In dieser Situation bietet auch der Computer wenig Hilfestellung. Das am Beispiel der Papierstapel dokumentierte Problem lässt sich fast eins zu eins auf die Benutzeroberfläche des Rechners übertragen. Der Multitasker öffnet bei jeder Unterbrechung und mit jeder neuen Aufgabenstellung ein weiteres Fenster, um irgendwann die darin sichtbare Aufgabe zu Ende zu bearbeiten. Ab einer gewissen Zahl von geöffneten Fenstern verliert selbst der versierte Computernutzer den Überblick. Ganz zu schweigen davon, dass sich ein Computer gelegentlich »aufhängen« kann und dann mit einem Schlag sämtliche Fenster geschlossen und die Aufgabenverläufe verloren sind.

Andere Bewältigungsstrategien münden in ein umfängliches Management unterschiedlicher In-Boxen im eigenen E-Mail-Programm. In der Regel kreieren Menschen ein separates Ablagefach für jeden größeren Arbeitszusammenhang. Auch das garantiert nicht, dass der parallele Umgang mit zahlreichen unterschiedlichen Aufgaben und Informationsströmen besser gelingt. Ganz Verzweifelte schaffen noch ein Extrafach, das als Dringlichkeitsmahnung allen anderen übergeordnet ist und »Erledigen!«, »Dringend!« oder »Eilig!« heißt. Mit diesem Fach durchbrechen sie nicht nur die mühsam erlernte Systematik ihrer eigenen Arbeitsstruktur, sie fügen obendrein eine weitere Metaebene des Multitasking hinzu.

Auch ich habe so einen Ordner eingerichtet, um der E-Mail-Flut Frau oder Herr zu werden, um Prioritäten zu setzen, Freiräume zu schaffen und mich nicht immer verpflichtet zu fühlen, jede elektronische Post sofort zu beantworten. Das Fach trägt die kreative Bezeichnung »Erledigenda« als Mixtur aus »Erledigen« und »Agenda«. Dort sollten alle die Mails zwischengelagert werden, die zu eilig waren, um sie den zahlreichen anderen Fächern der einzelnen Arbeitszusammenhänge zuzuordnen, die also tagesaktuell beantwortet werden mussten. Ich fühlte mich gleich besser, als ich zum ersten Mal nach dem morgendlichen Blick in die Inbox die wichtigsten Mails dort hineinschieben konnte, und habe es tatsächlich geschafft, mich nicht sofort mit jeder Mail zu beschäftigen, unabhängig davon, was sonst eigentlich gerade wichtig war.

Nach Einrichtung dieser Sonderbox hat es allerdings etwa zehn Tage gedauert, bis ich mich wieder an sie erinnerte und daran, dass dort ja meine brandaktuellen Mail-Erledigungen abgelegt waren. Nahezu panisch checkte ich die Box – um festzustellen, dass bei keiner einzigen der etwa 40 dringenden Mails eine Nachfrage gekommen war. Zehn Tage hatte die elektronische Post friedlich in dem Fach geruht, mir war es viel besser gegangen, und nach den zehn Tagen war nichts geschehen. Auch im analogen Büroalltag neige ich dazu, Stapel auf dem Schreibtisch zu bilden, die aus Zeitmangel nur jedes halbe oder gar jedes Jahr durchgesehen und ausgemistet werden. Dabei mache ich regelmäßig die interessante Erfahrung, dass ein Großteil der dort gelagerten Unterlagen und Vorgänge sich auf wundersame Weise von selbst erledigt hat.

Stille durch Technik

Natürlich habe ich darüber nachgedacht, dass diese Erfahrung eine ganz individuelle sein kann oder womöglich damit zu tun hat, dass die Informations- und Denkströme der Wissenschaft langsamer verlaufen, als das beispielsweise in Wirtschaft und Politik der Fall ist. Ein Gespräch mit dem Kommunikationschef eines globalen Softwarekonzerns hat mich eines Besseren belehrt. In Vorbereitung auf die Markteinführung einer neuen Software inklusive eines verbesserten Mail-Programms durften die Führungskräfte des Konzerns die einzelnen Neuentwicklungen testen, darunter auch eine Spezialfunktion, mit der besonders dringliche E-Mails automatisch einem separaten Ordner zugeleitet werden. Mein Gesprächspartner hatte diese Funktion aktiviert, aber mehrfach eine Fehlermeldung bekommen und dann aus Zeitmangel davon Abstand genommen, sich weiter um diese spezielle Anwendung zu kümmern. Nach mehr als 14 Tagen meldete sich ein Arbeitskollege telefonisch bei ihm und fragte nach seiner Entscheidung in der dringlichen Angelegenheit, zu der er doch vor wenigen Stunden bereits eine Mail geschickt habe. Mein Gesprächspartner antwortete verdutzt, er habe eine solche Mail gar nicht bekommen – eine sehr schlechte Antwort, die den Antwortenden sofort dem Verdacht unterstellt, er habe seine Mails nicht regelmäßig gecheckt oder keine Zeit und Lust auf eine Antwort gehabt und schiebe nun technische Probleme vor.

Der Anrufer versprach sodann, die Mail unverzüglich ein zweites Mal zu senden. Auch diesmal kam sie nicht an. Daraufhin bestellte mein Gesprächspartner den Systemadministrator ein, beschrieb das Problem und den unverständlichen zweifachen Verlust der dringlichen Mail, um ihr Verbleiben kompetent prüfen zu lassen. Mit einem Lächeln machte sich der Systemadministrator an die Arbeit und stellte binnen Sekunden fest, dass es meinem Gesprächspartner sehr wohl einst gelungen war, die automatische Ablage dringlicher Mails zu aktivieren. In dem dafür vorgesehenen Ordner waren inzwischen 246 Mails abgelegt worden, die mein Gesprächspartner allesamt nicht erhalten oder zur Kenntnis genommen hatte. Nach mehr als 14 Tagen hatte es bei einer dieser 246 Mails eine Nachfrage gegeben. Bei *einer*.

Was kann man daraus schließen? Zum einen gilt nicht nur in der Politik, dass Aussitzen eine Problemlösungsstrategie sein kann. Zum anderen ist es nicht die Zahl an Aufgaben, es ist auch nicht deren implizite Dringlichkeit, es ist nicht einmal der Übergang von der analogen zur digitalen Arbeitswelt, die für unsere Überlastung und unser serielles Multitasking verantwortlich sind. Die sachliche Schlussfolgerung lautet: Wir selbst sind die Ursache für unser Problem.

Insofern ist es durchaus fraglich, ob die technologische Entwicklung uns helfen kann, diese Probleme zu lösen. Können wir also die Überforderung durch Technologie mit noch mehr Technologie bewältigen? Die Softwareentwicklung geht davon aus, dass es so funktioniert. Ein Beispiel: Aus dem Forschungslabor von Microsoft stammt eine Benachrichtigungs-Plattform, die garantieren soll, dass der Computer nur die Informationen durchlässt, die wichtig sind, und das auch nur dann, wenn es uns gerade nicht stört.[12] Das Programm unter dem Namen

»Scope« organisiert die vier »Kommunikationsdimensionen« E-Mail, Web-Benachrichtigungen, Aufgaben und Kalender in einem mehrfarbigen Radar, der sich in der Bildschirmecke häuslich einrichtet. Weniger wichtige Dinge, die warten können, werden im Randbereich des Radars platziert, wichtige Dinge rücken ins Zentrum.[13]

Die Software kann nicht von sich aus wissen, wer und was für uns wichtig ist, worauf wir sofort reagieren müssen und bei wem oder was wir gerne warten, womöglich so lange, bis sich die Sache von selbst erledigt hat. Die Parameter müssen die Nutzer vorgeben. Damit verbleiben die Entscheidungen wiederum beim Menschen. Der Computer kann sie uns nicht abnehmen, er kann nur nach den entsprechenden Vorgaben ausführen, was wir von ihm wollen. Wer also glaubt, die Notifizierungs-Plattform »überlisten« zu müssen, um doch mal schnell zwischendurch in die weniger wichtigen E-Mails reinzugucken, stellt sich selbst ein Bein. Der Computer kann gut damit leben, wir selbst können es womöglich schlechter.

Auch die Konsequenzen der jeweiligen Parametereinstellungen müssen wir tragen. Was geschieht mit den Anrufen der nervtötenden Schwiegermutter, die uns aus jeder Konzentration gnadenlos herausreißen? Sie werden in den Randbereich des Radars verbannt, um später am Abend beantwortet zu werden, wenn überhaupt. Und wie reagieren wir auf die ständigen Terminanforderungen für unsinnige Konferenzen des Kollegen aus dem Nachbarbüro? Auch sie wandern wohl in den Randbereich ab. Hoffen wir nur, dass der Kollege nicht beizeiten unseren Bildschirm besichtigt und genau erkennen kann, wie wir seine Anfragen einstufen.

Einheiten bilden

Was immer der technologische Fortschritt uns auch bieten kann, er kann uns niemals davon befreien, mit zu vielen verschiedenen Dingen konfrontiert zu werden und innerhalb dieser Bandbreite Prioritäten setzen zu müssen. Wir bleiben in einem permanenten Wechsel zwischen einzelnen Aufgaben und Interaktionen gefangen, der hohe »kognitive Kosten« verursacht. Menschen werden unterbrochen, abgelenkt, brauchen Zeit und Reorientierung, bis sie wieder in ihre ursprüngliche Aufgabe zurückfinden. Oft werden dadurch auch Teile einer Aufgabe wiederholt und doppelt erledigt. Anders formuliert: Wir stecken zum Teil in einer Unterbrechungs-Wiederaufnahme-Schleife, die uns viel Zeit und damit auch Geld kostet. Weil das niemand auf Dauer wollen kann, entwickeln die Menschen Lösungsstrategien, um Arbeitsredundanz zu vermeiden.

Gloria Mark hat, wie gesagt, in ihrer Forschung herausgefunden, dass Menschen einzelne Tätigkeiten verrichten, die selten länger als zweieinhalb Minuten dauern, bevor sie unterbrochen werden. Sie hat aus ihren Befragungs- und Beobachtungsdaten aber ableiten können, dass dieselben Menschen diese einzelnen kleinen Arbeitsstücke in größeren Komplexen gruppieren, die einen übergeordneten Arbeitszusammenhang bilden. Diese *working spheres* beschreiben die Arbeitseinheiten, in die Menschen ihre Aufgaben oder Aktivitäten täglich einteilen.[14] Wissensarbeiter sind im Verlaufe eines Arbeitstags durchschnittlich in zwölf verschiedenen Arbeitseinheiten engagiert, davon zählen neun zu den zentralen Aufgabenbereichen, die der Einzelne in seinem Job zu bewältigen hat, drei gelten als eher randständige Beschäftigungsfelder.

Ein Beispiel: Als Professorin gehört die Vorbereitung einer Lehrveranstaltung zu den zentralen Arbeitszusammenhängen, auf die ich am Tag einen Teil meiner Arbeitszeit verwende. In diesen Arbeitszusammenhang fließt die Lektüre wissenschaftlicher Texte, die Internetrecherche, das Abfragen und Beantworten von E-Mails, das Gespräch mit Mitarbeitern und die Organisation technischer Details zur Gestaltung der Vorlesung mit ein. All das sind einzelne Aufgaben, in die ich kurz eintauche, die aber in ihrer Gesamtheit den Zusammenhang der Arbeitseinheit »Vorlesung vorbereiten« bilden.

Mit »Scalable Fabric« bietet die Microsoft-Forschung ein Softwaretool für flexibles Aufgabenmanagement, das genau diese Arbeit in *working spheres* unterstützt und im Grunde nichts anderes ist als die elektronisch visualisierte Umsetzung eines Zettelkastens.[15] Das Ausgangsproblem: Irgendwie verfügen der Computerbildschirm und die Windows-Oberfläche nie über genügend Platz, um alle Aufgaben, die man gleichzeitig am PC bearbeitet, auch komfortabel darzustellen. Der Nutzer arbeitet nun wie gewohnt mit einzelnen Fenstern auf seinem Bildschirm, die in einem zentralen Bereich angeordnet sind, solange der Nutzer sie als zentral betrachtet. Verschiebt er ein Fenster an den Rand des Bildschirms, wird es automatisch verkleinert. Der Nutzer kann verschiedene Fenster in Gruppen zusammenfassen, um so seine Aufgabenbereiche zu organisieren. Das Wechseln zwischen den Aufgabenbereichen gelingt mit einem einzigen Mausklick, der eine periphere Aufgabe schnurstracks wieder ins Zentrum des Bildschirms befördert.

Bei allen elektronischen Hilfen, die wir zur Bewältigung unserer Aufgaben hinzuziehen können, bleiben durchschnittlich zwölf Arbeitszusammenhänge, die sich jeweils aus vielen einzelnen Tätigkeiten zusammensetzen und mehr oder weniger zentral sind – ein Konvolut von Dingen, die wir alltäglich zu erledigen haben. Schauen wir uns an, wie lange der einzelne Wissensarbeiter durchschnittlich am Stück mit einer einzelnen Arbeitseinheit beschäftigt ist, so zeigt sich auch hier: Wir springen durch zerstückelte Zeit- und Arbeitswelten. Nicht mehr als zehneinhalb Minuten sind der einzelnen größeren Arbeitseinheit gewidmet (die ja bereits ein thematischer Zusammenschluss aus verschiedenen kleineren Tätigkeiten ist).[16] Zwischen diesen Einheiten treiben wir uns selbst hin und her oder werden getrieben, indem wir uns selbst unterbrechen oder unterbrochen werden – beides kommt ungefähr gleich häufig vor.

Zappen im Kopf

Was bedeutet das für den Menschen, der in diesen Wechselstrukturen zwischen immer kürzeren Konzentrationsspannen und immer häufigeren Unterbrechungen gefangen ist? Zunächst einmal unterstreicht es die Notwendigkeit, mit dem Mythos des Multitasking aufzuräumen.

Der Begriff »Multitasking« stammt aus der Computerwissenschaft und bezeichnet die Fähigkeit eines Betriebssystems, mehrere Aufgaben nebeneinander auszuführen. Die verschiedenen Prozesse werden dabei in so kurzen Abständen wechselnd aktiviert, dass der Eindruck entsteht, sie liefen gleichzeitig ab.[17] Alle diese Prozesse greifen auf den Hauptprozessor des Computers, die »Central Processing Unit« (CPU), zu. Bei Computern mit mehreren solcher CPUs multipliziert sich dieses Multitasking noch einmal, indem unterschiedliche Prozesse durch verschiedene Prozessoren bearbeitet werden. Ein Planer (»Scheduler«) organisiert, wie die vorhandenen Ressourcen auf die diversen

Prozesse verteilt werden und wann der Prozessor von einer zur anderen Aufgabe wechselt.

Aber ganz unabhängig davon, wie viele Prozesse im Hauptprozessor ablaufen: Sie finden niemals gleichzeitig statt. Vielmehr wechselt auch der Computer (natürlich in für menschliche Beobachtung atemberaubender Geschwindigkeit) zwischen den einzelnen Prozessen hin und her und arbeitet sie seriell ab. Der Computer ist also genau genommen nicht in der Lage, paralleles Multitasking zu betreiben. Und unserem Hauptprozessor, dem menschlichen Gehirn, gelingt dies ebenso wenig.

Eine Forschergruppe am Massachusetts Institute of Technology (MIT) überprüfte an zwei Studentengruppen, welche Gehirnaktivitäten in welcher Form beim Multitasking involviert sind. Beide Gruppen bekamen einfache Aufgaben gestellt: Sie mussten Formen erkennen sowie Buchstaben (erste Gruppe) und Farben (zweite Gruppe). Die Probanden wurden gebeten, zwischen beiden Aufgaben hin- und herzuwechseln, und zwar einmal jeweils innerhalb von eineinhalb Sekunden und einmal jeweils innerhalb einer Zehntelsekunde. Mit diesem Experiment wollten die Wissenschaftler unter anderem überprüfen, ob es tatsächlich eine spezifische Hirnregion gibt, die für das Multitasking zuständig ist. [18]

Das Ergebnis: Wenn die Studenten schneller zwischen den beiden Aufgaben wechselten, benötigten sie etwa doppelt so lange zu ihrer Bewältigung, als wenn sie im langsameren Modus wechselten. Eine parallele Analyse der Gehirnaktivitäten beider Gruppen durch das Verfahren der funktionalen Magnetresonanzdarstellung (fMRI), das bewegte Bilder der Gehirnaktivitäten in Echtzeit hervorbringt, hat gezeigt: Es gibt keine komplizierten Mechanismen, die uns erlauben, zwei Dinge gleichzeitig im Kopf zu erledigen, wir müssen vielmehr eines nach dem anderen abarbeiten.[19] Die »Kunst« des Multitasking liegt darin, zwischen mehreren Aufgaben in kürzester Zeit möglichst ohne Brüche hin- und herzuwechseln. Wir zappen nicht nur durch das Fernsehprogramm, wir zappen auch im Kopf.

Wir Menschen sind nicht zu parallelem Multitasking befähigt, wir sind zur *gleichzeitigen* Bearbeitung unterschiedlicher Aufgaben oder zur parallelen Bewältigung verschiedener Interaktionen und Kommunikationen nicht gemacht. Deshalb weichen wir auf das serielle Multitasking aus. Wir wechseln in kürzesten Zeitabschnitten immer wieder zwischen verschiedenen Aufgaben, Interaktionen oder Kommunikationen hin und her. In der Regel braucht dieses serielle Multitasking mehr Zeit, als wir benötigen würden, um eine Aufgabe nach der anderen abzuarbeiten, eine Interaktion nach der anderen zu vollziehen. Es steigert außerdem das Stressempfinden der betroffenen Personen und erhöht die Fehleranfälligkeit in der Bewältigung der einzelnen Aufgaben.[20]

Der Psychologe Edward Hallowell beschreibt die Schwierigkeiten, denen wir beim Multitasking ausgesetzt sind, mit einem schönen Beispiel.[21] Stellen Sie sich vor, Sie würden mit zwei Bällen gleichzeitig Tennis spielen. Sie müssen beide Bälle verfolgen, hinter beiden herlaufen, dabei Ihren Gegner beobachten, um beide Bälle im Spiel zu halten. Das mag gelingen. Niemals aber werden Sie in der Lage sein, mit zwei Bällen in der gleichen Qualität zu spielen wie mit einem Ball – von mehr als zwei Bällen ganz zu schweigen. Wollen wir diese Herausforderung bildlich zuspitzen, so kommt uns der Esel in Erinnerung, der vor zwei Fressnäpfen steht, ständig den Kopf von einem zum anderen wendet, weil er sich nicht für einen Napf entscheiden kann, und schließlich verhungert.

Wahrscheinlich ist der Mensch zu intelligent, als dass er im

Zuge des Multitasking irgendwann im dauernden Wechsel zwischen einzelnen Aufgaben zur Salzsäule erstarrt. Beobachtet man aber jemanden, der permanent vor die Anforderung gestellt ist, mehrere Aufgaben gleichzeitig zu erledigen und parallel dazu zu kommunizieren, so lassen sich viele kleine Mechanismen entdecken, mit denen er eigentlich versucht, sich dieser Anforderung zu entziehen. Manche schalten beispielsweise das Autoradio aus, bevor sie einparken (nicht nur Frauen). Weit verbreitet ist die Gewohnheit, sich für Telefonate, bei denen Konzentration erforderlich ist, in eine störungsfreie Umgebung zurückzuziehen.

Dieses Motiv ist übrigens der Hauptgrund dafür, dass die Toiletten, Waschräume, Küchen und Abstellkammern im Umfeld von Großraumbüros häufig durch telefonierende Mitarbeiter belegt sind. Während im angloamerikanischen Raum das Großraumbüro zur Bürokultur gehört und die Menschen am Arbeitsplatz entsprechende Kommunikationsgewohnheiten entwickelt haben, die in der Regel das laute Telefonieren oder Schreien von einer Arbeitsbox zur anderen nicht vorsehen, gibt es damit in Deutschland noch wenig Erfahrung. Wenn aber die Kommunikationsregeln nicht grundlegend definiert sind, ziehen Menschen sich in überschaubare Räume zurück, in denen sie nach ihren individuellen Bedürfnissen störungsfrei kommunizieren können.

Zuweilen kommt es auch zu unfreundlicheren Formen der Rebellion gegen das Multitasking. Es gibt den Arbeitskollegen, der vermeintlich parallel mit dem PC, den Dokumenten auf dem Schreibtisch und seinen E-Mails kämpft, um beim Klingeln des Telefons den Hörer abzuheben und »JETZT NICHT!« hineinzuschreien. In solchen Fällen kann man mit großer Sicherheit davon ausgehen, dass der Überlastungsgrad durch Multitasking eine Dimension erreicht hat, die auch die soziale Verträglichkeit des Kollegen nachhaltig einschränkt.

Zu viele Fenster zur Welt

Unser Leben ist mehr als die Aneinanderreihung von Aufgaben, deren aktuellste jeweils in den Vordergrund unserer Aufmerksamkeit rückt, um in einer möglichst kurzen Zeit im Wechsel mit anderen Aufgaben bewältigt zu werden. Sind wir permanent einer solchen Anforderung ausgesetzt, führt das zu kognitiver Überlastung *(cognitive overload)*, zu Dauerstress und eventuell zu Gesundheitsproblemen.

Unser Gehirn ist vielfach schlauer als wir selbst: Es entwickelt in solchen Situationen Standards, nach denen die Bearbeitung im Sinne vorgegebener und routinierter Prozesse abläuft, ohne dass wir allzu viel Energie und Konzentration darauf verwenden müssen. Um sich abzeichnenden Konzentrationsschwierigkeiten gegenzusteuern, nimmt unser Gehirn Abkürzungen.[22] In der Sozialpsychologie werden diese *mental shortcuts* genannten Tricks durchaus als sinnvolle und wünschenswerte Formen der menschlichen Bearbeitung anstehender Aufgaben gewertet. Solche mentalen Abkürzungen verlaufen über Schemata, die der Mensch ausbildet, um die Gegenwart mit der Vergangenheit zu verbinden, unbekannte und überraschende Reize in die bekannte Denkwelt einzufügen und dabei zugleich mit seiner kognitiven Energie hauszuhalten.

Will der Einzelne allerdings in der Lage sein, seine Umwelt adäquat wahrzunehmen und sich an wichtige neue Anforderung anzupassen, muss er die permanente Überprüfung und Erneuerung seiner Schemata zulassen. Dafür benötigt er wiederum Information, die bewertet und verarbeitet werden muss. Genau das aber wird in Situationen der informationellen Überforderung schwierig. Denn dann nimmt das Gehirn womöglich falsche Abkürzungen oder wandert stur weiter über die Trampelpfade bekannter Entscheidungsmuster, die längst in die falsche Richtung führen. Gerade Manager sind von diesen Symptomen häufig betroffen.[23] So steigt die Fehleranfälligkeit und sinkt die Kreativität.

Unter der konstanten Überforderung des Multitasking können Menschen sich verändern oder gar krank werden. Neben dem meist genetisch bedingten Aufmerksamkeitsdefizit (*Attention Deficit Disorder*, ADD) kann die Reizüberflutung auch zu einer umweltbedingten Aufmerksamkeitsstörung führen (dem *Attention Deficit Trait*, ADT). Der Psychologe Edward Hallowell beschreibt diese Störung als Zustand, der durch unseren modernen Lebensstil hervorgerufen wird. Wir müssen immer mehr Input und Output koordinieren und werden darüber zunehmend abgelenkt, ruhelos, irritierbar, wir reagieren impulsiv und fallen mit der Zeit immer weiter hinter unsere Leistungsmöglichkeiten zurück. Spätestens wenn wir selbst bemerken, dass wir weniger schaffen und in unserer Arbeit schlechtere Qualität liefern, als wir dies normalerweise könnten, ist das nach Hallowell ein untrügliches Symptom für ADT.[24] Wenn wir dann anfangen, Aufgaben immer oberflächlicher zu erledigen und Fragen immer ungenauer zu beantworten, gleichzeitig aber immer mehr arbeiten und immer weniger schlafen, ist es Zeit, Gegenmaßnahmen zu ergreifen.

»Wenn man ADT erst mal identifiziert hat, ist es nicht so schwer, etwas dagegen zu tun. Man muss Grenzen ziehen und den Leuten Zeit zum Nachdenken geben.«[25] Das erscheint einfacher gesagt als getan. Die mangelnde Kraft und Fähigkeit,

Grenzen zu ziehen und in Ruhe nachzudenken, bezeichnet ja gerade die Symptome der durch unsere technologisierte und informatisierte Umwelt bedingten Aufmerksamkeitsstörung. Einem manischen Multitasker mit der Aufforderung zu begegnen: »Denk doch mal in Ruhe nach!« ist ähnlich hilfreich, wie einem Alkoholiker zu sagen: »Trink doch mal weniger!« ADT ist letztlich nichts anderes als die moderne Ausprägung der Arbeitssucht. Der Workaholic der vernetzten Gesellschaft muss nicht mal mehr am Schreibtisch sitzen, um in zig Projekte und Aufgaben involviert zu sein. Er kann das alles von überall aus erledigen – mit PC, Telefon, BlackBerry und Organizer. Die Konsequenzen bleiben die gleichen: Ermattung, Konzentrationsschwäche, Frustrationsgefühle und Leistungsabfall.

Diese Degenerationserscheinungen können auch unsere Beziehung zur Wirklichkeit und zu unserer individuellen Lebenswelt beeinträchtigen. In einer Untersuchung der Internet-Rollenspiele Jugendlicher hat die Soziologin Sherry Turkle bereits vor Jahren herausgefunden, dass wir verschiedene Fenster geöffnet haben, in denen sich unser reales und digitales Leben abspielt. In ihrer Studie zu Identitäten in Zeiten des Internets hat sie aufgrund zahlreicher Interviews mit Jugendlichen beschrieben, wie dieser Prozess verläuft: Jede einzelne Aktivität in der Netzwelt findet in einem Fenster am Computer statt. Die Identität des Menschen ist die Summe seiner einzelnen Präsenzen in den unterschiedlichen Fenstern, die Wirklichkeit ist nur eines davon. Oder wie ein Jugendlicher, College-Student aus dem Mittleren Westen, sagt: »RL (Real Life) ist nur ein Fenster unter vielen, und es ist gewöhnlich nicht mein bestes.«[26]

Turkle hat beobachtet, wie sich diese Wahrnehmung der Welt mit den Informations- und Kommunikationstechnologien und ihren Reaktionsanforderungen an den einzelnen Nutzer verbindet. Und sie kommt zu einer kritischen Bewertung: Unsere Kommunikationskultur wandelt sich. Jeder soll auf eine Information in möglichst kurzer Zeit reagieren. Das geschieht in Ermangelung von Zeit und Reflexionsmöglichkeiten in reduzierter und generalisierter Form: eine schnelle Instant Message, ein kurzer Anruf auf dem Handy, eine kurze SMS. Alle diese Reaktionen sind dazu angetan, einen Status zu kommunizieren, nicht aber einen Dialog zu eröffnen, der in einem reflexiven Denk- und Abwägungsprozess die besten Ideen und Lösungen hervorbringen kann. So entsteht ein grundsätzlicher Widerspruch in unserer Kommunikationskultur: Unsere Welt wird immer komplexer, aber die Zeitdauer und Konzentrationstiefe, die wir zur Verfügung haben, um mit dieser Komplexität umzugehen, reduzieren wir immer weiter.[27]

Mit diesem Widerspruch ist womöglich noch ein anderes Problem verbunden: Wir Menschen verlieren zunehmend die Toleranz für die Mehrdeutigkeiten des Lebens. Die permanente Überlastung unseres Gehirns in Verbindung mit der Anforderung, zu viele Aufgaben gleichzeitig zu bewältigen, führt zu einer unstillbaren Sehnsucht nach Klarheit und Einfachheit. Wir wollen wenigstens an einem Punkt eine Lösung haben, die keine weiteren Denk-, Bearbeitungs- und Entscheidungsprozesse nach sich zieht. Zugunsten einer solchen Lösung nehmen wir ein erhebliches Maß an Oberflächlichkeit in Kauf. Um im Bild der Computerarbeit zu bleiben: Wir klicken mit der Maus durch die vielen geöffneten Fenster und verschaffen uns damit das Gefühl, uns mit Dingen auseinanderzusetzen oder sie gar zu erledigen. Tatsächlich bewegen wir uns nur auf der ersten Ebene der einzelnen Themen. Hinter jedem Fenster liegt eine Welt, die wir erobern müssen, wollen wir uns wirklich mit den Themen in einem Maße beschäftigen, wie es der Komplexitätsgrad unserer Lebens- und Arbeitswelt heute verlangt.

Wie lässt sich Abhilfe schaffen? Die Antwort ist einfach und klar: Indem der Mensch sich selbst diszipliniert und sich zuweilen der ununterbrochenen Kommunikationsanforderung verweigert. Alle Befragungen zu diesem Zusammenhang zeigen: Nur der Mensch selbst ist in der Lage, Kontrolle über seine Informations- und Kommunikationsströme zu erlangen und zu behalten. Die Technik kann das nicht für uns erledigen, auch nicht der Computer. Und es sind auch nicht die anderen schuld, wenn die informationelle Überforderung immer wieder in hohen Wellen über uns hereinbricht. Verantwortlich sind einzig und allein wir selbst.

Digitale Zeitdiebe und Hausbesetzer: Wie Technik unser Leben bestimmt

Im Jahr 1981 landete die schottische Sängerin Sheena Easton mit dem Song *Morning Train* einen Hit und erklomm die Spitzenpositionen der internationalen Charts. Der Refrain des Stücks lautete:

> My baby takes the morning train
> He works from nine till five and then
> He takes another home again
> To find me waitin' for him.

Zwischen diesem Song und der Gegenwart liegen mehr als 25 Jahre – und einige gesellschaftliche Veränderungen, die den Text heute anachronistisch erscheinen lassen. In vielen Branchen und Berufsfeldern arbeiten die Menschen längst nicht mehr in einem »9 to 5«-Job. Wer heute in einer Führungsposition tätig ist oder beruflich mobil sein muss, trägt das Büro und die Arbeit permanent mit sich. Und die Erwartung, dass die Frau ab fünf Uhr am Fenster steht, um den Gatten nach getaner Arbeit in einen fried- und freudvollen Feierabend zu geleiten, ist zum Glück auch nicht mehr die Regel. Wollte Sheena Easton eine aktuelle Coverversion auf den Markt bringen, müsste sie vermutlich umtexten:[1]

> My baby takes the morning train
> He checks his mails and tries again
> To call colleagues in France and Spain

To find them waitin' for him.
My baby takes the morning train
He works from nine to nine and then
Comes home and talks to Spain again
Not expectin' me to wait for him.

I also took the morning train
To take a flight to Spain and then
Expect delay, check mails again
And try to call him most in vain.

So oder ähnlich sieht der Berufs- und Lebensalltag heute für manchen Wissensarbeiter aus. Weil er sich aus freien Stücken der beruflichen Mobilität verschrieben hat, weil der Arbeitgeber es verlangt oder weil keine berufliche Alternative in Sicht war. Bei manchen Menschen hat sich auch eine schlichte Gleichung ins Gehirn eingebrannt: Dauererreichbarkeit und Mobilität sind die Zeichen der Zeit und damit die Zeichen der eigenen Bedeutsamkeit und des Erfolgs. Gestresst zu sein ist fast zum Statussymbol geworden.

Aus der Balance

Wie auch immer der Einzelne diese Veränderungen für sich begründen mag, sie haben immer dieselbe Folge: Die Grenze zwischen Berufs- und Privatleben verschwimmt. Und zwar immer stärker. Die individuellen Zeitdimensionen des Menschen werden zunehmend synchronisiert mit den Zeitvorgaben der Organisationen, für die er tätig ist. Dies wiederum hat Auswirkungen auf etwas, das wir neudeutsch als »Work-Life-Balance«

bezeichnen. Interpretieren wir den Begriff positiv, dann kommen wir vermutlich zu dem Ergebnis, dass es für den einzelnen Menschen und für seine Beziehungen zu seiner Umwelt (Familie, Freunde, Kollegen, Arbeitsorganisationen, Unternehmen etc.) notwendig und förderlich ist, ein ausgeglichenes Verhältnis zwischen Arbeit und Freizeit, zwischen Leistungs- und Erholungsphasen, zwischen beruflicher und privater Kommunikation aufrechtzuerhalten und zu pflegen.

Manche Definitionen haben einen anderen Zungenschlag. Sie entlarven, genauer betrachtet, die Zielsetzung hinter der vermeintlichen Suche nach Balance. Eine gemeinsame Studie des Bundesfamilienministeriums, des Bundeswirtschaftsministeriums und einer ganzen Reihe von Großunternehmen aus dem Jahre 2005 definiert folgendermaßen: »Work-Life-Balance bedeutet eine neue, intelligente Verzahnung von Arbeits- und Privatleben vor dem Hintergrund einer veränderten und sich dynamisch verändernden Arbeits- und Lebenswelt.«[2] Hier geht es also nicht mehr um die Trennung zwischen Lebensbereichen, die der Arbeit oder dem Privaten gewidmet sind und die jeder für sich einen jeweils anderen Rahmen benötigen. Hier geht es um Verzahnung, also um die Auflösung von Grenzen.

Im weiteren Verlauf kündigt die Studie vollmundig eine dreifache »Win-win-Situation« einer recht verstandenen Work-Life-Balance an. Sie bringt zum Ersten Vorteile für das Unternehmen, zum Zweiten für den Einzelnen und sorgt zum Dritten für einen gesamtgesellschaftlichen und volkswirtschaftlichen Nutzen. Im Einzelnen rechnet die Studie vor, dass die richtigen Konzepte dazu beitragen, den Anteil erwerbstätiger Frauen und außerdem noch die Geburtenrate zu erhöhen, die Produktivität zu steigern und die Gesundheitskosten (Krankenkassenleistungen für die Behandlung von Stresssymptomen oder Burn-out) zu senken.

Work-Life-Balance soll also das Konzept sein, um alle Probleme unserer heutigen Arbeits- und Lebenswelt zu lösen. Um nicht falsch verstanden zu werden: Daran ist durchaus etwas richtig. Die kluge Abgrenzung, aber auch Verbindung zwischen Berufs- und Privatleben ist eine der wichtigsten Fragen der mobilen vernetzten Gesellschaft. Sie hat selbstverständlich Konsequenzen für die Lebensplanung und -gestaltung des Einzelnen. Und sie wirkt sich ebenso auf die erfolgreiche Entwicklung von Unternehmen aus wie auch auf die gesamtwirtschaftliche *und* soziale Performance einer ganzen Gesellschaft. All das wird in den meisten Analysen richtig beschrieben. Trotzdem liegt das Kernproblem quer zu den schlauen Rezepten, die dort nachzulesen sind. *Was* geschehen muss, nämlich die konsequente Abgrenzung zwischen Arbeitsbelastung und Freizeit, ist längst klar. *Wie* das erfolgreich geschehen kann, dazu fällt den meisten Menschen die Antwort extrem schwer. Vor allem dann, wenn sie mit den Auswirkungen im *eigenen* Leben konfrontiert sind.

Die Auswirkungen mangelnder Balance zwischen Beruf und Privatleben sind in jedem Fall gravierend: Zwischen 1997 und 2004 haben in Deutschland die psychischen Erkrankungen am Arbeitsplatz um 70 Prozent zugenommen. In den meisten Fällen ist Stress die Ursache für diese berufsbedingten seelischen Leiden. Und obwohl die Krankmeldungen insgesamt seit 1991 zurückgegangen sind, stiegen die Fehlzeiten durch psychisch bedingte Erkrankungen im gleichen Zeitraum um 33 Prozent. Das ist schlimm für die Betroffenen, schlecht für die Unternehmen und teuer für uns alle. Nach Angaben des Statistischen Bundesamts hat die Versorgung dieser psychischen Krankheiten allein im Jahr 2004 22,8 Milliarden Euro gekostet. [3] Die Weltgesundheitsorganisation erklärt berufsbedingten Stress durch permanente Überlastung zu einer der »größten Gesundheitsgefahren des 21. Jahrhunderts«.[4]

Womöglich ist also der Begriff »Work-Life-Balance« falsch gewählt. Arbeit und Leben waren nie getrennte Welten. Arbeit gehört zum menschlichen Leben. Das war schon in vorindustrieller Zeit so. Sie trägt wesentlich dazu bei, wie Menschen ihre eigene Identität und Kreativität ausbilden und entwickeln.[5] Das Problem ist: Bei manchen Menschen trägt sie deutlich mehr zur Identitätsbildung bei als alle anderen Lebensbereiche, wie Familie, Freunde oder Hobbys. Im Extremfall kann Arbeit zur einzigen Quelle von Selbstlegitimation und Selbstwertschätzung werden. Spätestens dann kann von Work-Life-Balance nicht mehr die Rede sein.

Andere Begriffe ziehen andere Grenzen, so beispielsweise die Work-Family-Balance. Aber auch mit diesem Begriff kommen wir nicht so recht weiter, denn er wird der Vielfalt moderner Lebensformen nicht gerecht. Was macht der Single, der kürzlich wegen eines neuen Jobs in eine andere Stadt gezogen ist, mit seiner Work-Family-Balance? Er hat vermutlich keine, weil er weder eigene Familie hat, noch kann er Eltern oder Geschwister nach Feierabend besuchen, da sie zu weit weg wohnen. Einen Anspruch auf Freizeit und auf Ausgleich zur Arbeitsbelastung hat er dennoch.

Vermutlich müssen wir also auf die einfache, aber treffende Abgrenzung zwischen Arbeit und Freizeit zurückkommen, um das zu beschreiben, worum es heute geht, denn hier liegt die entscheidende Grenze, die fortschreitend verschwimmt.[6] Die Arbeit rückt vor und besetzt immer mehr Territorien, die bislang der Freizeitgestaltung, dem Austausch mit Familie und Freunden oder der individuellen Ruhephase, ja vielleicht einfach dem

Faulsein vorbehalten waren. Und die Arbeit besetzt nicht nur Territorien wie das familiäre Wohnzimmer, den gemeinsamen Urlaub oder das Schlafzimmer eines Liebespaars. Sie füllt auch die Zeiträume, die bislang für private Aktivitäten oder Auszeiten gedacht waren.

Schließlich konfrontieren uns diese Entgrenzungen zunehmend mit Rollenkonflikten *(role spillover)*. Wir bewegen uns in unterschiedlichen Kontexten, und dort gibt es jeweils bestimmte Erwartungen an uns. Diese einzelnen Rollen konkurrieren miteinander um Aufmerksamkeit und Informationen, um individuelle Zeit und um die Energien, die ein Einzelner in sie investiert. Jeder Mensch hat pro Tag nur 24 Stunden, pro Woche nur sieben Tage und in seinem Leben nur eine begrenzte Anzahl von Jahren, die er ausfüllen kann. Konflikte ergeben sich vor allem daraus, dass die Arbeitsrolle immer öfter und immer stärker jene überlappt und beeinflusst, die man in der Familie, im Freundes- und Bekanntenkreis oder auch im Sportverein spielt.

Mit diesen Rollen stehen auch Menschen und Lebensfelder in Konkurrenz zueinander.[7] Denn jede korrespondiert in der Regel mit einem Umfeld, das angesprochen werden will. Auch hier gilt: Wettbewerb kann sehr belebend wirken. Allerdings nur so lange, wie es dem Einzelnen gelingt, die mannigfaltigen Ansprüche zusammenzubringen. Gelingt dies auf Dauer nicht, werden sich die einzelnen Rollen immer stärker überlappen und beeinträchtigen. Das führt zu Überbeanspruchung *(role strain)* und zu weiterem Stress.

Arbeit als Selbstwert

Arbeit drängt sich nicht eigenständig immer weiter vor. Wer oder was schiebt sie dann in die Räume und Zeitspannen, die wir eigentlich für die Freizeit und das Private reserviert haben? Es sind zum einen die steigenden Leistungsanforderungen, die in der Wirtschaft, im einzelnen Unternehmen beobachtbar sind. Aber es sind auch die Anforderungen, die der einzelne Mensch an sich selbst stellt. Leistung zählt. Und sie zählt ganz besonders für den Menschen, der durch sie in der modernen Arbeitswelt Identität, Differenzierungsmöglichkeiten und Selbstwert gewinnt.

In einem Gespräch mit dem Vorstandsvorsitzenden eines Mobilfunkkonzerns kam ich auf dieses Thema zu sprechen. Er berichtete, dass er regelmäßig spätabends, teils nach Mitternacht, E-Mails von Mitarbeitern empfängt, und fragte sich selbstkritisch, ob das so in Ordnung sein könne. Ein Manager werde dafür gut bezahlt, dass er über die normalen Arbeitszeiten hinaus zur Verfügung stehen und erreichbar sein müsse. Von einem »normalen Angestellten« könne man das eigentlich nicht erwarten. Aber auch wenn es nicht gefordert wird, ist es oft so. Wenn Laptop, BlackBerry und Handy auch nach Mitternacht im Einsatz sind, verändert das nicht nur unser Informations- und Kommunikationsverhalten, es verändert auch unsere Arbeit und letztlich unser Leben.

In der Regel haben wir es mit einem Wechselspiel zu tun zwischen den Anforderungen, die Arbeitgeber und Chefs an den Mitarbeiter stellen, und den Zielen, die sich der Mitarbeiter selbst auferlegt – weil er es möchte, weil er es muss oder weil er glaubt, es wollen zu sollen. Zwischen solcher extrinsischer

Leistungsanforderung und intrinsischer Selbstverpflichtung zu unterscheiden ist extrem schwierig, auch für versierte Personalchefs und Arbeitspsychologen. Wer am eigenen Missverhältnis zwischen Arbeit und Freizeit arbeiten und die Balance wiederherstellen will, muss einigen Fragen konsequent auf den Grund gehen: Was kommt von außen? Was kommt von innen? Und wie bringe ich diese Anforderungen in ein Gleichgewicht?

Es gibt noch einen weiteren, uns allen vertrauten Treiber, der die Arbeit immer weiter in die Freizeit hineindrängt, in Räume, in denen wir eigentlich mit und für uns bleiben oder uns der Familie oder Freunden widmen wollen: die Kommunikationstechnologien. Sie sind es, die es zuweilen schwierig machen, sich auch mal auszuklinken und abzuschalten oder ins Private zurückzuziehen. Eigentlich sollen sie uns die Arbeit erleichtern, mehr Zeit fürs Privatleben lassen, uns beweglich und vom Büro unabhängig machen. Das alles können Mobiltelefon, mobile E-Mail und Laptop auch. Sie haben den Arbeitsalltag bequemer, zum Teil effizienter gemacht. Aber sie haben auch die Grenzen verwischt zwischen einst getrennten Lebensräumen und Lebenszeiten für das Berufs- und Privatleben. In der Fachsprache werden sie daher längst »arbeitsausweitende Technologien« *(Work Extension Technologies)* genannt.[8]

Sie tragen das Arbeits- und Berufsleben in alle anderen Lebensbereiche und Rollen hinein. Sie sorgen dafür, dass der Einzelne permanent, rund um die Uhr erreichbar ist. Sie zerstückeln Arbeitsprozesse, verlagern Teile davon an unterschiedliche Orte und in unterschiedliche Zeitspannen. Wer immer und überall produktiv sein kann, dehnt die eigene Arbeit zeitlich und räumlich aus. Anders formuliert: Kommunikationstechnologien sind digitale Zeitdiebe und Hausbesetzer, die unser Leben ungefragt erobert haben. Wir lieben und brauchen sie, aber wir müssen uns ihrer auch erwehren. Ich nutze daher eine andere begriffliche Unterscheidung, die besser geeignet scheint, Arbeit und Privates zu differenzieren: Wir Menschen müssen ein neues Verhältnis zwischen unserer On- und Off-Zeit finden. Wir können nicht ständig auf Stand-by sein. Das frisst Energie und ist auch fürs Klima schädlich – vor allem für das zwischenmenschliche.

Flexible Technik, flexibler Mensch

Wer in Berlin ins Taxi steigt, wird häufig eine kleine Werbeanzeige sehen, die an der Rückseite des Fahrersitzes angebracht ist. »Wann waren Sie zuletzt so früh zu Hause?« steht da zu lesen. Sie zeigt einen Vater mit seinen beiden kleinen Kindern in einem Park mit Spielplatz. Die Anzeige wirbt für ein Smartphone, mit dem man nicht nur telefonieren, sondern auch die elektronische Post über mobile E-Mail erledigen kann. Natürlich hat das Vorteile. Ein Vater gewinnt Lebensqualität, wenn er beruflich erreichbar sein muss, aber dank der Kommunikationstechnologien in der Lage ist, trotzdem einen Nachmittag mit seinen Kindern draußen zu verbringen. Er gewinnt sie zumindest dadurch, dass er sein Gewissen entlasten kann – wenigstens an einem Tag früher zu Hause zu sein, als die Kinder im Bett sind. Ob die Kinder das auch so sehen, hängt nicht in erster Linie davon ab, ob der Vater physisch anwesend ist. Sie möchten auch mit ihm reden, spielen, toben, also seine Aufmerksamkeit ganz für sich haben. Das wird allerdings nur dann der Fall sein, wenn er mehr auf die Regungen seiner Kinder achtet als auf die seines Telefons. Wenn er ständig telefoniert oder E-Mails beantwortet, ist er zwar mit dem Körper auf dem Spielplatz, mit dem Kopf aber weiterhin im Büro.

Genau dort liegt das Problem der Entgrenzung zwischen Arbeit und Freizeit. Wir werden flexibler, aber die Anforderungen an uns sind nicht im gleichen Maß anpassungsfähig. Im Gegenteil: Sie steigen ständig. Die Flexibilität geht auf Kosten unserer Rollendefinitionen und der Abgrenzung zwischen den verschiedenen Rollen. In der beschriebenen Situation muss der Mann womöglich ständig zwischen der Vater- und der Managerrolle hin- und herwechseln oder versuchen, beide gleichzeitig zu bedienen. Wie wir aus dem Kapitel zum Multitasking wissen, ist das praktisch nicht möglich. Auf jeden Fall schraubt es die Belastung für den Einzelnen zusätzlich hoch.

Dieser Vater muss schließlich auch selbst entscheiden, wie er die flexiblen Arbeitsmöglichkeiten nutzt: Wenn der Sonntag zum Beispiel regelmäßig für Arbeit draufgeht, hat er dann das Recht, den Donnerstagnachmittag seinen Kindern zu widmen? Kann er dann auch mal unerreichbar sein für Kollegen oder gar den Chef? Diese Fragen muss der Mann vermutlich selbst beantworten. Regeln gibt es dafür in den seltensten Fällen. Flexibilität in der Arbeitsgestaltung lädt dem Einzelnen auch mehr Entscheidungen und eine größere Verantwortung auf.

Wenn der Handyhersteller Nokia für eines seiner Smartphones mit dessen »kompromisslosen Verbindungsmöglichkeiten« wirbt, dann erscheint dieser Slogan überdenkenswert. Technisch vermag es zu überzeugen, dass Kommunikationsverbindungen »kompromisslos« (sollte man nicht sagen: fehlerfrei?) funktionieren. Sozial verkehrt sich das Ganze glatt ins Gegenteil. Wer seine heutigen Verbindungsmöglichkeiten kompromisslos nutzt, ist nichts anderes als ein Workaholic, der nicht weiß, wann Arbeit auch mal enden muss. Er ist ein Ignorant, der seine sozialen Kontakte aufs Spiel setzt, und ein Flegel, der nicht weiß, was sich gehört.

Das klingt hart, und so ist es auch gemeint. Dennoch gilt auch hier: Der Mensch ist nicht immer in der Lage, konsequent zu entscheiden, was im jeweiligen Moment richtig und wichtig wäre. Das zeigen einige Studien zum Kommunikationsverhalten in Beruf und Freizeit. Viele Menschen fühlen sich zwischen den Vor- und Nachteilen der neuen Kommunikationstechnologien hin- und hergerissen. So ergab eine umfassende kanadische Studie mit mehr als 31 000 Befragten, dass die meisten Menschen mit den Kommunikationstechnologien gleichzeitig positive und negative Erfahrungen machen. Siebzig Prozent gaben an, dass Arbeitsbelastung und der dadurch empfundene Stress durch den Einsatz mobiler Kommunikationstechnologien gestiegen seien. Umgekehrt waren 68 Prozent der Befragten der Meinung, sie seien durch den Einsatz dieser Technologien produktiver geworden.[9]

Vermutlich stimmt beides. Und vermutlich ist genau das eine durchaus realistische Einschätzung der Lage. In der Wahrnehmung der positiven Auswirkungen neuer Technologien nutzen wir freudig ihre Vorteile und können sie benennen. Auch die negativen Folgen erkennen wir zumeist recht klar, vor allem bei anderen. Schwieriger wird es allerdings, wenn es darum geht, die richtigen Konsequenzen für das eigene Verhalten zu ziehen, wenn es darum geht, sich an die eigene Nase zu fassen. Dann führt nämlich kein Weg an der unbequemen Erkenntnis vorbei: Das musst du selbst in den Griff bekommen. Das kann niemand anderer für dich erledigen.

Selbstdisziplin

In einer weiteren Studie aus Kanada wurden die Teilnehmer danach gefragt, was aus ihrer Sicht zum unangebrachten und unsachgemäßen Gebrauch mobiler Kommunikationstechnologien zählt. Etwa ein Drittel der Befragten war der Meinung, dass Arbeit bis in den späten Abend hinein, an Wochenenden oder im Urlaub unangemessen sei. Als inakzeptabel wurde auch ein anderes – inzwischen gängiges – Verhalten empfunden, nämlich persönliche Gespräche oder Konferenzen zugunsten von Mobiltelefonanrufen zu unterbrechen oder gar während des Meetings das Telefon oder den BlackBerry zu benutzen. Immerhin 22 Prozent der Befragten waren generell der Meinung, man dürfe zugunsten der Work-Life-Balance nicht ständig erreichbar sein.[10] So gut erkannt, so wenig relevant. In der gleichen Studie zeigt sich nämlich: 40 Prozent der Befragten geben zu, Laptop, Telefon und mobile E-Mails gelegentlich oder sogar häufig in ebendiesem Sinne unangemessen zu benutzen. In der Beobachtung ihrer Kollegen oder Chefs glauben sie sogar, die Hälfte von ihnen hätte nicht verstanden, wie man Smartphone oder den BlackBerry richtig nutzt, und verstießen gegen selbst aufgestellte Regeln.

Was heißt das? Zum einen, dass jeder die Schwierigkeit kennt, mit Technologien angemessen umzugehen, und das in einer anonymen Befragung auch eingesteht. Zum anderen, dass die anderen immer mehr Fehler machen als man selbst. Zum Dritten, dass man die Fehler – trotz Erkennens – nicht unbedingt abstellen kann. Vierzig Prozent der Teilnehmer gaben am Ende der Befragung nämlich auch noch das Entscheidende zu: dass sie nicht sehr erfolgreich darin sind, sich selbst im Gebrauch von und im Umgang mit Smartphone und BlackBerry zu kontrollieren oder gar zu disziplinieren. Diejenigen, denen das hingegen doch gelingt, setzen auf einfache Maßnahmen: das Gerät zu bestimmten Zeiten ausschalten, es gar nicht erst mit nach Hause nehmen oder nur während der Arbeitszeiten benutzen, nicht jedem die Mobiltelefonnummer geben und Routinen in Absprache mit Familie und Freunden entwickeln, wann beruflich kommuniziert werden darf. An diese Absprachen muss man sich dann allerdings auch halten.

Es ist nicht überzogen, manche Formen der mobilen Kommunikation als Sucht oder zumindest als suchtähnlich zu bezeichnen. Im Oktober 2000 meldete eine Nachrichtenagentur zum ersten Mal den Fall eines SMS-Süchtigen. Zu dem Zeitpunkt war ein fünfundzwanzigjähriger dänischer Taxifahrer in eine Klinik eingewiesen worden, weil er mehr als 200 SMS pro Tag verschickt (und seine Telefonrechnung auf 1500 Euro getrieben) hatte. Schon ein Jahr zuvor wurde die »Münchner Ambulanz für Internet-Abhängige« an der Universitätsklinik der Ludwig-Maximilians-Universität München gegründet.[11] Klinische oder ambulante Hilfe ist ein Mittel; freilich eines, zu dem viele erst greifen, wenn gar nichts mehr geht.

Selbsterkenntnis und -kontrolle ist das, was am besten hilft, aber viel Energie und Geduld braucht. Sollen die Betroffenen bewerten, ob sie richtig oder falsch mit den Technologien umgehen, dann stellen wir häufig fest: Es gibt einen Zusammenhang zwischen Nutzungsintensität und Bewertungsrationalität. Bei Mobile-Mail-Nutzern sind diejenigen der Meinung, sie hätten alles ganz toll im Griff, die die Technologie besonders intensiv nutzen. Diejenigen hingegen, die sich als gelegentliche Nutzer einstufen, geben deutlich häufiger zu, dass ihnen die selbst auferlegten Disziplinierungsmaßnahmen nicht recht gelingen wollen.

Diese Ergebnisse lassen zwei Interpretationen zu. Entweder man lernt mit der Häufigkeit und Intensität der Nutzung dazu und weiß schließlich, wie man sich selbst überlisten kann. Oder wir haben es hier einmal mehr mit dem Phänomen der »kognitiven Dissonanz« zu tun.[12] Wir neigen dazu, Widersprüche, in denen wir feststecken, faktisch zu ignorieren und kommunikativ aufzulösen. In praktischer Hinsicht bedeutet das: Diejenigen, die kaum mehr in der Lage sind, ihr Verhalten zu steuern und sich selbst zu kontrollieren, behaupten, sie könnten es – wider besseres Wissen. Weil es sozial erwünscht ist, Herr über die eigene Technik zu sein. Doch diese Dissonanz können die meisten nicht gut aushalten. Sie wollen Harmonie, Konsistenz und Kongruenz zwischen ihrem eigenen Entscheiden und Verhalten und ihrer Umweltwahrnehmung herstellen. Damit das gelingt, entwickelt manch einer seltsame Strategien.

Im persönlichen Umfeld habe ich gelernt, dass gerade der Umgang mit dem BlackBerry Verhaltensweisen offenbart, die sich kaum noch von Alkoholsucht oder Seitensprung unterscheiden. Wenn jemand im Urlaub vorgibt, in die Sauna zu gehen, um mal in Ruhe auszuspannen, dabei aber den BlackBerry in der Tasche des Bademantels mit in die Sauna schmuggelt, ist dann schon das Stadium der Sucht erreicht? Hat es Sinn, zwischen Partnern, Freunden oder in der Familie klare Regeln zu verabreden, und kann man auf diese Weise den BlackBerry zu festgelegten Zeiten aus dem Bewusstsein des Nutzers verdrängen? Kann es der anderen Seite gelingen, den Stress des Partners beim ewigen Kampf um Mails und Telefonate ernst zu nehmen, vor allem auch gegen den Widerstand in der Familie oder im Freundeskreis? Natürlich geht das alles, aber es ist eben nicht leicht.

In einem ersten Schritt ist es außerordentlich wichtig zu erkennen, wie schwer es den Menschen fällt, ihre Gewohnheiten zu ändern, zu denen an erster Stelle die ständige Erreichbarkeit gehört. Dann gilt es, konkrete Maßnahmen zu treffen. Letztlich sind es einige *Grundregeln der gezielten Unerreichbarkeit*, die helfen können, aus dem Kommunikationsfreak einen glücklicheren Menschen zu machen.

Jedes Regelwerk ist individuell und muss an die Bedürfnisse des Einzelnen angepasst werden. Ich beschreibe also, wie ich selber versuche, der Kommunikationsfalle zu entwischen. Einige Grundregeln helfen sicher auch anderen Menschen, einige müssen vermutlich angepasst werden, um spürbare Entlastung zu bringen.

- ❒ Ich definiere Zeiten, die nur mir gehören und nicht den externen Kommunikationsanforderungen. Die »Kernbetriebszeiten« von Handy und BlackBerry entsprechen den üblichen Arbeitszeiten, wenn ich die Geräte beruflich nutze.
- ❒ Ich habe gelernt, nicht immer *sofort* auf jede Kommunikationsanforderung zu reagieren. Ich lege dazu fest, zu welchen Zeiten ich zum Beispiel morgens, mittags und abends meine E-Mails checken will. Ich entscheide jeweils, welche sofort beantwortet werden müssen, und die bearbeite ich dann auch gebündelt. Die anderen werden auf elektronische Wiedervorlage gelegt, damit ich sie in den kommenden Tagen bearbeiten kann, zu einem Zeitpunkt, den ich dafür frei halte. Zwischen diesen Checks schließe ich mein E-Mail-Programm. Ich weiß nämlich, dass ich nicht stark genug bin, dem visuellen und akustischen Signal »Sie haben Post« zu widerstehen.
- ❒ Ich lese nur E-Mails konzentriert, die nicht mehr als drei Menschen in der Adresszeile aufführen. Der cc-Wahn ist

oft nicht inhaltlich oder durch tatsächliche Zuständigkeiten begründet, sondern der Absender will sich rundum absichern, um ja keine Verantwortung für seine Informationen übernehmen zu müssen. »Cover your ass« nennen die Amerikaner diese Strategie abfällig. Von niemandem kann man allerdings verlangen, auf dem Wege der umfassenden Erreichbarkeit ständig anderen »den Arsch zu retten«.

❐ Ich trenne zwischen beruflicher und privater Kommunikation, indem ich verschiedene Geräte benutze. Das klingt auf den ersten Blick nach noch mehr Kommunikationsaufwand. Stimmt aber nicht. Wenn ich den dienstlichen BlackBerry ausgemacht habe, möchte ich vielleicht dennoch für Freunde erreichbar sein. Das geht über das Handy mit privater Nummer (und die kriegt auch niemand außer Freunden oder Familie).

❐ Ich mache mir zu Beginn einer jeden Woche eine altmodische Liste auf Papier, was in den kommenden Tagen wirklich wichtig ist, worauf ich achten und was ich erledigen möchte. Diese Liste reist immer mit mir. Sie darf nicht mehr als zehn Punkte enthalten, sonst kann sie beim besten Willen nicht abgearbeitet werden, und dann entsteht Frust. Informationen, die zu diesen Hauptthemen der Woche gehören, ordne ich mit Stichworten den einzelnen Punkten der Liste zu. Andere werden elektronisch abgelegt, damit ich sie bei Bedarf später wiederfinden kann.

❐ Schließlich habe ich es über Monate des Trainings geschafft, eine stoische Haltung gegenüber solchen Menschen zu entwickeln, deren Kommunikationsmodus immer nur unter »hohe Priorität« läuft. Da stimmt meistens etwas nicht. Und ich sehe nicht ein, dass ich es ausbaden soll, wenn andere keine Prioritäten entwickeln können.

Kommunikation ist eine Zweibahnstraße. Mit ihr richtig umgehen zu lernen ist ein reflexiver Prozess. Beide Kommunikationspartner müssen daran mitarbeiten, den Austausch im Blick zu behalten und dafür zu sorgen, dass nicht die Technik das Ruder übernimmt. Wer gute Regeln entwickelt, hilft also nicht nur, sich selbst vor der Kommunikationsfalle zu retten, sondern womöglich auch andere. Richtig zu kommunizieren kann ein sehr altruistischer Akt sein.

TEIL II

Nomaden im Geiste: Die Entgrenzung von Lebensort und Lebenszeit

Im Sommer 2005 war ich für einige Wochen in den USA und fuhr von San Francisco aus mit dem Auto den berühmten Highway One Richtung Süden. Nach einer wunderbaren Nacht in Pacific Groves besuchte ich am nächsten Tag das große Monterey Bay Aquarium. Während die meisten Besucher von einem weißen Hai oder den Seeottern angezogen waren, habe ich Stunden in verdunkelten Räumen verbracht, in denen eine endlose Artenvielfalt von Quallen ihre großen oder winzigen Tentakel durch das geheimnisvoll beleuchtete Wasser zog. Es waren Kunstwerke der Bewegung und gleichzeitig der Ruhe, die man dort betrachten konnte. Am meisten aber hat mich ein Satz auf einer Informationstafel zum Bewegungsmoment der Quallen fasziniert:

»Drifting is the most convenient way to travel the oceans.«

Nach Jahren des Flug- und Reiseterrors machte mir dieser Satz auf einen Schlag bewusst, worum es geht. Sich intelligent treiben zu lassen, nicht stupide getrieben werden, ob durch andere oder durch sich selbst. Die Quallen könnten Vorbild sein für uns mobile Subjekte der Spezies Mensch. Quallen sind nicht getrieben, sie schweben langsam und anmutig durch ihr Lebenselement, das Wasser.

Manche Menschen hingegen rasen über Land und durch die Luft – im Bann einer ganz anderen Drift: dem Zwang zur Mobilität, der gefühlten Verpflichtung, immer überall gleichzeitig anwesend und verfügbar zu sein. Sie treiben sich selbst an, ohne zu erkennen, dass sie Getriebene sind. Die wachsende Beschleunigung unserer Wirtschaftsprozesse ist dabei nur ein forcierender Faktor. Der Hauptantrieb liegt in der Frage, wie der Mensch sich unter den gegebenen Bedingungen Macht und Einfluss sichert.

Im Mittelalter zählte es zu den Vorrechten der Feudalherren, Taubenschläge zu unterhalten und die Tauben zur Übermittlung von Nachrichten einzusetzen. Niemandem aus dem einfachen Volk war Ähnliches gestattet. Auf Zuwiderhandlung stand die Todesstrafe. Auch für Pferdediebstahl wurde man damals hingerichtet.[1] Denn die Möglichkeit, über Informationen und Fortbewegungsmittel zu gebieten, sicherte den Feudalherren ihren Einfluss und ihre Macht. Wer sie einmal hat, gibt sie ungern wieder ab und will auch nicht teilen. »Macht ist die Fähigkeit, Knappheit zu schaffen, und Verknappung ist Inbegriff der Macht.«[2]

Information und Mobilität sind neue Formen der Macht, Informationstechnologien, Uhren und Geld ihre Insignien. Die heißt es angemessen in Szene zu setzen, will man als entscheidungsfähig und einflussreich wahrgenommen werden. Das neueste Handy, zum Beispiel das iPhone von Apple, sichert einem für eine kurze Zeit einen besonderen, herausragenden Status. Auch wer heute einen BlackBerry besitzt, verfügt über einen Informationszugang, der – noch – als etwas Besonderes gilt. Er ist immer und überall verfügbar, kann seine Informationen und Anweisungen jederzeit an die Umwelt kommunizieren. Wer das auch noch am Flughafen in Szene setzt, zeigt: Er ist nicht nur informationsreich, sondern auch mobil. Er wird immer und überall gebraucht. In doppeltem Sinne legitimieren Information und Mobilität also die Bedeutung des Menschen, der diese Lebensform wählt. Er wird als erfolgreich und einflussreich wahrgenommen.

In einer Gesellschaft, die solche Lebensformen als »in« oder

»hip« propagiert, ist es schwer, eine eigene Position zu finden und dabei zum eigenen Wohl nicht alle Veränderungen mitzumachen, die einem abverlangt werden. Nicht der einzelne Mensch und Arbeitnehmer setzt sich aus freien Stücken dem Druck oder gar Zwang der allgemeinen mobilen Vernetzung aus. Er beschließt nicht irgendwann, ein Leben zu führen, das seine Gesundheit ruiniert und seine sozialen Kontakte schädigt. Die neuen Ansprüche des Einzelnen an sich selbst und der Gesellschaft an uns alle entstehen im Wechselspiel zwischen gesellschaftlichen Veränderungen und individuellen Schlussfolgerungen daraus. Spätestens die Entwicklungen des digitalen Kapitalismus seit Anfang der neunziger Jahre haben Informationsvernetzung, Beschleunigung und Mobilität zu entscheidenden Treibern der gesellschaftlichen Veränderung gemacht.[3] »Stillstand ist der Gegensatz zur Moderne« gehört auch in der Wissenschaft zu den salonfähigen Leitsätzen, die einen modernen Lebensstil an Geschwindigkeit und Beschleunigung koppeln.[4]

Wie finde ich meinen ganz persönlichen, individuellen Ort in einer sich rasant wandelnden Gesellschaft? Und wie weit kann ich dabei die Anforderungen und Ansprüche, die von außen an mich herangetragen werden, für mich individuell gestalten und anpassen, sie vielleicht sogar ignorieren? Diese Fragen stellen sich heute nicht nur yogabeflügelte Selbstbewegte. In ihnen sind die wesentlichen Veränderungen angesprochen, die unser Leben prägen: Entgrenzungen und Entwurzelungen. Gleichzeitig bieten sich uns hier ungeahnte Freiräume und Chancen, uns selbst neu zu entdecken und zu positionieren – wenn wir lernen, uns in die richtige Richtung treiben zu lassen.

Im Ozean der Netzwerkzeit

Der US-amerikanische Soziologe Richard Sennett sieht den »flexiblen Menschen« als Produkt einer gesellschaftlichen Umorientierung: »Die Bedingungen der neuen Wirtschaftsordnung befördern [...] eine Erfahrung, die in der Zeit, von Ort zu Ort und von Tätigkeit zu Tätigkeit driftet.«[5] Die Veränderungen unserer Wirtschafts- und Gesellschaftsordnung über Jahrhunderte hinweg haben dazu geführt, dass die Menschen, die Maschinen und schließlich die Kommunikation zu einem wesentlichen Teil einem rein ökonomischen Zweck unterworfen wurden.

Der heutige Kapitalismus geht noch einen Schritt weiter. Er macht Information und Kommunikation (und die sie ermöglichenden Technologien) zu seiner wichtigsten Voraussetzung. So werden diese existenziellen menschlichen Selbstbeschreibungs-, Selbstvergewisserungs- und Identitätsfindungsprozesse zu Grundfunktionen der globalen digitalen Wirtschaft. Das mag nach »Marx revisited« klingen. Es soll hier aber nicht ein neuer Pranger gesucht werden, um ein Gesellschaftsmodell daran vorzuführen. Vielmehr geht es um Ursachenforschung: Was macht uns Menschen so rastlos und überlastet? Warum sind es gerade Information und Kommunikation, die dazu wesentlich beitragen? Und wie können wir uns davor retten, in diesem Strudel komplett aufgesogen und krank und unsozial zu werden?

Der flexible Mensch ist in doppeltem Sinne entsichert. Sein Leben ist so beschleunigt, dass viele Möglichkeiten der Absicherung auf der Strecke bleiben, die helfen könnten, Entscheidungen zu gewichten und Fehler zu vermeiden. Sein Leben ist so abgekoppelt von Bezugspunkten und Bindungen, dass ihm Selbstvergewisserung und Orientierung zunehmend schwerfallen. Dies alles kann nur im kontinuierlichen Austausch mit anderen Menschen gelingen. Kommunikation ist eben kein Mittel zum Zweck, sondern eine Grundbedingung menschlichen Lebens.

Der neue Kapitalismus verursacht eine Drift[6]. Diese Drift treibt uns voran und verlangt von uns in jedem Moment unseres Alltags eine neue Orientierung in Ort und Zeit. Das ist anstrengend und hat wenig mit einer Lebensführung zu tun, die selbst gesetzten Zielen und individuell entwickelten Glücksvorstellungen folgt. Der mobile Mensch muss überall erreichbar und gleichzeitig anwesend sein. Die Evolutionstheorie von Charles Darwin besagt, dass immer der Anpassungsfähigste überlebt. Heute ist das derjenige, der mit dem Tempo der mobilen Gesellschaft mithalten kann. Wird aus dem »Survival of the Fittest« das »Survival of the Fastest«?

Für den australischen Medienforscher Robert Hassan haben wir es mit einem Paradigmenwechsel zu tun, der unser Verhältnis zur Zeit gravierend verändert. Die Uhrzeit hat das menschliche Leben über Jahrhunderte bestimmt und organisiert. Jetzt wird sie laut Hassan von der Netzwerkzeit abgelöst. [7] Diese Netzwerkzeit richtet sich an den Standards der Computertechnologie aus, an der umfassenden Vernetzung und der digitalen Verdichtung. Der Computer kennt nur zwei Zustände (den binären Code, Digit): 0 und 1. Sie kombiniert er in endlosen Zahlenreihen, um damit Informationen zu codieren. Ähnlich verhält es sich mit dem Leben in der Netzwerkzeit: Unser Verhältnis zur Zeit wird auf den binären digitalen Code reduziert, wir sind »on« oder »off«. Da die Netzwerkzeit keine Unterschiede zwischen Zeitzonen in der Welt oder Zeiträumen in unserem individuellen Leben macht, sind wir eigentlich immer und überall mit allem vernetzt. Es gibt keine Auszeiten mehr, keine Zeiten der *Un*erreichbarkeit. Es sei denn, wir selber schalten uns ganz bewusst »off«.

Leben in Zwischenwelten

Schritt für Schritt stellt sich heraus, dass der mobile Mensch nicht nur besser informiert, mobiler und flexibler ist, sondern auch überlastet und entwurzelt. Die harmlose Ausprägung dieser Lebens- und Arbeitsform finden wir bei Berufspendlern, die ihren Arbeitstag mit einem längeren Weg ins Büro beginnen, im Auto oder im Zug. Hier hat sich das Bild verändert, das wir allmorgendlich in U-Bahnen und Zügen sehen. Es gibt immer weniger Menschen, die eine Zeitung oder gar ein Buch lesen, dafür immer mehr, die am Handy hängen und telefonieren, SMS schicken oder mit dem BlackBerry schon auf dem Weg ins Büro die E-Mails abarbeiten. Es ist lauter geworden in den Zügen. Die Mischung aus Gesprächen, Telefonklingeln, Tastentippgeräuschen und übersteuerten MP3-Playern, deren Musik man unfreiwillig mithört, lässt ein Grundrauschen entstehen, das einen schon auf den Büroalltag vorbereitet. Die Ruhe, die man zum konzentrierten Lesen braucht, ist dahin. Längst haben die Vertreter der lauten Information die Überhand über die der leisen Information gewonnen.

Die nächste Steigerungsstufe der Berufsmobilität sind die Wochenendpendler. Allein in Deutschland wechseln 360 000 Menschen jede Woche mindestens einmal zwischen Wohnort und Arbeitsort hin und her. Beide Orte liegen so weit voneinander entfernt, dass diese Distanz nicht täglich bewältigt werden kann. Die Zahl der Wochenendpendler ist in den vergangenen zehn Jahren um 12 Prozent angewachsen, Tendenz steigend.

Sechzig Prozent dieser Berufsreisenden sind Männer, aber auch immer mehr Frauen wählen diese Lebensform mehr oder minder freiwillig.[8] Schließlich entsteht sie häufig daraus, dass zum Beispiel bei einem Paar beide Partner arbeiten, nur leider nicht in derselben Stadt.

Organisatorisch anspruchsvoll wird es, wenn jeder der beiden Partner nicht nur in der Paarbeziehung, sondern auch noch ganz individuell ein mobiles Leben führt. Bei einem befreundeten Paar sieht das ungefähr so aus: Er wohnt und arbeitet in Frankfurt am Main, ist allerdings häufig rund um die Welt unterwegs. Sie lebt in Berlin. Die beiden haben inzwischen ein gemeinsames Kind. Er war bereits einmal verheiratet und hat aus dieser Ehe zwei Kinder. Die Exfrau und die Kinder leben in London. Hier sind also drei Lebens- und Wohnorte mit zwei Familienstrukturen und drei Berufsfeldern zu koordinieren. Man braucht eine gewisse Expertise in Wahrscheinlichkeitsrechnung, um vorauszusagen, wie oft sich wer eigentlich wo sehen kann. In jedem Fall nicht oft. Mit Sicherheit bleibt auch wenig Zeit für das Leben, das wir – natürlich englisch – mit *quality time* bezeichnen. Das ist jene Lebenszeit, die nicht für Arbeit und berufliche Anforderungen draufgeht oder – und hier wird es endgültig absurd – für die Organisation der *quality time.*

Neo-Nomaden werden Schritt für Schritt zum Normalfall unserer Arbeits- und Lebenswelt. Arbeit wird immer stärker »virtualisiert«, Stichwort Conference Call. Wir können alles überallhin mitnehmen, was wir zum Arbeiten brauchen. Das erleichtert einerseits die Mobilität und lässt es beispielsweise auch einmal zu, schon donnerstags nach Hause oder erst dienstags ins Büro zu fahren. Andererseits bedeutet es, dass zu Hause eben nicht das Privatleben beginnt, sondern die Arbeit unter anderen Vorzeichen und in anderer Umgebung fortgesetzt wird.

Und auch die Koordination dieser Lebenswelten bringt Arbeit und Belastung mit sich. Wer fliegt am Wochenende zu wem? Wann fliegen beide gemeinsam zu den Freunden? Die Eltern, die in der Regel einen weiteren Knotenpunkt auf der Netzkarte unserer Alltagsmobilität einfügen, wollen auch mal wieder besucht werden.

Beziehungen in solchen Lebensformen nennt man »LAT«-Paare *(Living Apart Together)*. In solchen Partnerschaften müssen beide Seiten viel Kraft, Geduld und (wieder einmal) Flexibilität aufbringen, um das gemeinsame Leben zu organisieren, ja überhaupt möglich zu machen. Die Zyniker unter den Paar-Mobilisten unserer modernen Zeit übersetzen LAT daher nicht mit »getrennt zusammenlebend«, sondern mit »apart zusammenlebend«. Mit etwas Humor lässt sich das meiste besser ertragen.

Wenn LAT-Paare zusammen sind, wollen sie die wertvolle und in der Regel zu kurze gemeinsame Zeit nicht dafür nutzen, nur Organisationsfragen zu klären. Also entsteht zwischen den zweien im Alltag parallel zu den ohnehin randvollen Informations- und Kommunikationsströmen des Berufslebens ein zweiter Informationsstrom aus Telefonaten, E-Mails und SMS, in denen Ankunfts- und Abflugzeiten, Hotelreservierungen, Termine, Wochenend- und Urlaubsplanungen hin- und herfließen. Irgendwann droht Gefahr, dass sich ein Großteil der Kommunikation zwischen den Partnern auf die Organisation des spärlichen gemeinsamen Lebens beschränkt. Wenn es in SMS, E-Mail und Telefonat nur noch um diese Dinge geht, verliert man die Nähe zum anderen vollends. Jede Kommunikation führt vor Augen, wie kompliziert dieses Leben eigentlich ist und wie wenig wirklich gemeinsam verbrachte Zeit bei alledem bleibt.

Globale Pendler

Steigern wir uns jetzt noch zur Extremform: den globalen Pendlern. Diese neue und sehr spezielle Spezies der Wissensarbeiter ist nirgends sesshaft und verbringt einen wesentlichen Teil des eigenen Lebens damit, unterwegs zu sein oder auf das erneute Unterwegssein zu warten. Sie lebt auf mehreren Kontinenten gleichzeitig. »Der Weg ist das Ziel« – so das Motto der globalen-Pendler. Der Lebensraum dieser Spezies ist die Flughafen-Lounge. Jeder größere Flughafen auf dieser Welt hat inzwischen solche Ersatzwohnzimmer im Angebot, in denen die Weltreisenden es sich zwischen Ankunft und Abflug – zum Arbeiten – bequem machen können. Diese Räume sehen fast überall auf der Welt gleich aus. Schwere Ledersessel und um Tische gruppierte Designerstühle werden durch Fernsehecken und Computerarbeitsplätze ergänzt. In diesen Lounges herrscht trotz allen architektonischen Bemühens um gedämpfte Atmosphäre und Ruhezonen immer ein Grundrauschen. Leise Fernsehtöne vermischen sich mit Gesprächsfetzen, der Ankündigung bald startender Flugzeuge und einer Kakophonie aus Handyklingeltönen. Information ist das Arbeitsmedium der globalen Pendler, Kommunikation ihr Arbeitsmodus. Deshalb kehrt in ihrer Arbeitsumgebung nie ein Moment der Stille ein.

Für den Aufenthalt offeriert eine Selbstbedienungstheke Kaffee und Tee, Erfrischungsgetränke, aber auch Bier, Wein, ein Gläschen Champagner. Wenn die Umstände es erfordern, gibt es sogar einen härteren Drink. Diese Umstände kommen relativ häufig vor, wie der aufmerksame Beobachter feststellen kann. Für den kurzen Zwischenstopp gibt es kleine Kuchenstükke, Erdnüsse, Lakritz und Gummibärchen. Der richtig hungrige

Gast kann sich auf Wiener Würstchen und asiatische Gemüsesuppe (Zürich), Maultaschen (Stuttgart), Kartoffelsalat (Berlin), kleine Früchtejoghurts (London), Sandwiches (New York) oder Nissin Instant Cupnoodles (Peking und Tokio) freuen.

Diese Speisen sind ebenso multikulturell und gleichförmig wie die Reisenden in ihren Anzügen plus Handy, BlackBerry oder Laptoptasche. So wenig wie sich die Lounges unterscheiden, so stark ähneln sich auch die Flughäfen weltweit. Wer als globaler Pendler ständig unterwegs ist, wird diese Situation kennen: Man fährt auf einem beliebigen Transportband eines beliebigen Flughafens irgendwo auf der Welt vorbei an Werbetafeln für Banken, Finanzdienstleister oder Uhren und Schmuck – alles Services und Produkte, deren Vermarktung längst den Regeln der Globalisierung folgt. Gelegentlich fragt man sich: Wo bin ich gerade? In München, Frankfurt, Peking oder Washington? Der erfahrene Geschäftsreisende klärt sich dann selbst auf durch einen Blick aufs Handy. Der Name des lokalen Netzes, in das sich das Telefon längst eingebucht hat, verrät meist, wo man sich gerade befindet. Notfalls lässt sich auch schnell eine Mail an die Sekretärin zu Hause schicken: »Frau Meier, wo bin ich jetzt?« Solange Frau Meier am anderen Ende der Welt nicht gerade schläft, kommt die Antwort bestimmt innerhalb von Minuten.

Es gibt Menschen, die lieben dieses Leben. Zumindest tun sie so. Für viele andere ist es eine auf Dauer unerträgliche Belastung. In einem Forschungsprojekt zur Berufsmobilität und ihren Folgen an der Universität Mainz wurden mehr als 1000 Interviews mit Deutschen geführt, die berufstätig sind und in einer Partnerschaft leben.[9] Im Zentrum des Forscherinteresses stand die Frage, welche Ausprägungen beruflicher Mobilität es heute gibt und welche Belastungen damit vor allem für die Familie verbunden sind. Die Ergebnisse belegen: Sie sind gravierend.

Mobilität führt in zwei von drei Fällen zu erheblichen Beeinträchtigungen des psychosozialen Wohlbefindens. Neunundsechzig Prozent der Befragten, die mobil leben, fühlen sich durch ihre Lebensform belastet, bei den nicht mobilen sind es nur 20 Prozent. Zweiundvierzig Prozent der beruflich mobilen Männer und 69 Prozent der beruflich mobilen Frauen geben an, dass sich ihre Situation als Hemmnis für die Familiengründung auswirkt – dieser Unterschied liegt wieder einmal auch daran, dass bei den mobilen Männern die Frauen oft zu Hause bleiben, während bei den Männern der mobilen Frauen dies in der Regel nicht der Fall ist. Schließlich beklagen mehr als 40 Prozent der Partner in mobilen Paarbeziehungen, dass der jeweils andere Partner zu wenig Zeit hat und dass sie sich während der Woche oft einsam fühlen.

Mitten in der mobilen vernetzten Gesellschaft setzt sich also ein Problem fest, das so gar nicht zu den Ansprüchen und Heilsversprechen der coolen und flexiblen modernen Lebensformen passen mag: die Entfremdung von nahestehenden Menschen, gelegentlich von einem selbst. Entfremdung entsteht durch Entgrenzung. Und Entgrenzung entsteht durch Beschleunigung. Diese wiederum erlegen uns die neuen Technologien auf.[10]

Der seit Jahrhunderten ablaufende Fortschrittsprozess hat immer neue Formen der Entgrenzung hervorgebracht. In seinen theoretischen Überlegungen zum Verhältnis zwischen gesellschaftlicher Entwicklung und Geschwindigkeit (»Dromologie«) setzt sich der französische Philosoph und Medienkritiker Paul Virilio kritisch mit der Entwicklungsgeschichte des Fortschritts auseinander: Ursprünglich war der Mensch sein eigenes und einziges Transportmittel. Dann hat er sich die Zug- und

Reittiere dienstbar gemacht – die »Verwandlung lebendigen Fleisches in ein Fahrzeug«[11]. Schließlich hat der Erfindungsreichtum der Menschen im Zuge des technologischen Fortschritts immer neue Fortbewegungsmaschinen erfunden, die zu einer exponentiellen Beschleunigung unserer Bewegung durch die Welt geführt haben: erst die Eisenbahn, dann das Automobil und schließlich das Flugzeug. Die parallele Entstehung der Medien- und Kommunikationstechnologien forciert die maschinell bedingte Verkürzung der Zeit. Im Ergebnis, prognostiziert Virilio, werde die totale Geschwindigkeit mit ihrer umfassenden Mobilität implodieren, in sich selbst zusammenbrechen – zur Leichenstarre der Bewegungslosigkeit.[12]

Das mag aus pragmatischer Sicht überzogen wirken. Bei genauerer Betrachtung aber gibt es schon jetzt eine Reihe von Beispielen, die belegen, dass die beschleunigte Zeit und die dadurch »gewonnenen« Zeiträume in sich zusammenfallen. Je mehr Autos auf den Straßen unterwegs sind, desto öfter stehen wir im Stau. Wir kommen einfach nicht vorwärts. Die durch Mobilität gewonnene Zeit verrinnt im Warten. Im Durchschnitt verbringt jeder Autofahrer in Washington 71 Stunden Lebenszeit pro Jahr im Stau.[13] Je mehr Menschen in der Lage sind, durch die Welt zu fliegen, desto häufiger verzögern sich Abflugzeiten, und desto mehr warten wir an Flughäfen darauf, endlich zum gewünschten Ziel transportiert zu werden. Allein weil es die Möglichkeit gibt, zu erschwinglichen Preisen von A nach B zu fliegen, nutzen immer mehr Menschen die Gelegenheit zu einem kurzen Trip. Die Zeit, die dafür benötigt wird, zu packen, zum Flughafen zu fahren, auf den Abflug zu warten, sich selbst also im Prozess des Mobilseins zu organisieren, übersteigt häufig die Zeit, die am Reiseziel verbracht wird.

Wo, bitte, bleibt die Gegenwart?

Die Prozesse der Mobilisierung und Beschleunigung strukturieren zunehmend unseren Alltag. In meinem tagtäglichen Leben mache ich ganz ähnliche Erfahrungen wie beim Reisen. Ich rase zwar nicht unbedingt durch die Kontinente dieser Welt, von Stadt zu Stadt, von Begegnung zu Begegnung. Aber während ich in den Grenzen meines Arbeitsumfelds bleibe, rase ich durch meinen Alltag, von Aufgabe zu Aufgabe. Durch die Kommunikationstechnologien kann ich »mal eben« schnell noch eine Nachricht absetzen, am besten parallel zu den Dingen, die sich außerdem gerade im Erledigungsprozess befinden. Manchmal habe ich eine Viertelstunde »gewonnen«, weil ein Termin weniger lange gedauert hat als erwartet.

Unmittelbar tun sich Welten der Gestaltung auf. Ich habe den Eindruck, der Tag könne eine andere Wendung nehmen, nur wegen dieser 15 Minuten. Ich könnte schnell noch einen Freund anrufen, die inzwischen eingegangenen E-Mails beantworten, den neuen WLAN-Router installieren und auf dem Weg in die Vorlesung noch eben eine Ladung Wäsche in die Maschine werfen, damit sie auf dem Rückweg dann fertig ist (da meine Wohnung auf dem Weg zwischen Institut und Vorlesungsgebäuden liegt, ist sie zum permanenten Zwischenstopp für »Mal eben«-Erledigungen geworden). Tatsächlich bringe ich nicht eines dieser spontan neu auf die Agenda geratenen Dinge zu Ende. Der kurze Freudenschimmer unverhofft gewonnener Zeit verwandelt sich umgehend in das Frustrationserlebnis, überlastet und überbeansprucht zu sein.

Das mag zunächst wie ein persönliches Problem aussehen. Deutlich wird aber die Beschleunigung von Zeit insgesamt als

Anforderung an das mobile Subjekt. Wer am Frankfurter Flughafen abfliegt, kann ziemlich sicher sein, dass er kurz vor dem Einsteigen ins Flugzeug Folgendes zu lesen bekommt: »Noch fünf E-Mails und zwei Powerpoint-Folien bis zum Boarding.« Was soll uns das sagen? Dass die Zeitspanne des Wartens sich, anders als die Erfahrung lehrt, inzwischen auf die Zeit verkürzt, die wir benötigen, um fünf E-Mails und zwei Folien zu bearbeiten? Dass man einen Stresstest bestehen muss, bevor man an Bord des Flugzeugs gelassen wird? Wohl kaum. Es ist nicht mehr als die Werbung von »Windows Mobile«, die dem Vielflieger und Vielarbeiter versichert, er könne dank seines mobilen Kleinstbüros noch bis zur letzten Sekunde vor dem Boarding arbeiten. Aber muss man das wollen? Was ist daran so verwerflich, einfach einmal sinnlos vor sich hin zu starren und die Gedanken schweifen zu lassen? Eine solche Pause im mobilen Lebensmodus ist kein unsinniger Luxus, sondern die immer wieder notwendige Voraussetzung für Gelassenheit, Kreativität und soziale Verträglichkeit.

Faktisch gewinnen wir als Ergebnis all unserer Flexibilität und Mobilität keine Zeit. Im Gegenteil: Die zur Verfügung stehende Zeit wird immer knapper, weil wir versuchen, sie weiter zu beschleunigen, effizienter zu werden, immer mehr Aufgaben in dieselbe Zeit hineinzupacken. Technischer und finanzieller Aufwand der zunehmenden Beschleunigung unseres Berufs- und Alltagslebens stehen in keinem rechten Verhältnis zu dem, was wir damit tatsächlich erreichen. Wir beschleunigen im Hamsterrad.

Es geschieht noch etwas anderes durch die Beschleunigung. Unser Raum-Zeit-Bewusstsein, unser Verhältnis zu Lebenszeiten und Lebensorten, verändert sich.[14] Wo bleibt in diesem veränderten Raum-Zeit-Kontinuum die Gegenwart? Sie ist irgendwie in der Lücke zwischen Vergangenheit und Zukunft verschwunden, zwischen der Bewältigung dessen, was eigentlich schon längst hinter uns liegt, und der Vorbereitung auf das, was uns als Herausforderung bevorsteht. Dazwischen ist der gegenwärtige Augenblick im Wortsinne zu einem Wimpernschlag verkümmert. Er reduziert sich auf den Moment, der als Bruchteil einer Bewegung des Augenlids entsteht, in dem sich unser Blick bereits wieder auf das vor uns Liegende richtet. Schon der irische Schriftsteller Jonathan Swift hat diese Haltung auf den Punkt gebracht: »Genau genommen leben sehr wenige Menschen in der Gegenwart. Die meisten bereiten sich vor, demnächst zu leben.«

Mit dieser Orientierung hin auf das, was kommen wird, verliert der Mensch seine Einbettung in einen historisch bedingten Zeitverlauf. Die Zeitgeschichte, in die jeder von uns individuell einbezogen ist, wird schnöde vernachlässigt – und damit die Chance verspielt, ein Stück von ihr im eigenen Leben zu verwirklichen und zur *eigenen* Zeit zu machen. Ein Beispiel: Ich erwische mich gelegentlich dabei, dass ich in einem wichtigen Gespräch mit einem anderen Menschen nicht auf das Gespräch konzentriert bin, sondern auf die Aufgaben, die ich danach noch zu erledigen habe. Das geschieht immer dann, wenn ich überlastet bin, mein Tagesplan einfach überfüllt ist. Die Zukunft hält dann noch so viele Anforderungen bereit, dass keine Zeit für die Gegenwart bleibt.

Dem globalen Pendler wird die Zeit zu einem diskontinuierlichen Gebilde, das er nach Belieben auseinanderreißen und wieder zusammensetzen kann. Die unterschiedlichen Zeitzonen strukturieren sein Leben ebenso wenig wie die geografischen und kulturellen Unterschiede, die er auf seinem Weg durch die Welt durchmisst. Wer seine interkontinentalen Reisen entsprechend plant, dem kann es aufgrund der unterschiedlichen Zeitzonen und der Möglichkeit, an Bord eines Flugzeugs zu schlafen, gelingen, jeden Tag zweimal Mittag zu essen, aber nie zu frühstücken. Das ist nicht nur unter dem Gesichtspunkt einer ausgewogenen Ernährung suboptimal, es verwirrt auch die eigene biologische Uhr. Das nimmt der globale Pendler geflissentlich in Kauf. Auch er reagiert trotz allen Trainings mit Verwirrung und Jetlag auf das Zeitzonensurfen. Die biologischen Rhythmen im menschlichen Organismus werden dabei kräftig durcheinandergebracht. Nicht erst aus der Schlafforschung wissen wir, dass der Mensch ein Gewohnheitstier ist. Er kommt zuweilen schon mit der Umstellung auf die Sommer- oder Winterzeit in Konflikt.[15]

Das »mobile Subjekt« lässt sich in der Regel kaum durch solche Erkenntnisse beeindrucken. Es orientiert sich schließlich an den Möglichkeiten des technologischen Fortschritts: Der BlackBerry oder das Handheld, die mit uns um die Welt reisen, benötigen nicht mehr als eine Dockingstation und wenige Sekunden des Datenabgleichs, um sich mithilfe hoffentlich kompatibler Software mit dem neuen Umfeld, der aktuellen Zeit und den eingegangenen Informationen zu synchronisieren. Beim Menschen ist das leider nicht so einfach. Unsere Biologie ist so kompliziert, dass unser individuelles »Active Sync«-Programm oft Tage dauert und dabei in der Regel nicht 100-prozentig zuverlässig ist.

Wenn das angepasste Mitglied der mobilen Gesellschaft sein Leben nicht ändern und zu seinen ureigenen Rhythmen zurückkehren kann, dann soll es wenigstens eine Illusion dessen erhalten. Und so lässt sich die Sehnsucht, nach dem inneren Rhythmus zu leben (das heißt: gesund), durchaus in ein Geschäftsmodell verwandeln. Es gibt inzwischen ein umfängliches Angebot von Wellnessprogrammen, die dem bedürftigen Vielreisenden und Vielarbeiter helfen, die Folgen seines Lebensstils durch Zwischenphasen geballter Gesundheitserfahrung auszugleichen. Es geht aber auch noch einfacher: Für diejenigen, die keine Zeit haben, ihre innere Uhr in einer urlaubsähnlichen Erfahrung zu erkunden, hat das Unternehmen Philips eine Spezialampe auf den Markt gebracht: Sie simuliert einen Sonnenaufgang, indem sie zur gewünschten Weckzeit die Lichtintensität stufenlos über fast 30 Minuten steigert und dazu verschiedene akustische Untermalungen anbietet: Vögel, Frösche oder Meeresrauschen ergänzen die Naturerfahrung aus der Steckdose. Aufstehen muss man trotzdem, aber es bleibt das Gefühl, man habe den Wachzustand wenigstens auf gesunde, körperlich verträgliche Art erreicht.

Verortung im transitorischen Leben

Wenn alle überall hingelangen können, dann reisen die jeweiligen Lebensvorstellungen und die kulturellen Kontexte mit den Menschen mit. Wir exportieren nicht nur uns selbst. Wir exportieren auch die Verhältnisse, mit denen wir vertraut sind. Vor 20 Jahren war es in China undenkbar, dass zum Abschluss eines Geschäftsessens Kaffee gereicht worden wäre. Inzwischen ist das selbstverständlich. Die europäischen Geschäftsreisenden haben die Gewohnheit ins Land der Mitte importiert, und dort wird sie inzwischen zugunsten der Kontaktpflege gerne bedient.

Weil Unvertrautheit und Dissonanz auf Dauer keine befriedigenden Bewusstseinszustände sind, bringt die mobile vernetzte Gesellschaft im Zuge der Globalisierung immer mehr Angleichung hervor. Wir verändern unsere eigenen Lebensräume, um anpassungsfähig für die Ansprüche der anderen zu sein. Und die anderen verändern ihre Lebensräume, um uns die Chance zu geben, uns überall wohlzufühlen. Das ist auch ein Grund dafür, dass es inzwischen an jedem Fleck dieser Welt die Cheeseburger von McDonald's und den Starbucks-Kaffee in gleicher Qualität gibt. Die Besonderheiten von Produkten, Landschaften, Städten und der Menschen, die dort leben, gehen in der globalen Mobilisierung auf.[16]

Was bedeutet diese Aufhebung konkreter und kontinuierlicher Bindungen in Zeit und Raum für den mobilen Menschen der Neuzeit? Was zeichnet ihn aus? Wohl etwas, was schon im lateinischen Stamm des Wortes »Mobilität« steckt. Das lateinische Adjektiv *mobilis* hat nämlich zwei Bedeutungshorizonte. Es meint ebenso »beweglich« wie »unbeständig«. Das daraus abgeleitete Substantiv *mobilitas* beschreibt den Zustand der Beweglichkeit und Schnelligkeit ebenso wie den der Unbeständigkeit und des Wankelmuts. Und das ist unsere Herausforderung: Als Menschen brauchen wir eine Einbettung in Zeitverläufe, die uns Orientierung geben können. Wir sind angewiesen auf die wichtige Unterscheidung der Zeiträume, die wir für unsere Arbeit benötigen, und der Zeiträume, die wir für Erholung, für Freizeit und Privates reservieren. Und: Wir Menschen brauchen auch definierbare Beziehungen zu Orten.

Das alles brauchen wir für unsere Identität. Sie verändert sich, aber benötigt zugleich Fixpunkte in Raum und Zeit, an denen wir uns orientieren können. Nicht zuletzt, um uns auch von anderen abzugrenzen. Solche Fixpunkte finden die Menschen häufig in ihrem nahen und direkt erfahrbaren Lebensumfeld. Unter anderem deshalb erzielt der Lokalteil der Tageszeitung selbst in Zeiten des Internets noch immer überdurchschnittlich hohe Nutzungswerte.[17]

Im mobilen Leben werden manche Fixpunkte zu Bewegtpunkten. Es sind immer weniger feste externe Bezüge, wie das eigene Heim, die uns Verankerung, Zugehörigkeit, vielleicht auch ein Heimatgefühl bescheren. Die heutigen Bezüge reisen mit: das Mobiltelefon, der MP3-Player mit der Lieblingsmusik, kleine Gegenstände, die uns besonders ans Herz gewachsen sind. Eine Freundin von mir, die beruflich viel reisen muss, trägt noch heute die Lieblingsmurmel ihrer Kindheit mit sich herum. Andere können nur mit dem eigenen Kopfkissen im Hotel übernachten. Vielreisende bauen sich oft ein Netzwerk unterschiedlicher Fixpunkte überall auf der Welt. Wenn der globale Pendler in jeder der 25 Städte, die er regelmäßig bereist, immer in dasselbe Hotel geht, so hat auch das mit dem Wunsch nach eigener Verortung zu tun, mit kleinen Ritualen, die der Mensch braucht, um innerlich stabil zu bleiben.

Auch die Qualle ist ständig in Bewegung. Aber sie zieht so durch das Wasser, dass sie nur begrenzte Distanzen in begrenzter Zeit überwinden kann. Dass lässt sie beispielsweise Temperaturveränderungen oder Gefahren rechtzeitig erkennen. Wir hingegen springen von einer geografischen, kulturellen Zeitzone in die nächste, oft ohne dass wir Zeit oder Gelegenheit haben, uns einzugewöhnen, die Besonderheiten zu erkennen oder zu lernen, mit dem Ungewohnten umzugehen.

Es hat seinen guten Grund, dass der Begriff »Verortung« unsere Position in der Welt und zu anderen Menschen bezeichnet. Er beschreibt aber auch unsere Haltung zu wichtigen Fragen unseres Lebens und nicht zuletzt unsere Sicherheit und Beständigkeit in der Beantwortung dieser Fragen. Die »Verortung« setzt voraus, dass wir eine klare geografische, zeitliche und mentale Position haben, die durch Erfahrungen im Leben gewonnen wurde. Und eine solche Positionierung gelingt nur, wenn wir auch gelernt haben zu verweilen – im Raum und in der Zeit. Es hat durchaus Sinn, sich auch beim Reisen daran zu erinnern. Manchmal ist es einfach gut, nicht zu fliegen, sondern den Raum langsamer zu durchmessen, der den einen von dem anderen Ort im eigenen Leben trennt. Es geht ja nicht nur darum, den eigenen Körper von A nach B zu transportieren. Die Seele muss auch mitreisen.

Der französische Anthropologe Marc Augé [18] hat sich mit der Veränderung der Orte und ihrer Bedeutung in unserer Lebenswelt beschäftigt. Er unterscheidet zwischen Orten und Nicht-Orten. Manche Orte, die früher auch der menschlichen Verortung dienlich waren, haben sich zu Übergangsstationen gewandelt. Sie sind unbehaust, passagenhaft und transitorisch. Wer früher vor dem Fall der Mauer häufiger auf der Transitstrecke zwischen Westdeutschland und Berlin gefahren ist, hat schnell eine Vorstellung davon, was das bedeutet. Auf dieser Strecke war nie vorgesehen, dass man hätte anhalten, an einem Ort verweilen, sich umsehen oder gar niederlassen können. Diese Strecke war einzig und allein dazu da, Menschen den Übergang von West nach Ost zu ermöglichen.

Bei vielen anderen Strecken, die wir heute zurücklegen, gibt es weder politische Restriktionen noch andere gute Gründe dafür, dass sie enträumlicht sind. Sie sind es einfach. Weil der Übergang zu einem wesentlichen Zustand der mobilen Gesellschaft geworden ist. Es ist sehr viel anerkannter, unterwegs zu sein, als irgendwo anzukommen. Der Zwischenzustand wird zum Ziel. Und so haben auch viele Orte Namen bekommen, die ihre Bedeutung als Hilfsmittel des Übergangs beschreiben: der Transitbahnhof oder der Transitbereich am Flughafen für Reisende, die nicht ankommen, sondern umsteigen und ihren Weg durch die Welt weiter fortsetzen wollen. Immer unterwegs – und dabei immer gut verdrahtet mit den Art- und Zeitgenossen der abwesenden Umwelt, denen es genauso geht.

Die Wiederentdeckung der Langsamkeit

Globalisierung, kommunikative Vernetzung, Mobilität und Flexibilität haben eine weltweite Servicekultur hervorgebracht. Sie macht Effizienz und Effektivität zu den Hauptkoordinaten des Zusammenspiels in unserer Gesellschaft. In der Wirtschaft ist es der »Kundenkult«, der das Kaufen- und Habenkönnen ins Zentrum rückt und alles andere als Dienstleistung an diesem Kult versteht[19] – auch die Lebens- und Arbeitsformen der Menschen. Alles ist den Gesetzen eines vernetzten beweglichen Marktes untergeordnet. Nach dem Leitsatz: Nur wer richtig tickt, kann alles an diesem Markt erreichen.

Gegen dieses Dogma gibt es inzwischen erste Ansätze des subversiven Widerstands. Die *Downshifting*-Bewegung ist nur eine von vielen, die sich der Entschleunigung des menschlichen Lebens und der Entflechtung von Arbeit und Freizeit widmen.[20] Menschen entscheiden sich ganz bewusst gegen Geld und für Lebensqualität. Oft resultiert diese Entscheidung aus der Erkenntnis, dass es im eigenen Leben so nicht weitergehen kann. Krankheiten, Stimmungsschwankungen, Antriebslosigkeit und Kommunikationsunlust sind Symptome für einen Erschöpfungszustand nach Jahren der Überbeanspruchung. Werden solche Anzeichen immer deutlicher spürbar, kommt manch ein Betroffener irgendwann zur Vernunft.

Wenige Wochen vor meinem 40. Geburtstag rief mich ein guter Freund an, der ungefähr gleich alt ist. Wir hatten länger nicht miteinander gesprochen, und ich hatte fast Mühe, ihn in diesem Telefonat wiederzuerkennen. Mein Freund kauft insolvente Firmen und päppelt sie wieder auf. Ich weiß nicht, ob es dafür eine Berufsbezeichnung gibt, die die Bundesanstalt für Arbeit offiziell anerkennt, aber ich weiß, was damit verbunden ist. Seit Jahren jettet er zwischen Berlin, Zürich und New York hin und her, kümmert sich um jedes Detail einer gerade gekauften Firma, entlässt Menschen und stellt neue ein. Zwischenfinanzierungen, Verhandlungen mit Belegschaft und Betriebsrat, Kundenbeschwerden und Reklamationen bestimmen seinen Arbeitsalltag von morgens um sieben bis Mitternacht. Wenn wir uns getroffen haben, dann mittags zwischen Tür und Angel, er immer etwas gehetzt, immer auf dem Sprung. Als ich nun mit ihm sprach, war eine Verwandlung spürbar. Er war mit seiner Freundin in Zürich zusammengezogen und flog nicht mehr. Er hatte zehn Kilo abgenommen und machte neuerdings Sport. Seit einer Gesprächstherapie ist er ein wandelnder Werbespot für den Therapeuten, der ihm endlich die Augen geöffnet hat. Er hat sich entschieden, dass jede Firma auch langsamer wachsen kann. Er hat verstanden, dass er nicht derjenige sein kann, der allein dafür verantwortlich ist, und dass sich die Dinge auch behutsamer zum Erfolg führen lassen.

Menschen sind in der Lage, ihre Situation zu erkennen und zu entschleunigen. Manchmal bedarf es dazu allerdings eines Initialreizes, der auch zufällig sein kann. Gerade aus Berlin wieder in Zürich eingetroffen, traf ich kürzlich einen Kollegen am Flughafen, der mit mir in derselben Maschine gewesen war. Wir gingen zusammen Richtung Passkontrolle und bestiegen dabei eines der zahlreichen Laufbänder, die den Fluggast durch die Terminals transportieren. Als wir auf dem Band waren, blieb mein Kollege stehen. Nach einem kurzen Augenblick der Irritation stellte ich fest: Mir wurde gerade zum ersten Mal in meinem Leben bewusst, dass man auf einem Laufband nicht *gehen* muss, sondern *stehen* kann. So ist das Ganze aus Gründen der Bequemlichkeit wahrscheinlich sogar gedacht: Das Band sorgt ja dafür, dass wir stehend in der gleichen Geschwindigkeit vorwärtskommen, die wir gehend erreichen würden. Ich hingegen war bislang immer im Stechschritt über das Band geeilt, um meine Geschwindigkeit zu erhöhen und die Zeit zu verringern, die man braucht, um zum Ausgang zu kommen. Nun standen wir dort also, ruckelten im Schneckentempo gen Gepäckband und unterhielten uns prächtig. Seit diesem Tag muss ich jedes Mal an meinen Kollegen denken, wenn ich wieder auf ein solches Band steige. Meist siegt der innere Drang nach Schnelligkeit, aber manchmal gelingt es mir tatsächlich, einfach stehen zu bleiben.

Ganze gesellschaftliche Bewegungen greifen den Gedanken der Entschleunigung inzwischen auf. Sie bieten Produkte und Dienstleistungen an, die dem Einzelnen dabei helfen können, wieder langsamer und genussvoller zu leben. So ist das »Slow Food Movement«[21] einer von vielen Versuchen, die Wiederentdeckung der Langsamkeit in den verschiedenen menschlichen Lebensbereichen umzusetzen. 1986 gründete der Italiener Carlo Petrini »Slow Food« anlässlich der Eröffnung einer Filiale von McDonald's an der Spanischen Treppe in Rom. Die Slow-Food-Bewegung klärt darüber auf, wie gesunde und genussorientierte Ernährung funktionieren kann: durch entsprechende Handlungsanleitungen, Rezepte, durch Kochkurse und Stammtische (die hier »Schneckentische« heißen). Eine der Leitlinien der Bewegung lautet: Qualität braucht Zeit.

Das ist nicht nur fürs Essen richtig und wichtig. Es trifft auch auf alle anderen menschlichen Lebensbereiche zu – das Familienleben, die Kontakte zu Freunden, die individuelle Bildung, den Sex, das Reisen und die Kommunikation. Wer ein gutes Verhältnis zu seinen Kindern aufbauen will, muss sich mit ihnen beschäftigen, viel mit ihnen unternehmen und mit ihnen reden. Wer liebt, will definitiv mehr vom anderen als den Sex zwischen Tür und Angel. Wer etwas zu sagen hat, wer sich verständigen und verstanden werden will, der braucht Zeit, um sich zu erklären. Das kann über die modernen Kommunikationstechnologien gelingen, aber auch dann erfordert der Austausch seine Zeit. Und manchmal ist es eine gute und richtige Idee, einen Brief zu schreiben. Dan Russell, Senior Manager bei IBM, hat das »Slow E-Mail Movement« ins Leben gerufen. Im Anhang zu jeder E-Mail, die er verschickt, steht der Satz: »Read your mail just twice each day. Recapture your life's time and relearn to dream.«[22]

Es ist völliger Unsinn zu behaupten, Stillstand sei der Gegensatz der Moderne. Vielmehr zeigt der Verlauf der gesamten Technikgeschichte als einer Haupterzählung der Entstehung unserer modernen Gesellschaft: Jede Technologie hat beschleunigt; aber jede Technologie hat auch eine eigene, oft neue und spezifische Form der Stillstellung mit sich gebracht.[23] Wo sich die menschliche Fortbewegung beschleunigte durch Eisenbahn und Auto, entstanden auch neue Orte und Formen des Verweilens: das Bahnhofshotel, das Motel an der Autobahn – womit nicht behauptet werden soll, dass es sich dabei um ästhetisch schöne und angenehme Formen des Stillstands handelt. Wo sich die industrielle Fertigung durch den Einsatz von Maschinen beschleunigte, wurden die Arbeiter zunehmend an den Ort ihres Arbeitseinsatzes gefesselt – mit entsprechenden Folgen für die Entfremdung der Arbeit. Als der Einsatz des Mobiltelefons zur allgegenwärtigen Kommunikationsform unserer Zeit avancierte, wurden Räume zu Nicht-Telefonier-Zonen gemacht, zum Beispiel im Zug oder am Flughafen. Der technologische Forschritt hat also, richtig betrachtet, immer auch etwas von der Echternacher Springprozession: drei Schritte vor, einen zurück.

Zugleich bleibt ein Unterschied zwischen früheren technologischen Entwicklungsschritten und denen, die wir bei der mobilen Kommunikation erleben. In Zeiten der ersten Mobilisierung des Menschen, die durch die Industrialisierung seiner Fertigungsprozesse bestimmt war, erwirkten eher fremdbestimmte Grenzen und Regeln die Zonen und Zeiten des Stillstands. Bei den Kommunikationstechnologien ist das anders. Es sind wir Menschen selbst, die diese Technologien mit uns tragen und anwenden. Wir allein sind es auch, die sie ein- und ausschalten, die darüber entscheiden, wann und wie wir sie nutzen. Ein hohes Maß an Selbstbestimmtheit, aber auch an Eigenverantwortung und Selbstdisziplin ist damit verbunden. Und es ist wirklich nicht leicht, dem auf eine Weise gerecht zu werden, dass nicht allein die Funktionalität im Vordergrund steht, sondern auch die Lebensqualität zu ihrem Recht kommt. Wir dürfen uns nicht nur fremdbestimmt durch die beschleunigte Strömung der mobilen Gesellschaft treiben lassen. Denn dann verlieren wir unsere Selbstbestimmung, die Möglichkeit, eigene Prioritäten zu setzen und auch nach ihnen zu leben. Wir müssen unsere eigene Drift finden, unser individuelles Tempo und unseren individuellen Ort in einer global vernetzten Welt.

Diese eigenen Prioritäten entstehen nicht »wie von selbst« oder »aus dem Nichts«, sondern indem ich mich mit mir selbst und mit anderen auseinandersetze. Dafür braucht jeder Einzelne Zeit und Ruhepausen, in denen sich Gedanken und Gespräche entwickeln können. Und diese Ruhepausen kann er sich nur verschaffen, wenn er sich zwischenzeitlich aus dem globalen mobilen Kommunikationsnetzwerk ausklinkt. Lebensqualität setzt also voraus, auch einmal nicht erreichbar zu sein.

Die sporadische Unerreichbarkeit kann nicht nur glücklich machen, sondern auch begehrt. Heute ist nahezu alles für jeden erreichbar. Aber wenn alles erreichbar ist, ist nichts mehr herausgehoben. In diesem Lebensumfeld wird *Un*erreichbarkeit zum Differenzierungsmerkmal unserer Zeit. Das, was unerreichbar ist, passt nicht in die vernetzte mobile Gesellschaft, fällt aus ihrem Zeit- und Raumverständnis heraus und weckt das Begehren anderer. Als Luxus gilt nicht das, was immer verfügbar ist, sondern das, was selten und schwer zu haben ist. Wie kann es sein, dass es unmöglich sein soll, zu diesem Ort zu gelangen oder an jenen Menschen heranzukommen? So entsteht durch das gezielte Wechseln in den »Off«-Zustand wieder ein wichtiger und wertvoller Unterschied in der Wahrnehmung der eigenen Person durch andere.

Zeit zu haben ist aber vor allem wichtig für die eigene Lebensqualität. Und Zeit spürt man nur dann, wenn man sich auf

Anzeigenkampagne der Swiss

sie konzentrieren kann, nicht in zig Anforderungen und Arbeiten verstrickt ist. Diese Erkenntnis setzt sich sogar in den Branchen durch, die am stärksten für die Beschleunigung unseres Lebens verantwortlich zeichnen. So wirbt die Schweizer Fluggesellschaft Swiss mit einer Anzeigenkampagne, die Genuss, Langsamkeit und das »süße Nichtstun« zur Tugend erhebt. Ein Unternehmen, das Mobilität und Schnelligkeit verkauft, plädiert für die Ruhepause.

Kommunikationsrequisiten:
Rollenspiele des vernetzten Menschen

Vor einigen Jahren habe ich auf einem Kurztrip nach Barcelona zum ersten Mal am eigenen Leib erfahren, wie sehr das Mobiltelefon selbstverständlicher Teil meines Alltags geworden ist. Es war die erste Reise zu zweit in einer neuen Liebesbeziehung. Eine fragile Situation, die hohe Anforderungen an mich stellte. Und ich war nervös und etwas unsicher. Am ersten Nachmittag saßen wir an einem kleinen Bistrotisch vor einem Café an den Ramblas. Ich war noch damit beschäftigt, meine Konzentration zugleich meiner Begleitung, der Getränkekarte und dem Reiseführer zu widmen, als ein junger Mann kam und uns Postkarten zum Kauf anbot. Gekonnt jonglierte er mit den verschiedenen Motiven vor unseren Augen und verschwand Sekunden später wieder von der Bildfläche – und mit ihm mein Handy. Alle Warnungen, mit wie viel Einfallsreichtum und Finesse man in Barcelona beklaut wird, hatten nicht geholfen.

Der ritualisierte Griff in die Jacken- und Hosentasche machte mir nun jedes Mal schmerzlich bewusst, was da nicht mehr war: mein Telefon. Mit dem hantierte ich offenbar deutlich häufiger, als ich es selbst zu beschreiben vermocht hätte. Fortan fühlte ich mich nicht mehr »ganz«. Ich war nicht mehr vollständig, weil ich nicht telefonieren, keine SMS erhalten und senden konnte. Ganz schlimm aber wurde es, als meine Begleitung wegen plötzlicher und dringender beruflicher Verpflichtungen vorzeitig abreisen musste. Nun saß ich nicht nur ohne Handy in Barcelona, sondern auch noch allein. Ich konnte niemanden anrufen, um mir von der Seele zu reden, wie schlecht ich mich fühlte: plötzlich einsam und dann noch ohne Handy. Ich hatte nicht nur die persönliche, körperliche Verbindung verloren, die ja der Sinn dieser Reise war. Ich konnte auch keine anderweitige Verbindung aufnehmen, weil das Telefon weg war.

Mit meinem Handy waren im Übrigen auch die etwa 300 Telefonnummern verschwunden, die ich im Laufe der Jahre abgespeichert hatte. Und die SMS, die ich gerne behalten wollte, um sie immer mal wieder lesen zu können. Ich war nicht nur gegenwärtig kommunikativ ausgeschlossen, ich war auch eines wichtigen Teils meiner Lebensgeschichte beraubt, die nirgends sonst gespeichert war. Ich fühlte mich, als habe man meinen Stecker gezogen.

Die Bühne des Lebens

Das Erlebnis hat mein Bewusstsein geschärft, wie weit ein mobiles Kommunikationsendgerät in mein persönliches Leben eingreift. Das Mobiltelefon ist ein Artefakt. Es verändert uns und unser Leben. Wer ein Handy oder ein Smartphone besitzt, wird eine andere Person; wer es nutzt, agiert verändert.[1]

Jeder Mensch ist Hauptdarsteller in seinem eigenen Leben. Er agiert auf der Bühne des Alltags nach einem Skript, das er selbst für sich im Verlaufe seiner Lebensjahre entwickelt und verfeinert hat. Und dabei interagiert er auch mit den anderen Spielern auf dieser Bühne. In diesem Zusammenspiel versuchen alle Beteiligten, einander zu beeinflussen, indem sie bestimmte Bilder von sich erzeugen. Sie wissen, dass sie von den anderen dabei beobachtet werden, und hoffen, das selbst entworfene Bild möge beim Publikum auch die gewünschte Wirkung erzielen. Akteure und Publikum stehen nicht in einer festen Konstellation zueinander, sondern wechseln im gegebenen Rahmen ständig ihre Rollen: Der Schauspieler wird Teil des Publikums, Teile des Publikums werden zu Hauptakteuren auf der Bühne unseres Alltagsschauspiels.

Die Theatermetapher stammt vom kanadischen Soziologen Erving Goffman. Er hat sie für die Beschreibung des Zusammenspiels unserer Selbstdarstellung im Alltag entwickelt.[2] Goffman sieht uns als Rollenspieler, die in erster Linie darum bemüht sind, den »richtigen« Eindruck beim Publikum zu erwecken *(impression management)*. Natürlich denken wir nicht ständig über die Prozesse nach, während sie ablaufen. Das machte es vor lauter Nachdenken und Selbstkontrolle vermutlich unmöglich, sich überhaupt zu verhalten. Wir sind nicht in der Lage, in jeder Situation neu zu entscheiden, wie wir uns verhalten wollen, was der andere beobachten soll und wie wir es erreichen können, den Eindruck beim Gegenüber zu erzielen, den wir gerne vermitteln möchten. Deshalb greifen wir auf eingeübte Rollen zurück.

In einem bis heute anregenden Aufsatz aus dem Jahr 1902 beschreibt der US-Soziologe Charles H. Cooley, wie der Mensch sich nur selbst erkennt durch den Blick in den Spiegel, den andere ihm vorhalten.[3] Cooley spricht bei diesem menschlichen Zusammenspiel vom »Spiegel-Ich« *(Looking Glass Self)* und zitiert Goethes *Torquato Tasso*, um seinen Gedanken zu untermauern: »Der Mensch erkennt sich nur im Menschen, nur / Das Leben lehret jedem, was er sei.« Wie sich diese zwischenmenschliche »Arbeit« an der eigenen Identität im Zuge der Modernisierung verändert, hat der britische Soziologe Anthony Giddens[4] immer wieder gefragt. Was bleibt konstant und verlässlich in unserer modernen vernetzten Gesellschaft, was geht uns an Halt verloren? Seiner Analyse nach bleibt unser Wissen provisorisch und muss permanent angepasst werden. Das gilt auch für das Wissen über uns selbst, das wesentlicher Teil unserer Identität ist. Die wiederum entsteht durch die reflexiven Beziehungen des Individuums zu seiner Umwelt – ein Routineprozess, aber doch einer permanenten Veränderung unterworfen.

Wollten die Menschen jede Situation in ihrem Lebensalltag von Grund auf neu beschreiben und entscheiden, wären sie schlicht überfordert. Deshalb entwickeln sie Interaktionsrituale, mit denen sich die Komplexität des menschlichen Miteinanders reduzieren lässt. [5] Diese Interaktionsrituale sind vor allem Verhaltensstrategien, mit denen der Einzelne die Konstruktion seines Images, also des erwünschten Bildes bei anderen, unterstützt und sichert – oder, falls es misslingt, nachhaltig schädigt. Zur Interaktion gehört auch das Gebot der Reflexivität: So wie ich erwarte, dass der andere mich und den Entwurf meiner selbst zur Kenntnis nimmt und respektiert, so darf der andere erwarten, dass ich mich ihm gegenüber ähnlich respektvoll verhalte. Die gegenseitige Anerkennung von Verhaltensstrategien und die Rücksichtnahme gehören also zu dem Interaktionsspiel auf der Bühne des Lebens dazu. Wir alle stecken in einem permanenten Wechselspiel aus Selbst- und Fremd-Beobachtung sowie aus Selbst- und Fremd-Achtung oder -Missachtung.

Das Mobiltelefon als Fetisch

Technische Geräte können helfen, diesen Interaktionsritualen eine zusätzliche Dimension zu verleihen, sie symbolisch aufzuladen. Über diese Objekte gewinnt heute ein großer Teil unserer menschlichen Interaktion seine Bedeutung. In der Soziologie menschlicher Kommunikation hat die Wissenschaft das schon lange vor der Erfindung unserer heutigen Technologien mit dem Dreischritt des »Symbolischen Interaktionismus«[6] erklärt: 1. Menschen verhalten sich zu Dingen entsprechend der Bedeutung, die diese Dinge für sie haben. 2. Die Bedeutung der Dinge entsteht erst durch den Prozess der Interaktion zwischen Menschen. 3. Der Nutzen dieser Bedeutung für den Handelnden entsteht durch einen Interpretationsprozess.

Dieser Dreischritt funktioniert bei allen Dingen unseres Lebensalltags, die im menschlichen Zusammenspiel Bedeutung erlangen und zu Symbolen werden. Er funktioniert ausgesprochen gut bei den neuen mobilen Kommunikationstechnologien. Mobiltelefone, Handykameras, BlackBerrys oder Headsets, mit denen man wie ein Popstar in Bewegung telefonieren kann, sind nicht nur Symbole. Es sind Requisiten. Wir benutzen sie bei unseren Inszenierungen auf der alltäglichen öffentlichen Bühne und in der Interaktion mit anderen, um unser »Eindrucksmanagement« zu vervollständigen und zu perfektionieren.[7]

Wer sein Handy im Restaurant laut klingeln lässt und dann mit einem beherzten »Ja, bitte!« drangeht, inszeniert sich als Tough Guy, immer im Einsatz, immer erreichbar. Und er will sagen: Hier bestimme ich den Kommunikationsraum. Wer ständig öffentlich parallel mit Handy, BlackBerry und Organizer hantiert, inszeniert sich als gefragter Entscheider, der für seine Umwelt unverzichtbar ist. Solche Inszenierungen können zuweilen komische Momente zeitigen. Zum Beispiel wenn der geschäftige Manager direkt nach der Landung seines Flugzeugs hektisch Handy und Blackberry aktiviert und beim Aussteigen gleichzeitig versucht, zu telefonieren, mobile E-Mails zu chekken sowie sein Handgepäck aus der Kabine zu schaffen. Leicht wird da der Gefragte zum Geplagten und zeichnet ein Zerrbild seiner Selbstinszenierung.

Manchmal sind die Kommunikationsgeräte auch einfach Krücken, um unbeschadet einen schwierigen sozialen Moment zu überstehen. Folgende Situation habe ich am Flughafen immer wieder beobachtet: Drei Menschen stehen beieinander als Gruppe und unterhalten sich. Durch irgendeinen Einfluss, der für mich als Beobachterin nicht zu erkennen ist, sondern sich zwei Personen ab und führen das Gespräch als Dialog weiter. Die dritte Person bleibt allein zurück, isoliert im öffentlichen Raum ohne kommunikative Anbindung. Bevor ein Gefühl der Isolation oder Irritation aufkommen kann, greift der Stehengelassene ganz automatisch in die Tasche zum Handy oder BlackBerry. Das mobile Gerät hilft nun, diese ungewollte und

Der Wandel des öffentlichen Telefonierens

für die anderen Wartenden sichtbare Isolation zu beheben, indem der zurückbleibende Dritte sich in einen virtuellen, aber sozial akzeptierten Kommunikationsraum begibt. Ob dann ein reales Telefonat geführt oder tatsächlich eine wichtige E-Mail beantwortet wird, ist letztlich nicht von Belang. Es geht in diesem Moment vor allem um die Inszenierung dieses einzelnen Menschen auf der Bühne seiner Lebensumwelt als mit anderen verbunden, »gefragt« und »sozial integriert«.

Jeder vierte Nutzer eines Mobiltelefons hat Befragungen zufolge schon einmal ein Telefonat simuliert, also gar nicht mit jemandem am anderen Ende der Verbindung gesprochen.[8] Nur ein Beispiel dafür, dass mobile Kommunikationsendgeräte Krücken sein können, die uns helfen, Situationen der sozialen Irritation oder gar Verletzung zu überwinden. Wir improvisie-

ren mit ihrer Hilfe gelegentlich bei den schwierigen Auftritten auf öffentlicher Bühne.

Diese Bühne ist gerade für das Telefonieren immer öffentlicher geworden. Das Verhältnis zwischen dem Telefonierenden, dem Telefonapparat und dem Raum, in dem telefoniert wird, hat sich in den vergangenen Jahrzehnten grundsätzlich gewandelt. Früher haben wir uns zum Telefonieren in eine geschlossene gelbe Kabine wegsperren lassen. Dann öffnete sich dieser Telefonraum hin zur öffentlichen Kommunikation: von dem halben Häuschen zur Silbersäule mit magentafarbenem Kopf. Heute steht der Mensch mit seinem Mobiltelefon frei im Raum. Er ist Teil des öffentlichen Lebens geworden, isoliert höchstens durch die eigene gedankliche Abschottung von seiner Außenwelt.

Mobiltelefone sind als Medium der ständigen sozialen Vergewisserung und als Requisiten der Inszenierung unverzichtbar. Die britische Premierministerin Margaret Thatcher hat noch ihre Handtasche ihren »treuesten Gefährten« genannt. Für viele Menschen ist das heute das Handy oder ein Smartphone. Das Mobiltelefon wird zum wesentlichen Bestandteil des sozialen und physischen Entwurfs eines Menschen. Das Handy gilt daher als »factish«, als eine Mischung aus Faktum und Fetisch.[9]

Dies geschieht inzwischen auch speziell für bestimmte kulturelle oder religiöse Gruppen. Im Spätsommer 2004 brachte ein Telefonanbieter in den Vereinigten Arabischen Emiraten das »erste vollkommen islamische Mobiltelefon« auf den Markt. Sein Name war »Ilkone«. Das heißt übersetzt so viel wie »Universum«. Das Handy bot eine Reihe von Funktionen, die für gläubige Muslime Teil ihres Alltags sind. In ihm war der gesamte Korantext in arabischer Sprache plus englischer Übersetzung gespeichert, ein Gebetsruf *(azan)* im Audiomodus wie in der Stummschaltung mit Weckruf kurz vor und kurz nach dem eigentlichen Zeitpunkt, eine Gebetsausrichtungshilfe, die den Nutzer gen Mekka positioniert, und ein Ramadan-Kalender.[10]

Im Jahre 2000 schickte der Kapuzinermönch Paulus Terwitte aus dem Bistum Limburg während der Fastenzeit jeden Morgen Jugendlichen einen Bibelspruch per SMS aufs Handy, um wenigstens während einiger Sekunden für Besinnung zu sorgen.[11] Das Handy als Mischung aus Faktum und Fetisch schließt auch die religiösen Dimensionen menschlichen Lebens ein.

An sich ist das Telefon bloß ein Ding. Nicht mehr als ein Stück Hardware, das durch eine Software betrieben werden kann. Wirklich spannend wird es für uns durch das, was wir in das Gerät hineinprojizieren, Fantasien, Gefühle oder Erinnerungen. Erst dadurch wird es zu einem Teil unseres Lebens und seiner Gestaltung. Am besten können wir das daran erkennen, wie Handys heute personalisiert werden. Meine achtzehnjährige Nichte kauft ihre Telefone jeweils nach farblich-modischen Gesichtspunkten. Derzeit steht ein pinkfarbenes Handy von Motorola ganz oben auf der Favoritenliste, weil es zu den meisten Handtaschen und zur Kleidungsfarbe passt, die sie bevorzugt. Andere Formen der Personalisierung und Individualisierung des Handys ergeben sich durch die erweiterten technischen Möglichkeiten, die das Telefon inzwischen bietet. Eine besondere Rolle spielen hierbei die Klingeltöne.

Als die erste Staffel der amerikanischen Kultserie »24« ins deutsche Fernsehen kam, dauerte es nur wenige Tage, bis auch der richtige Klingelton auf dem Markt war: Das typische Telefonklingeln der »Counter Terrorist Unit« (CTU), von der aus Kiefer Sutherland alias Jack Bauer versucht, Amerika und die Welt zu retten. Wer das als Kinderkram abtut, dem mag folgende Begebenheit ein Hinweis auf das Gegenteil sein: Bei einer Party klingelt das Handy eines Gasts – mit CTU-Ton. Sofort bricht ein Großteil der Anwesenden in begeistertes Kreischen aus. Etwa eine Stunde sind die Anwesenden dann damit beschäftigt, sich per Bluetooth oder Infrarot den Klingelton schnellstmöglich auf das eigene Handy zu laden. Niemand auf dieser Party war jünger als 35 Jahre, offensichtlich lieben also auch erwachsene Menschen Spielzeuge. Wenn die dann noch dazu angetan sind, die eigene Inszenierung zu perfektionieren, gibt es kein Halten mehr. Klingeltöne verkaufen sich inzwischen in vielen europäischen Ländern – darunter Deutschland, Großbritannien, Frankreich und Italien – besser als CD-Singles. Das weltweite Marktvolumen beläuft sich auf knapp fünf Milliarden US-Dollar.[12]

Zu den Inszenierungsformen unseres sozialen Lebens gehört auch die Musik. Da viele Handys inzwischen einen MP3-Player integriert haben, lässt sich auch dieser Teil der sozialen Bühnenwirkung wunderbar mit dem Telefon gestalten. Die meisten Menschen können sich daran erinnern, welche Musik sie in einer besonders schönen oder wichtigen Situation gehört haben. Für viele Paare gibt es einen Song oder mehrere Musikstücke, die sozusagen ihnen gehören, zum Beispiel weil sie in der Phase des Kennenlernens eine besondere Bedeutung erlangt haben. Und nicht zuletzt gelten Musikstile wie Punk oder Hip-Hop als wichtige Ausdrucksformen ganzer gesellschaftlicher Bewegungen. Haben wir früher beobachten können, wie Gruppen Jugendlicher mit dem Gettoblaster durch die Innenstadt zogen, eine dröhnende musikalische Aura mit sich ziehend, reicht heute ein Handy. Die wichtigsten Songs lassen sich per Mausklick auf der Datenkarte abspeichern und über Kopfhörer abspielen oder mit kleinen externen Lautsprechern der Umwelt zu Gehör bringen. Die Tonqualität ist inzwischen so erstaunlich, dass wir vermuten dürfen, dass das Handy den MP3-Player langfristig ganz ablösen wird. Das neue iPhone von Apple ist nur ein Beleg dafür, dass Telefonieren, Musikhören und Fotografieren zusammenwachsen.

Experten bieten für diese Entwicklung inzwischen eine Erklärung an, die weniger mit den technischen Möglichkeiten zu tun hat als mit den sozialen Bedürfnissen der Menschen: Das Multifunktionsgerät ist ein Beleg für die Sehnsucht der modernen Gesellschaft nach einer Wiedervereinigung von Getrenntem und Fragmentiertem.[13] Wenn wir schon zu allen Zeiten an allen Orten parallel agieren und kommunizieren müssen, dann bitte so komplett ausgestattet wie möglich. Das Gerät soll Telefon, Musikbox, Kamera, Terminkalender, Wecker, Navigationsgerät, Taschenrechner und Videospiel in einem sein.

Dieses menschliche Bedürfnis nach einer neuen Übersichtlichkeit in den Kommunikationsgeräten wird durch einen rein praktischen Aspekt ergänzt. Wer für jede der aufgezählten Informations- und Kommunikationsanwendungen ein eigenes Gerät plus Ladegerät mit sich führen wollte, brauchte auf Reisen schon allein dafür eine Tasche. Hätten wir nicht schon viele Schritte der technologischen Konvergenz zwischen unterschiedlichen Funktionen und Geräten getan, der Kommunikations-Caddy wäre vermutlich längst erfunden – unser treuer Techniksklave, der den Gerätehaufen in einem Wägelchen hinter uns herzieht oder -fährt.

Wo bist du gerade?

Das Telefon, in dem sich alle unsere Informations- und Kommunikationsmöglichkeiten Schritt für Schritt bündeln, gehört inzwischen zum Inventar unseres Alltagslebens. Wie bei vielen anderen technischen Entwicklungen und Unterstützungsfunktionen merken wir irgendwann überhaupt nicht mehr, dass sie da sind und was sie bewirken. Joshua Meyrowitz, einer der wichtigen Medientheoretiker in der Folge Marshall McLuhans, sagt mit Blick auf das Telefon: »Speaking to someone on the telephone, for example, is so natural that we almost forget about the intervening medium.«[14] Mobiltelefone, ebenso wie BlackBerrys und andere Geräte, sind für uns »normal« geworden. Wir bemerken sie nur noch bewusst, wenn sie uns verloren gehen oder nicht funktionieren. Diese Geräte gehören zur Kategorie der »unbewussten Ware« *(unconscious-ware)*,[15] die wir mit uns herumtragen, ohne es noch zu bemerken. Sie sind Teil unseres Selbst geworden. Sie sind einfach da. Aber zugleich machen sie etwas mit uns und unserem Miteinander.

Sie prägen das Verhältnis des Telefonierenden zu seiner Umwelt. Manche Situationen sind heute, da das Handy zum Normalfall geworden ist, gar nicht mehr vorstellbar. Ein Beispiel: Der Film »Blair Witch Project« (1999) erzählt die Geschichte dreier Studenten, die nach Burkittsville fahren, um dort einen Dokumentarfilm über den Mythos der Blair-Hexe zu drehen. Für die lächerliche Summe von 35 000 US-Dollar produziert, spielte der Film bereits am ersten Wochenende in den Kinos 29 Millionen US-Dollar ein. Worin lag der Erfolg? In der beklemmenden Erzählung einer Hexensuche in dunklen Wäldern, die von den drei Studenten mit der Videokamera aufgezeichnet wird und bei der mindestens einer der drei umkommt. Der Zuschauer verfolgt aus dem Blickwinkel der verschiedenen Kameraaufnahmen, wie die Studenten sich immer tiefer im Wald und im Hexenmythos verstricken, einander aus den Augen verlieren und in Panik geraten. Dieser Plot wäre heute so nicht mehr zeitgemäß. Jeder der drei Studenten hätte selbstverständlich ein

Mobiltelefon dabei. Sie könnten sich gegenseitig anrufen, um zu ermitteln, wer sich gerade wo befindet. Und sie könnten mit der Außenwelt Kontakt aufnehmen, um Hilfe zu holen. Bei einer fast 100-prozentigen Netzabdeckung haben wir heute fast überall Empfang, sogar im Hexenwald.

Die Momente der Ungewissheit oder des Geheimnisses sind dadurch weniger geworden. Wir können immer und überall miteinander in Kontakt treten, kommunizieren und Unklarheiten beseitigen. Das ist in vielen Lebenssituationen sehr hilfreich. Manchmal verkommt es aber auch zur reinen Abfrage: »Wo bist du gerade?«, »Was machst du denn?« Und in Beziehungen nimmt der Drang, die Möglichkeiten der mobilen Kommunikation zu nutzen, um während der erzwungenen oder bewusst gewählten Distanz jeden Schritt und Handgriff des anderen mitzuverfolgen, mitunter manische Züge an. Der andere hat sich eine Stunde nicht gemeldet? Was ist denn jetzt los? Die Faszination und Anziehungskraft des anderen ergibt sich aber nicht zuletzt daraus, dass man eben nicht alles über ihn weiß, dass man ihn entdecken muss, sich manchmal wundern oder überraschen lassen kann. Und in vielerlei Hinsicht gilt auch: Nichtwissen entlastet.

Die Gestaltung unserer Interaktionen *(situation work)* durch das Telefonieren – oder auch trotz des Telefonierens – kennen wir in zahlreichen Variationen, vor allem aus dem Berufsumfeld.[16] Ein schönes Beispiel hat der amerikanische Regisseur Woody Allen bereits in seinem Film »Play it Again, Sam« (1972) gezeigt: Einer der Charaktere ist ein Manager, der die meiste Zeit des Tages damit verbringt, seine Sekretärin anzurufen, um ihr mitzuteilen, unter welcher Nummer er telefonisch erreichbar ist und welche Mailbox sie anrufen soll, damit er zwischen den Terminen, in denen er nicht erreichbar ist, abfragen kann, wer ihn erreichen wollte. Der Film ist zu einer Zeit entstanden, in der es noch gar keine Mobiltelefone gab. Und so liefert er einen schönen Beleg dafür, dass wir es bei den Auswirkungen von Technologien immer mit zwei Problemen zu tun haben: Das größere der beiden ist der Mensch, der gerne auf seltsame Ideen kommt und abwegige Verhaltensmuster entwickelt. Sie werden häufig durch seinen Wunsch nach sozialer Anerkennung und Bedeutung getragen. Das kleinere Problem ist dann die Technologie selbst. Sie macht es möglich, dass derartige Verhaltensweisen erleichtert und zur Perfektion getrieben werden. Sie ist Beschleuniger, nicht aber Verursacher.

Dies ist kein Megafon!

Der mobil Telefonierende ist in der Regel in mindestens zwei soziale Beziehungen eingebunden, die er sorgsam koordinieren und abstimmen muss: zum Gesprächspartner am anderen Ende der virtuellen Leitung und zu den Menschen, die in seiner direkten Umgebung physisch präsent sind. Sie können, sollen womöglich gar mithören, was in dem Telefonat geschieht. Eine der Extremformen im Telefonverhalten gegenüber physisch Anwesenden lässt sich im Zug beobachten (ich empfehle besonders die erste Klasse auf der Strecke Hamburg–Berlin): Der erste Satz dort häufig geführter Telefonate lautet regelmäßig »Ich bin im Zug« und ist eine absurde Ausprägung der *situation work*. Der Telefonierende signalisiert damit nämlich, dass er eigentlich gar nicht telefonieren kann und alle sich jetzt schon mal auf das erste Funkloch einstellen sollen, das bestimmt bald kommt. Er telefoniert aber trotzdem und gerne so laut, dass der Soziologe Erving Goffmann daran seine wahre Freude hätte. Weniger wegen der akustischen Umweltverschmutzung, die mit lautem Handyklingeln und penetrant geführten Gesprächen einhergeht. Vielmehr wegen des klaren Belegs für seine These: Menschen neigen beim Telefonieren dazu, zu viel »Lautraum« in Anspruch zu nehmen.[17]

Das wird erst durch das Mobiltelefon zum echten Problem, weil es dem Telefonierenden ermöglicht, seinen »Lautraum« nahezu grenzenlos auszudehnen und in den öffentlichen oder gar den privaten Raum anderer Menschen zu verlagern. Meine »Lieblingssituation« entsteht im Zug dann, wenn nach der Klärung der Situation (»Ich bin im Zug«) und der Ankündigung eines baldigen Funklochs (»Ich rufe dann wieder an!«) lauthals Macht- und Hierarchiegespräche geführt werden. Dabei gibt es verschiedene Ausprägungen: Der Gesprächsteilnehmer am anderen Ende der Verbindung wird entweder heruntergeputzt (»Warum liegt das Excelsheet noch nicht vor?«). Oder der Telefonierende solidarisiert sich mit seinem Gesprächspartner gegen eine unbekannte dritte Person (»Ich habe ja immer gesagt,

Inszenierung der eigenen Wichtigkeit

dass der Müller nichts kann«). Oder die eigene Wichtigkeit wird inszeniert, indem der Zugreisende Organisatorisches mit seinem Sekretariat bespricht – nach dem Motto: »Ich habe so wichtige Dinge im Kopf, ich kann mich wirklich nicht auch noch um den Kleinkram kümmern.«

Es gibt eigentlich inzwischen genug deutliche Hinweise, die diese Form der akustischen Inszenierungsbelästigung unmöglich machen sollten. Kürzlich reiste ich nach einem Vortrag mit dem Thalys von Brüssel nach Köln. Der Zug war zunächst ganz leer, dann stieg eine Vierergruppe ein (zwei Frauen, zwei Männer), die offenbar einen gemeinsamen Termin hinter sich gebracht hatte, aber nicht davon lassen wollte, auch dem Rest der Kollegen jedes Detail dieser offenbar wichtigen Besprechung mobil mitzuteilen. Ich war heilfroh, als der Zug in Köln einfuhr, und hechtete mit meinem Gepäck Richtung Ausstieg. Auf der Glastür, die mir noch den Weg in die auditive Freiheit versperrte, klebte ein riesengroßes Plakat, darauf ein Mobiltelefon: »Ceci n'est pas un mégaphone!« Und der Hinweis: »Danke, dass Sie in den Wagenübergängen telefonieren oder Ihre Stimme dämpfen. Sie tun sich selbst und Ihren Mitreisenden einen Gefallen.« Wenn manche Menschen doch so gut lesen wie telefonieren könnten …

Zunächst unauffällig, aber in rasantem Tempo haben Handy und BlackBerry unser Leben erobert. Sie verändern unseren Alltag und bilden schleichend neue Verhaltensformen aus. Dazu gehört auch, dass die Toleranzgrenzen verschoben werden, die für das eigene Verhalten und für das des jeweils anderen gelten. 1996 wurden Nutzer von Mobiltelefonen dazu befragt, wie sie das Gerät und den eigenen Umgang mit ihm wahrnehmen. Ein Interviewpartner erzählte folgende Geschichte: »Als ich mitten im Supermarkt stand, fing mein Handy an zu klingeln. Ich geriet völlig in Panik, ließ mein Portemonnaie fallen und rannte raus. Ich bin wirklich rot geworden, weil es mir so peinlich war, dass es in aller Öffentlichkeit passiert war …«[18] Das klingt so, als habe man den Erzähler im Supermarkt in flagranti erwischt, und so fühlte er sich auch. Eine solche Reaktion ist heute unvorstellbar.

Klingelnde Handys und brummende BlackBerrys gehören zu unserer alltäglichen Geräuschkulisse, ganz gleich wo wir uns gerade befinden. Wir wundern uns nicht mehr darüber. Allerdings gibt es durchaus die Erwartung, dass der Nutzer sich an seine Umgebung anpasst. Im Restaurant oder im Kino ist das Klingeln unerwünscht. Die Vibrationsfunktion macht es möglich, dennoch eingehende Nachrichten und Anrufe zu identifizieren, auch wenn man das Gerät gerade gar nicht benutzen kann. Besonders eifrige Menschen laufen sogar im spannendsten Moment aus einem Film, um lieber zu telefonieren. Das kann man pathologisch, zumindest aber ungewöhnlich finden. Derjenige, der sich auf den Film, das Konzert oder auch das gute Essen konzentrieren kann und will, macht das nicht. Er muss dann sein Handy eigentlich nicht einmal stumm schalten. Er kann es einfach ausschalten, denn er will ja nicht telefonieren.

In den Zügen der Schweizerischen Bahn gibt es seit einiger Zeit echte Ruheabteile. Sie sind durch ein kleines Klebeschild im Fenster und an den Durchgangstüren markiert, auf denen sich eine imaginäre Person einen Finger vor die Lippen hält: »Sei ruhig«, sagt das Schild. Weil es dafür heute nicht mehr reicht, dass Menschen nicht laut sprechen (das symbolisiert ja der Finger, der die Lippen verschließt), kleben daneben zwei weitere Schilder: Auf dem ersten ist das Mobiltelefon durchgestrichen, auf dem zweiten ein stilisierter MP3-Player mit lauter Musik. Wer häufiger in Schweizer Zügen fährt, kann beobachten, dass viele

Passagiere bewusst dieses Ruheabteil wählen, um lesen, arbeiten oder einfach nachdenken zu können, ohne dabei von einer übermäßigen Geräuschkulisse gestört zu werden.

Auch in diesen Abteilen gilt allerdings: Nicht jeder versteht, worum es geht. Kürzlich fuhr ich vom Flughafen Zürich nach St. Gallen. In Winterthur stiegen zwei Männer zu, die sich im Ruheabteil niederließen, in dem ich bereits saß. Zunächst begann ein mehrere Minuten dauernder lautstarker Aushandlungsprozess um die Verteilung der Sitzplätze (bei zwei Menschen eigentlich keine besonders komplexe Aufgabe). Dann starteten die beiden eine ebenso lautstarke Unterhaltung. Es hat nur kurz gedauert, bis die ersten Passagiere sich beschwerten. Erst böse Blicke, dann böse Worte zwischen den anderen Mitreisenden über die beiden Männer, dann deutliche Worte zu den Männern selbst. Die beiden räumten schließlich das Feld, nicht ohne mit lautem Protest und heftigem Kopfschütteln kundzutun, dass der Rest der Reisebelegschaft wohl nicht alle Tassen im Schrank habe. Das Kuriose an diesem Beispiel ist: In unserer Zeit müssen sich die rechtfertigen und entschuldigen, die Ruhe haben wollen, nicht die Störenfriede.

Die Lösung für diese Konfliktsituationen ist eigentlich einfach: Wir müssen uns in allen Lebensbereichen an gewisse Regeln (Etikette) halten, um ein soziales Miteinander möglich zu machen. So laufe ich ja auch nicht nackt auf der Straße herum. Ich sage anderen nicht immer gleich ins Gesicht, was mir gerade nicht an ihnen passt. Ich lege beim Essen im Restaurant nicht die Füße auf den Tisch. Beim Umgang mit mobilen Kommunikationstechnologien müssen ähnliche Regeln (Netikette) gelten. Sie dienen dem gleichen Zweck: ein kommunikatives Miteinander möglich zu machen. Ich telefoniere deshalb nicht lauthals im öffentlichen Raum. Ich belästige meine Umwelt nicht durch nerviges Handyklingeln (am besten mit den jeweiligen Tophits aus den Musikcharts). Und ich lasse meine Geräte zumindest in der Tasche, wenn ich mit anderen Menschen rede. Das klingt so, als wäre es leicht umzusetzen, ist es aber, wenn man sich umschaut, offenbar nicht.

Der Tanz ums Telefon

Mobile Kommunikation verändert uns und unsere Umwelt nicht nur durch das, *was* gesagt wird, sondern auch dadurch, *wie* es gesagt wird. Meistens werden dadurch alle beteiligten Kommunikationspartner, ob anwesend oder abwesend, in einen größeren sozialen Zusammenhang integriert. Befindet sich ein Mensch in einem direkten Gespräch mit einem anderen Menschen und es klingelt das Handy, so wird er den Anruf vermutlich trotz des laufenden Gesprächs entgegennehmen. Er wird dem Anrufer dann zumindest mitteilen, er könne jetzt gerade nicht telefonieren, werde aber ganz sicher in Kürze zurückrufen.

Ist das eingehende Gespräch so wichtig, dass kein Weg daran vorbeiführt, es just in diesem Moment zu führen, bringt der Telefonierende häufig eine ganze Reihe von nonverbalen Kommunikationssignalen zum Einsatz, die ihn in seiner Kommunikationssituation inszenieren und erklären sollen.[19] Dazu gehört langsames Umhergehen in leicht gebückter Haltung (Hier wird Konzentration verlangt!), eine erhöhte Körperspannung (Es geht um Wichtiges!) und die Abtrennung des eigenen akustischen Raums vom öffentlichen Raum, indem man das Handy an das eine Ohr hält und sich das andere zuhält. Sind Gesprächspartner zugegen, die erwarten, dass das Telefonat bald beendet und das direkte Gespräch wieder aufgenommen wird, fühlt sich der Telefonierende häufig verpflichtet, Gesten der Ungeduld, des Entnervtseins und der Überheblichkeit auf Kosten des Telefonpartners und zugunsten des anwesenden Gesprächspartners zum Einsatz zu bringen. Augenrollen, vorantreibende Bewegungen der freien Hand, die nicht das Telefon hält, oder das schnelle Wippen des Körpers auf beiden Füßen zeigen den Anwesenden: Ich hätte schon längst aufgelegt, wenn sich mein Gesprächspartner am anderen Ende der Verbindung nicht so ausmähren müsste.

Handelt es sich bei den Anwesenden um Menschen, die sich kennen oder befreundet sind, können wir beobachten, dass sie häufig eine ähnliche Körperhaltung einnehmen.[20] Sie korrespondieren physisch mit dem Telefonierenden, obwohl der doch gerade kommunikativ anderweitig verpflichtet ist. Die Hochform des »gestischen Echos« ist dann erreicht, wenn der oder die anderen auch ihr Telefon zücken, obwohl niemand anruft oder sie selbst ein Gespräch zu führen hätten. Der US-Anthropologe Edward T. Hall hat diesen Gedanken schon früh aus seinen Beobachtungen heraus entwickelt und beschreibt diese Synchronizität des menschlichen Verhaltens *(being in sync)* als »Tanz«. »Die Menschen bewegen sich bei Interaktionen gemeinsam in einer Art Tanz, sind sich dabei ihrer synchronen Bewegungen aber nicht bewusst; sie führen sie ohne Musik oder bewusste Orchestrierung aus. Synchron zu sein ist selbst eine Form der Kommunikation.«[21]

Wie beim Tanzen müssen die Menschen sich auch in ihrer Kommunikation miteinander in Beziehung setzen und aufeinander einstellen. Sie müssen sich verständigen, wer wann und wie den vorhandenen Raum nutzt. Sie müssen ihre Bewegungen synchronisieren, um nicht aneinanderzustoßen oder sich diesen Raum gegenseitig streitig zu machen. Und wenn einer aus dem Tritt gerät, ist es bald vorbei mit dem anmutigen Charme des Tanzes. Dann wird daraus ein Gehampel und Getrampel, das in der Interaktion als störend empfunden wird.

Ein kleines Beispiel: An einem Abfluggate haben wir es regelmäßig mit mehreren Menschen zu tun, die mindestens bis zum Aufruf des Boardings noch telefonieren. Beobachten wir, wie diese Menschen sich auf den oft engen Raum verteilen, dann sehen wir, dass die meisten eine geschützte Position wählen und sich mit dem Rücken zur Wand stellen. Wie auf ein geheimes Zeichen sortieren sich die Telefonierenden so, dass jedem genug Platz bleibt und sie sich eigentlich gegenseitig nicht stören dürften. Bewegt sich einer dieser Menschen an die anderen heran, weichen die fast automatisch aus oder zurück. Der Ausnahmefall ist der Telefonierer, der ohne Rücksicht auf körperliche Bedrängnis oder akustische Störung anderer mitten im Raum spricht und sich bewegt. Dadurch geraten alle anderen Beteiligten durcheinander, die Positionierungen im Raum stimmen nicht mehr. Sie werden unverhältnismäßig, und der laut Telefonierende wird zum Störfaktor (und deshalb auch schon einmal wütend angeguckt).

Hall hat sich auch unabhängig von technischen Geräten damit beschäftigt, wie Menschen ihre Umwelt definieren und abgrenzen, wie sie Räume gestalten. In seiner »Proxemik« konnte er nachweisen, dass Menschen abhängig von ihren sozialen Beziehungen unterschiedliche Distanzen zueinander einnehmen.[22] Vier Kategorien unterscheidet Hall: die Intimzone (bis zu 0,5 m), die persönliche Zone (0,5–1,5 m), die soziale Zone (1,5–3,5 m) und die öffentliche Zone, die sich darüber definiert, dass man die Stimme anderer hören kann. Mobiltelefone und andere Kommunikationsgeräte dringen auf unterschiedliche

Weise in diese Zonen ein und verändern sie. So dürfte die Abgrenzung zwischen sozialer und öffentlicher Zone inzwischen schwerfallen, rufen wir uns die oben beschriebene Situation in Erinnerung: Wenn Telefonate aus einer Gruppe heraus geführt werden, die eine soziale Zone für sich konstituiert hat, heben die Telefonate diese Gruppe in die öffentliche Zone.

Ähnliches können wir aus dem Gebrauch von Handykameras ableiten. Sie sind dazu da, Fotos zu machen. Aber wozu werden diese Fotos gemacht? Nicht nur aus dem Grund, dass man die fotografierte Situation konservieren will. Der Akt des Fotografierens spielt eine besondere Rolle, und zwar auch um die Position und Rolle der Person im öffentlichen Raum zu markieren. »Das Fotografieren ist zu einem performativen Akt geworden«, sagt der Fotokünstler Wolfgang Tillmanns: »Man fotografiert, um zu fotografieren, um von anderen beim Akt des Fotografierens gesehen zu werden. Ich sehe darin eine unbewusste Gestik der Kontrolle: Ich besitze die Macht über das Geschehen, ich brauche mich nicht auf ein Erlebtes wirklich einzulassen.«[23] Selbstdefinition, eigene Position zu anderen und der Transfer des eigenen Handelns in einen (virtuellen) öffentlichen Raum, das alles ermöglichen die Kommunikationstechnologien uns heute. Sie sind »indiskrete Technologien«,[24] die Selbst- und Fremdwahrnehmungen sowie eher private und eher öffentliche Räume ineinanderfließen lassen.

Kalte und warme Technologien

Aus diesem Verhältnis zwischen den Handelnden, den technischen Geräten und dem Raum, in dem sie sich bewegen, lassen sich auch zwei Arten von Geräten unterscheiden: Manche sind warm und manche sind kalt.[25] Das hat weniger damit zu tun, dass man (nachweislich durch das »Warmlaufen« des Akkus) vom vielen Telefonieren schon mal heiße Ohren bekommt, als mit der emotionalen und sozialen Bedeutung der einzelnen Geräte. So ist ein MP3-Player zum Beispiel eine »kalte« Technologie. Wer die Kopfhörer aufsetzt und die Musik anstellt, ist zumindest akustisch von der Außenwelt abgeschnitten. Das mag gar nicht Absicht sein, aber die akustische Trennung eines Einzelnen von seiner Umgebung nehmen andere Menschen dennoch wahr. Diese Person agiert anders, weil sie nicht im Strom des Grundrauschens steht, der uns alltäglich umgibt und auf den wir reagieren, wenn auch unbewusst und minimal. Deshalb können wir bei manchen Menschen beobachten, wie sie sich gezielt aus diesem Strom ausklinken. Der MP3-Player und das demonstrative Aufsetzen der Kopfhörer signalisieren einem nervigen Nachbarn im Zug, der übereifrigen Stewardess oder auch der Verkäuferin im Laden, dass man nicht angesprochen werden möchte. In Zeiten der umfassenden Erreichbarkeit verwenden wir die Technologie auch zur Distanzierung, machen uns für gewisse Zeiträume, zumindest akustisch, unerreichbar. Wir wollen in Ruhe gelassen werden. Und das klappt sogar recht gut.

Mobiltelefone, BlackBerrys und Laptops sind in der Regel »warme« Technologien. Mit ihnen lassen sich Verbindungen zwischen Menschen herstellen. Wenn mehrere Jugendliche über ein drahtloses Netzwerk mit ihren Handys kollektive Spiele spielen, ist das ein Beispiel für die sozial aufgeladene Bedeutung, die dem technischen Gerät in dieser Situation zukommt. Gemeinsam Fotos auf dem Handy oder BlackBerry zu betrachten und Klingeltöne auszutauschen, all das zählt zu den Sozialaktivitäten, die mithilfe der mobilen Endgeräte möglich sind. Solche sozialen Beziehungen entstehen nicht nur zwischen Menschen, die gerade am selben Ort sind. Sie können genauso andere, nicht anwesende Personen mit einschließen. Ein typischer Fall dieser Integration Nichtanwesender entsteht, wenn einer oder mehrere sich selbst in der Situation fotografieren, in der sie gerade sind und vielleicht Besonderes erleben, und dieses Foto dann an Dritte versenden. Dabei geht es darum, andere am eigenen sozialen Geschehen teilhaben zu lassen, auch wenn sie nicht dabei sind, und sich selbst in ein übergreifendes soziales Geschehen einzubinden.

Mit dem Laptop ist das ähnlich möglich, nur dass das Gerät größer und weniger handlich ist. In den Frühzeiten der Fernsehforschung hat die Wissenschaft solche Prozesse als »parasoziale Interaktion« bezeichnet.[26] Dabei ging es um die These, dass Menschen mit einem Medium und seinen Inhaltsangeboten (zum Beispiel Seifenopern) in einen quasisozialen Kontakt treten, um damit auch mangelnde Primärkontakte zu Familie und Freunden auszugleichen oder aus dem Alltag zu fliehen.[27] Heute wird zum Teil umgekehrt ein Schuh daraus: Menschen interagieren unter Nutzung der Technik und lassen andere auf Distanz daran teilhaben, damit die nicht auf diese sozialen Kontakte verzichten müssen – auch wenn es eben keine direkten Kontakte sind.

Über die Bewertung dieses Geschehens können wir uns durchaus heftig streiten. Spiele, Fotos und Klingeltöne sind die harmlosen Konstituenten dieser mobilen Interaktion. Es gibt andere Fälle, die einem die Haare zu Berge stehen lassen. Im März 2006 beschlagnahmte die bayerische Polizei 200 Handys in einer Hauptschule im Allgäu. Eine Mutter hatte die Beamten auf die Fährte gesetzt, die dann auch zu einem erschrekkenden Fund führte: Extreme Gewaltdarstellungen und Pornografie waren auf den Chipkarten der Mobiltelefone gespeichert und wurden munter auf dem Schulhof hin und her getauscht.[28] Immer mehr Schulen verbieten Handys während der Schulzeit, ohne dieses Verbot effektiv kontrollieren und durchsetzen zu können.

Wie bei jeder technologischen Entwicklung haben auch die mobilen Kommunikationstechnologien Risiken und laden zum Missbrauch ein. Aber das ist nichts Neues und trifft nicht exklusiv auf sie zu. Mit jeder Technologie verändert sich der Zugriff auf problematische gewalttätige und pornografische Inhalte, zum Teil wird er sicher auch erleichtert. Dennoch gilt: Bei jeder neuen Kommunikationstechnologie haben bislang die positiven Nutzungsmöglichkeiten die des Missbrauchs in den Schatten gestellt. Auch hier haben wir es wieder mit einer zutiefst menschlichen Dimension zu tun. Nicht die Technologie ist schuld an ihrem Missbrauch. Die Menschen sind es, die Entscheidungsfreiheit genießen. Und dazu gehört auch die Freiheit, Fehler zu machen.

Kommunikationssoziopathen

Die Technologien der mobilen Kommunikation verändern Räume, Situationen und Menschen in ihren Beziehungen zueinander. Durch das Mobiltelefon hat sich zum Beispiel in einigen europäischen Ländern das Verhältnis zum Höflichkeitsgebot »Pünktlichkeit« völlig gewandelt. Eine sogar durch wissenschaftliche Studien fundierte Prognose zu unserem Verhältnis zur Zeit lautet: In Zukunft wird der Begriff des Zuspätkommens vollständig aus unserem Verhaltenskodex und den dafür vorhandenen Begrifflichkeiten verschwinden.[29] Die mobilen Kommunikationstechnologien helfen uns allerdings keineswegs, pünktlicher zu werden. Wir kommen genauso oft oder noch öfter zu spät. Aber wir kündigen die Verspätung immer rechtzeitig an: Man ruft eine Viertelstunde vor Beginn eines Termins bei den Gesprächspartnern an, um darüber zu informieren, man werde es leider erst eine halbe Stunde später zur Besprechung schaffen. Wenn dann kein lauter Protest folgt, hat man den Termin virtuell um eine halbe Stunde nach hinten verschoben. Das Handy macht es möglich, aus dem Verspäteten doch noch einen rechtzeitig Kommenden zu machen. Tatsache bleibt: Der Termin wurde nicht eingehalten. Aber weil die anderen darum wissen, erscheint es formal weniger unhöflich.

Auch wenn der Zuspätgekommene, aber rechtzeitig Angekündigte dann endlich eintrifft, ist er nicht zwangsläufig da. Er ist physisch anwesend, aber das heißt noch lange nicht, dass er wirklich mit Aufmerksamkeit und Verstand bei der Situation ist, in der er sich gerade befindet. Unser Konzept des Anwesendseins erfährt eine besonders einschneidende Veränderung durch mobile Technologien, in diesem Fall vornehmlich durch den BlackBerry. Was heißt es, anwesend zu sein? Sich auf die anderen Gesprächs- oder Interaktionspartner einzustellen, sich auf sie und das geführte Gespräch mit einem spezifischen Thema zu konzentrieren und nicht zuzulassen, dass dauernd andere externe Einflüsse diese Konzentration durchbrechen. Solche Situationen sind heute rar geworden. Das ist nicht nur unhöflich, sondern auch schade. Denn es ist ein sehr schönes und befriedigendes Gefühl, sich für einen bestimmten Zeitraum ganz auf eine Situation, ein Thema und einen Menschen konzentrieren zu können. Das setzt Gedanken und Kreativität frei. Es ermöglicht, mit dem anderen tatsächlich eine Ebene der Verständigung zu finden oder Einvernehmen zu erzielen. Und es beschleunigt in der Regel sogar die Suche nach Lösungen. Anwesend zu sein heißt, seine Aufmerksamkeit in einer Situation ganz auf diese Situation zu konzentrieren, mit Kopf und Herz dabei zu sein.

Wie stark körperliche Anwesenheit und geistige Präsenz auseinanderfallen können, habe ich am »eindrucksvollsten« bei einem Fundraising-Dinner in New York erlebt. Die riesige Halle in dem Nobelhotel an der Fifth Avenue war voll besetzt. Etwa 300 Menschen saßen an runden Tischen, an denen ein viergängiges Menü serviert wurde. Und vorne auf der Bühne warb der Vorsitzende der veranstaltenden Organisation dafür, die Gesellschaft zu unterstützen und zu spenden. Ich hatte bis dahin noch nie einen solchen Gegensatz erlebt: Das First-Class-Hotel, das feine Dinner, der Anlass auf der einen Seite. Auf der anderen Seite hörte kaum jemand dem Redner zu. Es waren fast alle mit ihren BlackBerrys beschäftigt. Es ist nicht nur der Eindruck geballter, umfassender Unhöflichkeit, der sich in meiner Erinnerung an diesen Abend festgesetzt hat. Es ist auch ein lächerliches Bild: Erwachsene, gut gekleidete Menschen, die wie Kinder in der Schule unter der Schulbank herumspielen, die Hände unter dem Tisch, den Blick starr gen Boden gerichtet.

Was bei Konferenzen und im beruflichen Umfeld begann, weitet sich längst auf alle Lebensbereiche aus. Das mobile Kommunikationsgerät beansprucht mindestens das gleiche Recht auf Beachtung seines Besitzers wie das persönliche Gespräch. Bei Treffen legen Menschen oft im ersten Schritt ihren BlackBerry (in der Regel auch noch ein separates Handy) vor sich auf den Tisch. Ein bisschen ähnelt eine solche Situation denen an den Tischen der amerikanischen Western-Saloons, die wir aus dem Fernsehen kennen. Da legen die Cowboys ihre Waffen vor sich auf den Tisch, um zu zeigen: »Okay, ich lasse mal kurz mit mir reden, aber wenn du eine falsche Bewegung machst, habe ich das Ding ganz schnell wieder in der Hand und drücke ab.« Heute geht der Subtext anders: »Okay, wir können jetzt hier mal kurz reden, aber wenn du mich mit deinem Gequatsche langweilst, zücke ich mein Telefon, und das war's dann.« Es gibt tatsächlich auch Menschen, die während eines laufenden Gesprächs permanent an ihrem BlackBerry herumhantieren.

Bei solchen Menschen müssen wir feststellen, dass sie nur noch eingeschränkt fähig sind, ihr Sozialverhalten an Bedingungen der Umwelt anzupassen oder mit anderen Menschen abzustimmen. Sie können sich nur noch schwer in andere und deren Kommunikationsbedürfnisse hineinversetzen. Und sie sind auch nicht in der Lage, die Wirkung ihres eigenen Kommunikationsverhaltens auf andere einzuschätzen. Diesen Typus bezeichne ich als Kommunikationssoziopathen. Für ihn zählt nur die eigene Erreichbarkeit, die eigene zentrale Stellung im Kommunikationsnetzwerk. Sie hat oberste Priorität und darf durch nichts gestört oder infrage gestellt werden. Denn der Kommunikationssoziopath leitet seine Identität und Bedeutung konsequent und allein aus seinen technologischen Kommunikationserweiterungen ab. Er ignoriert dafür seine direkte Umwelt, vernachlässigt persönliche Kontakte und Gespräche. Andererseits belästigt er jeden Menschen in seinem direkten oder entfernten Umfeld durch einen Dauerbeschuss mit Informationen und Anforderungen über Handy und BlackBerry. Er ist einer der Urheber der cc-Schwemme kopierter Nachrichten, die jeder vernünftige Mensch sofort in den virtuellen Papierkorb befördert, ohne sie überhaupt zu lesen. Für diesen Typus sind Mobiltelefon und BlackBerry nicht mehr nur Kommunikationsrequisiten, sie sind Wesenskern.

Der Kommunikationssoziopath ist gestört. Er ist nicht mehr

in der Lage, sein Verhalten auf seine soziale Umwelt abzustimmen. Und er empfindet kein Mitleid für die anderen ob ihrer durch ihn verursachten Kommunikationsqualen. Seine Mitmenschen hingegen fühlen sich gestört und gequält. Sie sind genervt und werden mitunter aggressiv. Da der Kommunikationssoziopath rationalen und sozialen Argumenten nicht zugänglich ist, bleibt ihnen keine Wahl: Sie können höchstens zurückquälen.

A rose is a rose is a @—››—››—1: Liebeskommunikation in der Netzwelt

Der *Spiegel* versuchte sich im Frühjahr 2006 in der Analyse des erotischen Zeitgeists und proklamierte: Wir werden alle zu »Maschinisten der Liebe«.[2] Gefühle und Zuwendung gebe es künftig nur noch im Netz, ihr Austausch werde nach den Regeln organisiert, die auch die Warenströme unserer globalisierten Welt koordinieren: Angebot und Nachfrage, Preise und Märkte. Das Wunder der weltweiten Vernetzung werde erkauft mit der Entzauberung einer unserer zentralen Lebens- und Identitätskonstruktionen: Aus der romantischen und körperlichen Liebe werde die »W@re Liebe«. Eine schockierende Nachricht für den echten Romantiker, der noch immer an die Einmaligkeit seines Gegenübers glauben will, an die Erotik von Körper und Geist, an die eine große Liebe des Lebens.

W@re Liebe?

Die These ist provokativ und griffig, sie macht sich gut auf Podien und Konferenzen. Aber stimmt sie auch? Richtig ist: Die menschlichen Beziehungsformen verändern sich. Das hat unter anderem mit dem Internet und den neuen Kontakt- und Kommunikationsmöglichkeiten zu tun. Aber eben nicht nur damit. Wir wissen, dass wir es in modernen Gesellschaften zunehmend mit einer Vielzahl verschiedener Beziehungsformen zu tun haben, die meist zeitlich begrenzt sind. Lebenslange Beziehungen werden immer seltener. Das gilt auch für Beziehungen, die unter dem Begriff »Ehe« firmieren. [3] Ein Forschungsprojekt am Institut für Sexualforschung der Universitätsklinik Hamburg-Eppendorf beschreibt diesen Wandel sehr klar und eindrucksvoll: »Heute ist ein Paar dort, wo zwei Menschen sagen, dass sie eines sind, unabhängig vom Familienstand und unabhängig vom Geschlecht des Partners; und Familie ist dort, wo Kinder sind, unabhängig davon, ob die Eltern verheiratet sind, das Kind in einem oder zwei Haushalten aufziehen oder einer von ihnen allein – oder zusammen mit anderen Partnern.« [4] Über die Dauer der Partnerschaft ist hier nichts gesagt. Wohl auch deshalb, weil auch partnerschaftliche Lebensentwürfe neuen zeitlichen Ordnungsdimensionen unterworfen sind. Wir entscheiden uns heute mehrmals im Leben neu für den Menschen, der uns begleiten will und soll.

Dieser gesellschaftliche Wandel bietet, wie alle einschneidenden Veränderungen, fulminante Ansatzpunkte für kulturpessimistische Untergangsszenarien. Eines davon ist die Dauerklage über die steigende Scheidungsrate – inzwischen gehen mehr als 40 Prozent der Ehen in Deutschland auseinander – und über die mangelnde Bereitschaft, Kinder zu bekommen. Der Bundesverfassungsrichter Udo Di Fabio konstatiert apodiktisch, dass ein »gutes Leben« nur in einer mit Kindern gesegneten Familie gelebt werden kann, und diskreditiert dabei beiläufig alle anderen Lebensformen, die zu unserer postmodernen Gesellschaft unabdingbar dazugehören. [5] Frank Schirrmacher, Herausgeber der *FAZ* und Buchautor, beklagt, dass unsere Kinder »zunehmend ohne Mitverbündete aufwachsen«. [6] Und der Medientheoretiker Norbert Bolz will die Männer im Lendenschurz zurück auf die Jagdpiste schicken, um endlich die alten Rollenmodelle wiederzubeleben. [7]

Auch die Dauerbeschwörung der »Versingelung« unserer

Gesellschaften hält sich beharrlich auf der medialen und öffentlichen Agenda – obwohl die Forschung hier längst klare Hinweise gegeben hat, die zu mehr Achtsamkeit im Umgang mit Schlagworten auffordern, vor allem bei der Ableitung gesellschaftlicher Umbrüche und sozialer Dramen.[8] Als Single zu leben heißt keineswegs, zu vereinsamen oder partnerschaftsunfähig zu sein. Das Singleleben ist oft eine Phase im Übergang zwischen verschiedenen Lebensmodellen innerhalb einer Biografie.

Wir versprechen uns noch immer eine Liebesbeziehung ohne zeitliche Grenze: die große Liebe – auf ewig. Vielleicht braucht der einzelne Mensch die Vorstellung von der lebenslangen Bindung zur Ausbildung der eigenen Identität. Und vielleicht braucht die Gesellschaft diese Vorstellung für den inneren Zusammenhalt. Deshalb verwenden wir dieses Konzept weiterhin als operative Fiktion. Wir erwarten, dass der andere von uns erwartet, die lebenslange Bindung zu wollen. Und wir wollen sie auch wollen. Die wahre Empfindung verlangt nach Grenzenlosigkeit. Der andere unterstellt, dass wir unterstellen, dass er treu ist, und versucht es zumindest zu sein. Die echte Partnerschaft versucht sich im kategorischen Beziehungsimperativ: Tu nur das, was auch der oder die andere zur Maxime seines oder ihres Handelns machen könnte.

Für die neue Debatte über die »W@re Liebe« und das Ende der Gefühle, über die Anonymität der Online-Beziehungen und die Suchtgefahren des Cybersex gilt eine alte Medienweisheit: Nichts fällt leichter als die Zuspitzung. Sie muss aber nicht zwangsläufig helfen zu verstehen, was sich durch die vernetzte Kommunikation tatsächlich in unseren Beziehungswelten verändert. Beziehung, Partnerschaft und Sex sind sensible Themen, auch wenn die Medien in den vergangenen Jahren einiges getan haben, um sie zu popularisieren und zu enttabuisieren. Sie verlangen nach einem behutsamen Umgang. Nur wer genau hinschaut und gewillt ist, Grautöne zuzulassen, kann beurteilen, was sich im Liebes- und Beziehungsnetzwerk der modernen Gesellschaft so tut.

Menschliche Beziehungen haben sich immer schon verändert. Sie entwickeln und wandeln sich ständig. Der Soziologie Norbert Elias schreibt: »Die ›Umstände‹, die sich ändern, sind nichts, was gleichsam von ›außen‹ an den Menschen herankommt; die ›Umstände‹, die sich ändern, sind die Beziehungen zwischen den Menschen selbst.«[9] Damit hatte Elias schon 1939 recht, und es gilt bis heute unvermindert. So wie unsere Beziehungen sich verändern, so ändert sich unsere Gesellschaft, weil sie letztlich aus diesen Beziehungen hervorgeht. Es hat eben nie einen abstrakten Gesellschaftswandel gegeben, der die Menschen mit sich schleift. Sie verändern sich vielmehr, werden neuer Chancen und Lebensformen gewahr und verlangen, diese auch umsetzen zu können. In der Zweierbeziehung ist oft angelegt, was in der Gesellschaft schließlich als Veränderung, als Entwicklungstrend zum Tragen kommt.

Die neue Kommunikationslogik der Liebe

Ein wichtiger Faktor dieses Wandels sind die Kommunikationsbeziehungen in Partnerschaften. Weil Menschen heute anders leben als früher, mobiler sind, weniger klar zwischen Beruf und Freizeit unterscheiden, müssen sie in der Partnerschaft, in Liebesbeziehungen und Freundschaften anders kommunizieren.[10] Art und Intensität dieser Kommunikationen stehen für unterschiedliche Beziehungsstile: den »sicheren«, »ängstlichen«,

»besitzergreifenden« oder »abweisenden« »Bindungsstil«.[11] Wer sich seiner Beziehung sicher ist, wird es kaum problematisch finden, wenn er den anderen einmal nicht erreichen kann. Der besitzergreifende Typus wird erwarten, dass er den anderen immer und überall erreichen kann, und schnell nervös oder eifersüchtig, wenn dies nicht der Fall ist.

Kommunikationsbedürfnisse und -formen werden auch durch Situationen geprägt, in denen die Partner voneinander Unterstützung erhoffen und erwarten, die kommunikativ eingelöst werden muss.[12] Ruft eine Stresssituation Angst oder Einsamkeit hervor oder bahnt sich ein Beziehungskonflikt an, können die Partner dank der notwendigen Kommunikationslogistik heute schnell damit umgehen. Die »Beziehungsarbeit« wird spontan über das Handy, manchmal auch per E-Mail erledigt. Es liegt in der Natur der Kommunikation über räumliche Distanzen, dass auch die Gefahr der Missverständnisse in diesen Situationen wächst. Kommunikationslogistik und Kommunikationslogik sind insbesondere in Beziehungssituationen nicht immer auf dem gleichen Stand. Insgesamt ist es erstaunlich, wie gut sich Menschen die Kommunikationstechnologien zunutze machen und damit zum Teil die Auswirkungen veränderter Beziehungsformen in der modernen Gesellschaft kompensieren. Der Verlust persönlicher Nähe wird durch die in der mobilen Kommunikation suggerierte Nähe ausgeglichen.

Menschen telefonieren sich durch ihre Beziehung, sie mailen sich durch Freud und Leid, vor allem aber simsen sie sich um Herz und Verstand: »Die standardisierten Nutzen-Studien zeigen übereinstimmend, dass die private Kontakt-Pflege durch Grüße, Glückwünsche und Verabredungen eine besonders wichtige Funktion der SMS-Kommunikation darstellt. Insbesondere Flirt- und Liebesgrüße werden in den Umfragen hervorgehoben. [...] Der informelle Austausch mit emotional/expressiv/emphatisch positiver Tönung scheint insgesamt zu dominieren.«[13] Eine Studie mit knapp 500 Teilnehmern in Großbritannien brachte ans Licht, dass 37 Prozent der befragten SMS-Nutzer schon einmal jemandem per Kurzmitteilung »I love you« gesagt hatten, 24 Prozent gaben zu, per SMS zu flirten, und 1 Prozent hatte bereits per SMS einen Heiratsantrag gemacht.[14] Das war im Jahr 2000. Seitdem hat die SMS oder, allgemeiner formuliert, die technisch basierte mobile Kommunikation ihren Siegeszug durch die Beziehungsformen, die erotischen Gedankenwelten und die Schlafzimmer der Nutzer rasant fortgesetzt.

Mit mehr als 25 Milliarden SMS pro Jahr sind die Deutschen europaweit SMS-Meister. Ein Großteil dieser Kurznachrichtenwelle, die über das Land schwappt, dient der Beziehungs- und Kontaktpflege. Die Telekommunikationsanbieter haben sich längst darauf eingestellt, dass Paare auch dann (oder gar umso mehr) kommunizieren, wenn sie nicht zusammen, sondern räumlich getrennt sind, und bieten »Paartarife« an: Von der »CombiCard Relax« (T-Mobile) über die »Zweitkarte« (Vodafone) oder »Partnerkarte« (e-plus) bis zu »Genion Duo« (O_2). Manch ein Anbieter offeriert im »Partnerpaket« eine große Zahl kostenloser SMS, wohl wissend, dass die Kurzmitteilung zur liebsten Kommunikationsform von Paaren und Verliebten gehört.

Gleiches gilt für Internet und E-Mail: Eine Studie der Universität Zürich mit 4110 Teilnehmern in der Schweiz ergab im Jahr 2003, dass 23 Prozent der Befragten über die Online-Kontaktsuche einen Partner fanden und mindestens sechs Monate mit ihm oder ihr zusammen waren. Zwölf Prozent der Mitwirkenden hatten sich nach eigenen Angaben sogar vor dem ersten Treffen allein durch den E-Mail-Kontakt verliebt.[15] In Deutschland gaben im gleichen Jahr bei einer Studie mit mehr als 1000 Teilnehmern von TNS Emnid 41 Prozent an, die Partnersuche via Internet komme für sie infrage. Zwölf Prozent sind regelmäßig zum Flirten im Netz unterwegs. Acht Prozent haben sogar ihren derzeitigen Lebenspartner über das Internet kennengelernt.[16]

Der mobile Flirt

Wir können die SMS ebenso wie die E-Mail als moderne Variante des klassischen Liebesbriefs begreifen.[17] An ihnen schätzen die beteiligten Partner besonders, dass die Liebeskommunikation dialogischer wird, weil der »brieftypische Phasenverzug« ausbleibt.[18] Die Partner können also schneller aufeinander reagieren und sich wechselseitig einander und ihrer gegenseitigen Gefühle vergewissern. Die Liebes-SMS ist einer enormen Dynamik unterworfen. Die Kürze der Nachrichten (ich will immer noch mehr wissen) und die Schnelligkeit ihrer Übermittlung (die Nachrichten sausen hin und her) beflügeln sich wechselseitig und erzeugen einen Kommunikationssog: »… die stete Produktion von Kommunikation bewirkt die dauernde Anreizung der User/Innen zur medienvermittelten Anschlusskommunikation.«[19] Manchmal entsteht beim Gebrauch der Kurzmitteilung ein Hase-und-Igel-Phänomen. Dann trifft die Antwort schon ein, bevor die dazu passende Frage gestellt werden konnte. Und irgendwann verheddern sich die Flirtenden in zu vielen parallel laufenden Themensträngen.

Die einzelne SMS stillt also nicht das Kommunikationsbedürfnis, sondern erzeugt das Bedürfnis nach immer mehr. Diese reflexive Beschleunigung im Austausch von Liebesbotschaften über SMS finden wir in der Regel in der Anfangsphase einer erotischen Liebesbeziehung, in der die (potenziellen) Partner sich noch nicht so gut kennen, sich selten sehen, sich nicht trauen, einander einfach anzurufen, aber durch die SMS dennoch die Möglichkeit haben, jederzeit in Kontakt zu treten. Diese reflexive Beschleunigung in der Kommunikation potenzieller Paare lässt sich im Alltag immer wieder beobachten: Da sieht man sie, wie sie in Trance über die Straße laufen, im Büro oder Café sitzen und manisch, aber mit einem Lächeln auf den Lippen, ihr Handy bearbeiten. Haben die Partner sich erst einmal näher kennen- und lieben gelernt, verschieben sich die Kommunikationsgewohnheiten wieder stärker hin zu einem ausgeglichenen Mix aus Telefonaten, E-Mails, SMS und natürlich persönlichen Gesprächen.

Die Menschen meistern den Medienwechsel innerhalb eines kommunikativen Annäherungsprozesses nahezu spielerisch.[20] In der Regel steht die E-Mail als Form der schriftlichen Kommunikation am Beginn des Kennenlernens. Manchmal entsteht der erste Kontakt auch in einem halböffentlichen Chat und wird dann auf die Ebene der E-Mail transferiert, um eine Privatsphäre für die Kommunikation zu schaffen.

Auf der nächsten Stufe beginnen die Kommunikationspartner, digitale Fotos auszutauschen, um die schriftliche Verständigung durch eine visuelle Komponente zu ergänzen. Der Partner kann sich also ein Bild machen, aber die Steuerung dieses Bildes bleibt in den Händen des anderen. Er oder sie sitzt gelegentlich Stunden vor dem Rechner, um die eigenen Bilddateien zu durchforsten, damit das *eine* optimale und alles aussagende Foto gefunden wird, das dem anderen dann im Anhang einer E-Mail übermittelt wird. Der muss wissen, was er da bekommt: ein Bild als Selbstbeschreibung des Kommunikationspartners, das zeigt, was der in sich und an sich sehen will. Gelegentlich entsteht ein Überraschungseffekt, wenn die beiden sich dann nach weiteren Zwischenschritten zum ersten Mal in der wirklichen Welt gegenüberstehen: Weil der andere real so ganz anders aussieht als auf dem Foto. Das ist nämlich durch die Wahl der Perspektive, des Ausschnitts oder auch der mannigfaltigen Bearbeitungsinstrumente von Photoshop zu einem konstruktivistischen Objekt geworden.

Ein für viele schwerer nächster Schritt ist der dann folgende Wechsel vom visuellen zum audiophilen Kennenlernen. Anders gesagt: Miteinander zu telefonieren ist eine echte Herausforderung. Beide Kommunikationspartner geben in diesem Augenblick einen größeren Teil ihrer wahren Identität und Persönlichkeit preis. Wie klingt die Stimme des anderen? Wie spricht er? Hat er erzählerischen Charme, oder holzt er die Sätze durchs Telefon? Ist er bereit, etwas von sich preiszugeben, oder beginnt jeder Satz mit »Man müsste, könnte …«?

Lange Telefonate sind in der Regel die Voraussetzung dafür, dass die Partner den virtuellen Raum verlassen und sich zu einem realen Kontakt verabreden. Das muss allerdings nicht immer das Ergebnis sein. Viele Online-Beziehungen verbleiben auf der ursprünglichen medialen Plattform und verzichten zum Teil sogar auf das Telefonieren. Warum das so ist? Weil die einmal vollzogene Kontaktaufnahme in der realen Welt den Schritt zurück in die distanzwahrende Welt der medialen Beziehung unmöglich macht. Er kam, sah und siegte – oder eben nicht. Wenn nicht, ist alles hin, der Reiz, die Erotik, das permanente Versprechen eines Mehr, das noch kommen könnte. Wer sich einmal gesehen hat, kann diese Erfahrung nie wieder aus seinem Gedächtnis löschen – im Guten wie im Schlechten.

Manch einer entscheidet sich dann doch lieber, auf der Ebene des virtuellen Versprechens zu verweilen. Sie kann sehr anregend sein - und vor realer Enttäuschung bewahren. Manch einer strebt die Nestwärme einer Beziehung im realen Leben gar nicht erst an - weil er womöglich längst einen festen Partner hat - und beschränkt sich bewusst auf die Netzwärme oder die Hitze des digitalen Flirts.

Die SMS begleitet die anderen Medien auf allen Kontaktstufen. Sie sorgt dafür, dass die Kommunikationspartner auch in Kontakt bleiben können, wenn sie unterwegs sind, gerade nicht am Rechner sitzen oder sich in einer Situation befinden, in der andere von den kommunikativen Anbahnungen möglichst nichts mitbekommen sollen – was bereits die virtuelle Vorbereitung zum Seitensprung sein kann; doch dazu im nächsten Kapitel mehr. Für eine Liebesbeziehung gilt inzwischen, dass die Kurzmitteilung über Handy in allen Phasen zur kommunikativen Konstituenten wird: »Beziehungen werden oft über eine SMS hergestellt, via SMS weitergeführt und in manchen Fällen mittels einer SMS auch wieder beendet.«[21]

Kommunikationsparadoxien

Die Eroberung unterschiedlicher medialer Kontaktplattformen in der Phase der Anbahnung einer Beziehung offenbart ein paradoxes Phänomen: Die Kommunikation kann ihre Intimität und Offenheit verlieren, je näher die Partner einem realen und direkten Kontakt kommen. Das jeweils zwischengeschaltete Medium schafft Distanz und Unabhängigkeit, zwei Voraussetzungen, die es den Kommunikationspartnern erlauben, vieles von sich zu offenbaren, das im wirklichen Leben und in einer wirklichen Partnerschaft zunächst ungesagt bleiben soll oder bleiben muss. In der Distanzkommunikation spielen manche

Dinge kaum eine Rolle: zum Beispiel die Tabus, an denen wir uns im realen Leben orientieren, oder auch die Schüchternheit, die uns davon abhält, dem anderen immer alles zu sagen.

Am stärksten und schnellsten erzeugt die E-Mail in virtuellen Beziehungen Nähe. Anders als die SMS verlangt sie nicht, dass der Schreibende sich kurz fasst, sondern lässt längere Texte, tiefer gehende und kontextreiche Überlegungen zu und kann durch Attachments (Texte, Fotos, Grafiken) angereichert werden. E-Mails werden als Medien der Liebeskommunikation auch nicht so schnell wechselseitig ausgetauscht, wie das bei Kurzmitteilungen über das Handy der Fall ist. Dadurch entsteht in der E-Mail-Kommunikation zwischen zwei Menschen, die sich eigentlich überhaupt nicht kennen, zuweilen das Problem einer unverhältnismäßigen Intimität. Sie flirten, sagen sich Dinge, die sie sich nie so ins Gesicht sagen würden. Sie beschreiben Situationen, die so vermutlich nie ausgelebt werden. Genau darum aber sind die Wünsche, Bedürfnisse und erträumten Situationen beschreibbar und kommunizierbar: *weil* sie nicht ausgelebt werden können und sollen. Das Wissen um die Unerfüllbarkeit dieser Intimität in der wirklichen Welt erzeugt das Glück der intimen Kommunikation in der virtuellen Welt. Das eine geht nicht ohne das andere. Führen die Kommunikationspartner beide Welten zusammen, ist das Ende oft schnell erreicht. In selteneren Fällen beginnt dann etwas Neues, das Freundschaft oder Liebe wird.

Auch reale, bereits bestehende Beziehungen verändern sich durch ihre Kommunikationsformen. Weil eine Paarbeziehung heute nicht mehr automatisch die gemeinsame Wohnung, den gleichen Arbeitsrhythmus und eine Mehrzahl gemeinsam verbrachter Abende in der Woche bedeutet, müssen die Menschen umdenken und anders kommunizieren. Wichtig bleibt die permanente wechselseitige Vergewisserung des gegenseitigen Wohlwollens, der Zughörigkeit und Zuneigung. Die Freiheit, die uns die Entkoppelung der Liebe von der pragmatischen Alltagsbewältigung gebracht hat, führt nämlich auch zu Ungewissheit und Verunsicherung. Der britische Soziologe Anthony Giddens bezeichnet unsere modernen Paarbeziehungen als »pure relationships«.[22] Sie sind keine Zweckgemeinschaften mehr, in denen sich Individuen aus praktischer Notwendigkeit oder gar aus Gründen der Überlebenserleichterung zusammentun. Sie sind einfach da, weil wir es so wollen, weil die Emotionen und die Erotik den Menschen in eine Beziehung hineintreiben, in der er oder sie dann mehr oder minder lange verweilt. Solche Beziehungen können gelingen oder auch nicht. Damit sie gelingen, brauchen wir die Kommunikation.

»Mein Akku schmiert ab«

Zu diesen Formen der Versicherungs- und Vergewisserungskommunikation gehören die Rituale, die viele Menschen aus ihrem eigenen Leben kennen. »Guten Morgen«- oder »Gute Nacht«-Grüße per E-Mail oder SMS signalisieren dem Partner: Ich bin noch da, alles ist in Ordnung, ich stehe jetzt wie immer auf oder gehe ins Bett und denke an dich. Irgendwann wird die ritualisierte mobile Kommunikation Bestandteil des Alltags, selbst wenn die Partner nicht räumlich getrennt sind. Das lässt sich beispielsweise in Konfliktsituationen beobachten. Gerade Paare, die oft getrennt sind, meinen, sie müssten die wenige gemeinsame Zeit in vollkommener Harmonie verbringen. Konflikte werden aufgespart und weggedrückt. Natürlich kann das nicht funktionieren, und so streiten sich die zwei, obwohl sie eigentlich eine kurze, aber gute Zeit miteinander haben wollen. Bei solchen Paaren sind die Konfliktlösungsmechanismen nicht so ausgeprägt und eingeübt wie bei Menschen, die tagtäglich miteinander leben und umgehen müssen. So sitzen die beiden beispielsweise in demselben Zimmer, ohne miteinander reden oder aufeinander zugehen zu können. Leichter fällt es in einer solchen Situation, die Konfliktlösung über ein zwischengeschaltetes Medium zu suchen. Einer der beiden schickt eine SMS an den anderen, der keine drei Meter entfernt ist: »Wieder lieb?« Wenn der andere dann lachen muss, ist das Eis gebrochen.

Medien und Technologien sind aber nicht nur Konfliktlöser, sie können auch Konfliktverursacher sein und Distanzierung zwischen zwei Menschen bewirken. Es gibt Paare, die stellen irgendwann fest, dass sie zusammen schlafen, zusammen essen, zusammen leben, aber nicht gleichzeitig telefonieren können. Bei einem Paar aus meinem Bekanntenkreis äußert sich dieses Problem der Telefonkonkurrenz in der Partnerschaft meist im Taxi auf dem Weg zum Flughafen. Schon bevor beide ins Taxi einsteigen, verlangt er von ihr, sie möge nun bitte ihr Handy ausmachen, denn es könne ja sein, dass er angerufen werde, und dann störe es, wenn sie gerade telefoniere. Sie denkt natürlich gar nicht daran, das Telefon abzuschalten, hat sie doch das gleiche Recht wie er, auf dem Weg in den gemeinsamen Urlaub noch angerufen zu werden oder selbst zu telefonieren. Wenn sie dann wirklich ein Gespräch führt und sein Handy unglücklicherweise ebenfalls klingelt, gibt es Krach. Die beiden haben sich eines Tages entschieden, von nun an immer in getrennten Taxis zum Flughafen zu fahren.

In bestehenden, etablierten Beziehungen lassen die Kommunikationstechnologien es ebenfalls zu, Distanz zu schaffen zwischen Menschen, die sich sehr nahe stehen. Dazu wird der Weg über eine Ausweichkommunikation gewählt. Das eigentliche Anliegen, jetzt einfach einmal in Ruhe gelassen zu werden, kann man so klar nicht formulieren, es wäre ein Affront gegen den Partner. Also nutzen wir die Möglichkeiten der Technik, um uns kommunikativ abzukoppeln. »Mein Akku schmiert ab« ist ein beliebter Satz, der – per SMS übermittelt – klarmacht: Hier ist jetzt Sendepause. Gleichzeitig entledigt der Absender sich der Verantwortung für die Kommunikationsunterbrechung: Die Technik ist schuld. Die Menschen nutzen die Möglichkeiten der Kommunikationstechnologien sehr kreativ. Sie wissen sie in der Regel gut und richtig einzusetzen und schaffen sich mit ihrer Hilfe kleine Freiräume, ohne den anderen zu verletzen. Der Beziehungsalltag lässt sich auf diesem Wege gut gestalten, auch wenn die Partner wenig Zeit miteinander verbringen können. Diese Zeit ist dann der persönlichen, intimen Kommunikation vorbehalten.

Hat man die Liebe gefunden, läuft ein fast altmodisches Medium zu neuer Form auf: der Liebesbrief. Ob mit der Hand geschrieben oder auch mithilfe des Computers, wird er von Paaren als besonders wertvolle Ressource der Liebeskommunikati-

on eingestuft.[23] Ein Beleg dafür, dass ältere Medien den kulturellen und technischen Wandel unserer Gesellschaft überleben, aber eine jeweils neue Form und Funktion erhalten. Und das ist manchmal mit besonderer Wertschätzung verbunden. Es soll ja heute noch Menschen geben, die ihre Liebesbotschaften in Baumrinden einritzen. Die coolere Variante ist das Graffito an der Autobahnbrücke: »Melanie, ich liebe dich«. Oder der unten abgebildete Heiratsantrag auf der Mülltonne.

Generell gilt: Das Ausmaß der eigenen kommunikativen Vernetzung bestimmt das Selbstwertgefühl und signalisiert uns auch die Wertschätzung anderer. Ein Flirt oder eine wie auch immer geartete Beziehung im Netz ist Ausdruck eines quantitativen Verhältnisses von Angebot und Nachfrage, das sich zum Beispiel in empfangenen und gesendeten SMS und E-Mails bemisst. Nur wer erreichbar und gefragt ist, ist auch wer. Gerade Jugendliche bestimmen anhand der Zahl der erhaltenen SMS, wie beliebt sie sind.[24] Liebespaare in der virtuellen Welt leiten die Qualität ihrer Beziehung nicht zuletzt aus der Zahl ausgetauschter E-Mails ab.[25] Deshalb fällt es der oder dem Verliebten auch so schwer, sich vom Netz zu lösen, und sei es nur für kurze Zeit. Der Klick auf das Symbol für »Posteingang« (»Hat er oder sie sich gemeldet?«) wird für manchen zum Überlebensakt.

Online-Matching

Die Kontaktanbahnung ist durch die neuen Technologien und Kommunikationsformen nicht grundlegend revolutioniert worden. Seit Jahrhunderten tragen Menschen ihr Gesicht, ihre Haut und ihre Persönlichkeit zu Markte, um sozial und sexuell Anschluss zu finden. Getrieben oder beflügelt vom

Wunsch nach einer Partnerschaft, nach Romantik und Leidenschaft. Manche Menschen haben das große Glück, sich diesen Wunsch irgendwann erfüllen zu können. Bei manchen gelingt das beinahe zufällig. Bei anderen scheinbar nie. Deshalb suchen Menschen externe Hilfe in der Kontaktanbahnung. Sie geben Kontaktanzeigen auf, seit es Druckwerke und Zeitungen gibt. Oder sie engagieren eine Partnervermittlungsagentur, eine dieser Institutionen, die noch heute mit Zeitungsanzeigen (»Liebe ist kein Zufall!«) werben, auf denen mittelalte Frauen mit sehr geföhntem Haar und sehr viel Schmuck zu sehen sind. Diese Agenturen versprechen Seriosität, das große Glück, ein wissenschaftlich geprüftes »Matching« (das heißt, dass Paare auch ganz sicher zusammenpassen) und warten zuweilen sogar mit TÜV-Siegel auf. Wer sich keinesfalls in die Niederungen eines profanen Hilfegesuchs begeben will, wählt elitär: eine Vermittlung für »Singles mit Niveau«.

Nun wissen wir: Geld macht nicht klug, und Klugheit macht nicht reich. Und beides macht nicht unbedingt glücklich. Die medialen Formen und Funktionen der Kontaktanbahnung sind ein eindrucksvoller Spiegel des gesellschaftlichen Wandels.[26] Sie reflektieren auch, wie sich die Wünsche der Partnersuchenden verändern. Sie sind der Stoff für die Träume, für Identifikation und Abgrenzung der Beobachtenden: »Die Mehrzahl der Leser von Kontaktanzeigen [...] ist keineswegs nur an Kontakten zu den Inserenten interessiert, sondern auch oder besser: vor allem an der Lektüre dieses authentischen, aber dennoch literarischen Kaleidoskops von Glück und Leid, von Hoffnungen und Enttäuschungen, diesen Karikaturen des Erfolgs und des Scheiterns, dieser Versprechen auf Wohlstand und Erfüllung.«[27]

Daran hat sich bis heute nichts geändert. Was es früher nur in gedruckter Form gab, gibt es jetzt in verschiedenster Ausführung im Internet. Geben wir beim Suchdienst Google den Begriff »Kontaktanzeigen« in die Suchmaske ein, liefert Google uns etwa 11 000 einschlägige Angebote im Netz, viele davon mit ganz ähnlicher Form und Funktion, wie wir es von der Partnersuche auf anderen medialen Plattformen kennen. Allein die schiere Zahl der Angebote offeriert einen Liebes-, Sex- und Partnermarkt im Netz, wie es ihn zuvor nie gegeben hat. Der Einsame und Bindungswillige hat die Qual der Wahl. Die wird ihm oder ihr im Netz so leicht gemacht, wie dies mit der Kontaktanzeige in der Zeitung nie möglich war. Jedenfalls technisch. Im Übrigen bleibt die Suche nach dem Liebesglück unvermindert schwierig, wie mir eine Recherche zeigte.

Auf einer regionalen Partnerschaftssuchseite aus Baden-Württemberg stoße ich auf folgende Anzeige: »Du solltest mir ein Haus, Pferd, Boot und ein Herz bieten können.« Aha, materielle Dinge sind also in der gesuchten Paarbeziehung noch immer von größter Wichtigkeit. Immerhin hat die Suchende auch das Herz nicht vergessen. Weiter geht es: »Chemie, Anatomie, Biologie ist Voraussetzung«. Wenn die Suchende nicht Lehrerin ist und nach dem Partner mit identischer Fächerkombination fahndet, meint sie vielleicht: Du sollst einen gut ausgestatteten Körper haben, und die Chemie zwischen uns muss stimmen. Wer weiß das schon? Um mehr zu wissen, müsste ich anrufen. Davon hält mich der letzte Satz ab: »Meine schlechte Eigenschaft: Du brauchst Nerven aus Stahl.«

Im Selbstversuch taste ich mich weiter an diesen Markt für das ganz besondere »Humankapital« heran: »Elitepartner.de« preist sich bei der Google-Suche nach »Kontaktanzeigen« an erster Stelle als »seriös« an und hat zu 67 Prozent Akademiker als Kunden. In der Hoffnung, gleich einige Kontaktanzeigen zu Gesicht zu bekommen, entere ich die Seite, stelle aber wiederum fest: Aller Anfang ist schwer, auch im Netz. Damit das »Matching« funktionieren kann, muss ich erst einmal einen umfänglichen »Personality-Test« überstehen, der allen anderen dann einschlägige Hinweise gibt, ob ich die Richtige sein könnte. Ich klicke mich also durch eine endlose Serie von Fragebogen hindurch, in denen ich romantische Bilder gut oder schlecht finden soll, mein Traumhaus wähle, meinen Lebensstil – und schließlich auch mich selbst – beschreibe.

Der nächste Punkt lautet: »In Beziehungen hat man schon von mir behauptet, ich sei ein wenig ›besitzergreifend‹ oder ›klammernd‹«. Das soll ich nun auf einer Skala von eins bis sieben bewerten. Ich konzentriere mich auf meine zurückliegenden Beziehungen. Hat da schon mal jemand so was behauptet? Kann ich mich daran noch erinnern? Würde ich es zugeben wollen, wenn es so wäre? Und: Was soll ein Interessent damit anfangen, wenn er das von mir weiß? Will er selbst klammern, findet er das prima. Wenn nicht, klickt er mich weg und verpasst all die anderen guten Eigenschaften, die ich habe. Und berücksichtigt das »Matching« überhaupt die unterschiedlichen Konstellationen, aus denen Partnerschaften werden können? Suche ich mein Pendant, das Gleiche, Ebenbürtige, das zu mir passt, weil es so ist, wie ich bin? Oder suche ich mein Gegenstück, den anderen, der mich herausfordert, die weißen Flecken meiner Lebens- und Erfahrungswelten füllen kann und mir Alternativen zu mir selbst bietet?

Darüber, wie sich Partnerkonstellationen über das Internet bilden, wissen wir wenig. Aber vermuten kann man: Das Netz arbeitet auch in der Vermittlung von Kontakten auf Basis des Algorithmus als Handlungsvorschrift zur Lösung eines Problems in endlich vielen Schritten. Beim Ergebnis ist der Algorithmus deterministisch, Zufälle sind ausgeschlossen. Die menschliche

Partnerschaft lebt aber von diesen Zufällen. Fast jeder Mensch hat in seinem Leben schon einmal die Erfahrung gemacht, dass er jemand kennengelernt hat, der Freund oder Partner geworden ist, ohne dass man sich das bei genauerem Hinsehen hätte vorstellen oder erklären können. Da passte anscheinend nichts, und doch war die Anziehungskraft zu groß, um diesen Menschen ziehen zu lassen. Im Netz sind ungleiche Paare unwahrscheinlich. Wir matchen, was passt, weil wir das, was nicht passt, gar nicht matchen können.

In meinem Selbstversuch komme ich bei der 72. Frage des Persönlichkeits- und Partnerschaftstests nicht weiter, und viele andere waren auch nicht leichter zu beantworten. Offensichtlich neige ich dazu, in Liebesdingen zu viel zu analysieren. So komplex die Such- und Findemöglichkeiten im Netz durch die Interaktivität geworden sind, so kompliziert sind sie auch. Und so bin ich erleichtert, dass ich gar nicht auf der Suche, sondern nur zu Recherchezwecken im Universum der digitalen Partnerschaftsanbahnung unterwegs bin.

Die ganz normale Unwahrscheinlichkeit

Die neuen Technologien und die Möglichkeiten der Vernetzung über das Internet setzen nicht die komplexen und sensiblen Prozesse des Suchens und Findens in Sex- oder Liebesbeziehungen außer Kraft. Sie vereinfachen den Einstieg in die Suche, nicht hingegen die Erfüllung. Wer nicht gleich mit der Tür ins Bett fallen will, muss sich im Netz ebenso um den oder die anderen bemühen wie im wirklichen Leben. Dazu sind emotionale Intelligenz und Selbstbeschränkung nötig. Es bedarf detektivischer Fähigkeiten, um zu ermitteln, wer von den vielen Nacht- und

Netzschwärmern tatsächlich wie viel Interesse an welcher Form des Kontakts hat. Eben weil das Internet zunächst Anonymität gewährt, kann man nie genau wissen, mit wem man es am anderen Ende der Datenleitung zu tun hat und welche Absichten die Person tatsächlich hegt. Schließlich ist die große Zahl der Angebote (und der ergebnis- oder erfolglosen Kontaktsuchen) dazu angetan, beim Suchenden erheblichen Frust aufkommen zu lassen.

Das Internet bietet uns einen enormen Zuwachs an Möglichkeiten, die Suche zu beginnen und vielleicht auch fündig zu werden. Doch die technische Weiterentwicklung der interaktiven Kommunikation bewirkt keine Revolution der Gefühle und Leidenschaften. Wer individuell als Person unerreichbar ist, wer sich nicht öffnen und binden will, der wird das auch nicht im Netz tun. Wer willig ist, kann am Monitor suchen, bis die Augen schmerzen, aber er muss nicht fündig werden. Und wer fündig wird, kann nicht darauf bauen, dass der Fund sich »realisiert« und zum Lebensbegleiter wird. Es geht in den zwischenmenschlichen Beziehungen ja nicht nur darum, dass wir selbst eine Wahl treffen. Wir müssen auch gewählt werden.

Botho Strauß beschreibt in *Paare, Passanten*, wie er eine frühere Geliebte im Vorbeigehen von der Seite flüchtig erblickt, die der ähnelt (ist sie es?), die er in Griechenland hatte. Und dann schimpft er über die »verfluchte Passantenwelt«, die Vertrautes wieder in Fremdes verwandelt (und umgekehrt).[28] Im Internet geht diese Verwandlung noch leichter. Potenzielle Partner ziehen als virtuelle Passanten vor unseren Augen vorbei. Manche bleiben für eine Zeit in unserem Netzwerk hängen. Andere nicht. Und manchmal entsteigt einer dem Netz und findet den Weg in die wirkliche Welt und in eine gemeinsame Lebenszeit. Lust und Liebe bleiben, was sie immer waren: volatil.

Sie sind als Konstanten der Unsicherheit Teil unseres Lebens, im Wirklichen wie im Virtuellen. Der Soziologe Niklas Luhmann hat treffend bemerkt, »dass Liebe nicht nur eine Anomalie ist, sondern eine ganz normale Unwahrscheinlichkeit«.[29] Das »ganz normale Chaos der Liebe« findet auch im Netz keine neue Ordnung, die die Verbindung zwischen Suchen und Finden verkürzt und zwangsläufig zum Erfolg führt. Aber es birgt immer neue Hoffnungen und hält die Suchenden bei der Stange. Daran wirken wir selbst ebenso mit wie alle anderen, die daran teilhaben wollen, und sei es, um per Matching ein Geschäft daraus zu machen. »Der Gott der Privatheit ist die Liebe. [...] Die Romantik hat gesiegt, [... die Vermittler] kassieren. [...] Ich und noch einmal ich und als Erfüllungsgehilfe Du. Und wenn nicht Du, dann Du.«[30]

Das vibrierende Ich: Nackt im Netz ohne die Grenzen des Privaten

Den Zusammenhang zwischen Mobilkommunikation und erotischen Abenteuern führt uns das Handywörterbuch T9 unaufgefordert vor: Wenn ich das Wort »Affäre« als SMS eintippe, steht auf dem Display zunächst »Bedarf«. Es braucht nur einen weiteren Tastendruck, um die Umschaltfunktion zwischen verschiedenen gespeicherten Worten zu aktivieren. Und schon erscheint die »Affäre« auf dem Display (genauso funktioniert es übrigens bei den Worten »Sport« und »Prost«). In diesem Fall präsentiert sich das Telefon also nicht nur als technisch, sondern auch als semantisch kompetent. Wo es eine Affäre gibt, da ist auch ein Bedarf. Oder wo ein Bedarf vorhanden ist, da kann leicht eine Affäre entstehen. Bei der Umwandlung eines Bedarfs in eine Affäre benötigen wir im wirklichen Leben allerdings immer noch mehr als einen Tastendruck. Die Kommunikationstechnologien sind da behänder.

eBay für Menschen

Den meisten, die im Netz unterwegs sind, geht es vermutlich nicht gleich darum, die Liebe des Lebens zu finden. Ein großer Teil der Kontaktsuche und -anbahnung zielt auf den elektronischen Flirt oder die virtuelle respektive reale Affäre. Das vibrierende Ich ist auf der Suche nach dem neuen Kick im Netz, der virtuell bleiben (»klick mich«) oder real werden (»fick mich«) kann. Das Internet bietet die Möglichkeit und liefert zuweilen auch die Kompetenz zum Seitensprung. Web-Angebote wie »FirstAffair«, »LovePoint« oder »Meet2Cheet« bieten »schnelle Bekanntschaften«, »Sextreff-Portale« und Sexcams, mithilfe derer wir beobachten können, wie Menschen sich mehr oder weniger professionell und ansehnlich vor einer Digicam räkeln, um damit den Initialreiz für mehr zu setzen.

Die Semantik im Netz spiegelt beim genauen Blick auch die moralische Frage wider, die zu allen Zeiten mit dem Verhältnis von Treue und Untreue verbunden war: So gibt es im angloamerikanischen Raum zwei fast gleichlautende, aber signifikant unterschiedliche Websites, die Untreue trotz Bindung anpreisen: Yahoo! hat das Portal »Married*and*flirting« im Angebot, das schon durch die URL signalisiert: Heute ist es normal, wenn man verheiratet oder anderweitig gebunden ist und gleichzeitig den Flirt im Netz sucht – oder auch mehr. Der erste Blick auf die Website verrät unmissverständlich, dass es vor allem um das Mehr geht. Microsoft konstatiert mit der Website »Married*but*flirting«, dass es sich bei dem beziehungsauswärtigen Kontakt zumindest um ein »Aber« oder ein »Trotz« handelt. Die Seite ist dementsprechend zurückhaltender gestaltet, und es bedarf einiger zusätzlicher Klicks, um auf die einschlägigen Angebote zu kommen.

Die kann man einfacher haben: Für die reine Fleischbeschau mit entsprechenden Kontaktmöglichkeiten hat zum Beispiel »poppen.de« 1,1 Millionen Mitglieder im Angebot für den virtuellen Reigen, die sich unter anderem Namen geben wie »Beruehremich«, »geilespferd«, »DieSuende« oder »mausfick25«. Angesichts dieser kruden Direktheit finde ich es als Beobachterin geradezu erleichternd, dass es auch Menschen gibt, die sich auf dieser Seite beispielsweise als »moppel_ich« präsentieren.

Das Internet als mediale Plattform der Verkuppelung ist ein

eBay für Menschen. Sie machen sich selbst zum Angebot, preisen sich an auf den zahlreichen Websites mit Foto, Jahrgang und warengleicher Beschreibung, um entsprechende Nachfrage hervorzurufen. Inzwischen werden diverse körperliche Dienstleistungen auch längst nach dem Auktionsprinzip meistbietend versteigert (dass das Gebot dabei teils bei einem Euro startet, lässt mich etwas ratlos zurück mit der Frage, welche Wertvorstellungen manche Menschen von sich selbst und ihrem Körper haben). Die »genitale Digitalisierung«[1] nimmt ihren Lauf.

Sexuelle Verwirrung

Dabei ist doch recht unklar, um was es sich da eigentlich handelt, was das Netz tatsächlich bietet und was ein großer Teil der Surfer gerne nutzt. »Das Internet wird bald die meistgenutzte Plattform der Untreue werden, wenn es das nicht längst ist«, sagt die Pädagogin Beatriz Mileham von der Universität Florida.[2] Unter »Untreue« verstehen die Nutzer allerdings Unterschiedliches.[3] Einer niederländischen Untersuchung unter fast 11 000 Jugendlichen zufolge hatten ein Viertel der Jungen und 20 Prozent der Mädchen nach eigenen Angaben in jüngster Zeit Cybersex im Sinne einer sexuellen Interaktion durch den Austausch von Bildern und Texten.[4]

Bei dem US-Schriftsteller William Gibson, der den Begriff »Cybersex« in den achtziger Jahren mit seiner Zukunftsromantrilogie *Neuromancer* erfunden hat, geht es allerdings um mehr als den virtuellen Flirt. Der Autor steckt seine Protagonisten in hautenge, verkabelte und mit Sensoren und Vibratoren ausgestattete Anzüge, die eine reale interaktive Stimulation und Reizübertragung möglich machen. So weit sind wir heute noch nicht. Wer real stimuliert werden will, muss raus aus dem Netz und rein ins wahre Leben.

Was aber treiben die Akteure mit ihrem Austausch von Intimitäten im Netz? Eine Befragung der Universität Florida zeigt, dass Menschen es dort mit der Untreue nicht so genau nehmen. Dreiundachtzig Prozent der befragten Nutzer von Flirtsites gaben an, dass sie nicht fremdgehen, 17 Prozent empfanden das eigene Tun als schwache Form der Untreue, die sich leicht rechtfertigen lässt.[5]

Eine Erzählung des Schriftstellers Thomas Melle beschreibt eindrücklich, wie weit die Verwirrung zwischen realer und virtueller Lust- und Liebeswelt gehen kann.[6] Susanne lebt in Deutschland, ihr Freund Andreas berufsbedingt in Brasilien. Sie chatten oft nachts – die einzige Möglichkeit, sich intensiver auszutauschen, über Zeitzonen und Tausende von Kilometern hinweg. Weil es immer wieder Probleme mit der Technik gibt, müssen sie gelegentlich in einen öffentlichen Chatroom wechseln, um zu kommunizieren. Eines Nachts sucht Susanne Andreas, aber er ist nicht da. Sie verbringt eine Nacht mit viel Alkohol, wirren Träumen, vor allem aber einer Reihe von Chat-Bekanntschaften, die ihr eindeutige Angebote machen. Andreas bleibt verschwunden. Susanne hat Sex in dieser Nacht, mit Ernesto aus Peru. Sie weiß nicht, wer das wirklich ist, und natürlich wird er sie in dieser Nacht nie berühren. Das tut sie selbst, inspiriert durch den erotischen Chat. Am nächsten Morgen ruft Andreas endlich an. »Ich habe dich betrogen«, sagt Susanne wie aus dem Nichts heraus ins Telefon. Stille. »Ich dich auch«, gibt Andreas zurück. Hektische Gesprächsfetzen aus Erklärungen und Entschuldigungen wechseln einander ab. Schließlich sagt Susanne: »Ich habe dich gar nicht betrogen.« »Ich dich auch nicht«, erwidert Andreas. Am Ende der Erzählung bleibt der Leser ebenso im Unklaren wie die beiden Protagonisten selbst: War da was? Und wenn ja: Was war da?

Die neuen Kommunikationsformen öffnen das Feld für Missverständnisse und Fehlinterpretationen. Eine Bekannte von mir schrieb eine SMS, die eigentlich an ihre beste Freundin gehen sollte. Sie schrieb ohne Anrede: »Habe heute Nacht von dir geträumt. Sollen wir nicht zusammen in den Oman fahren? Kuss Z«. Es geschah, was vielen Menschen bereits passiert ist: Sie versimste sich, schickte die SMS nicht an ihre Freundin, sondern deren Ehemann. Bis zu diesem Punkt ist die Geschichte harmlos. Die Absenderin schlägt ihrer Freundin eine gemeinsame Reise nach Oman vor. Sie weiß nicht, dass die SMS ihre Freundin nie erreicht hat, wohl aber deren Ehemann. Der wundert sich nicht nur, sondern ist ziemlich aufgeregt ob der Tatsache, dass die Frau, die er schon immer durchaus begehrenswert fand, plötzlich von ihm träumt und sogar mit ihm verreisen will. Er weiß aber auch, dass sich hier ein Problem anbahnt. Deshalb denkt er nach, und zwar ziemlich lange. Zwei Tage später simst er zurück: »Meinst du wirklich?« Die Verfasserin der ursprünglichen Nachricht wundert sich nun ihrerseits, worauf diese Frage denn wohl Bezug nehmen könnte, erinnert sie sich doch gar nicht, dem Mann geschrieben zu haben. Der Fall hat sich aufgelöst durch ein Gespräch zwischen beiden und blieb ohne Konsequenzen, auch ohne gemeinsame Reise in den Oman. In anderen Fällen hat eine solche Fehlkommunikation auch schon zum Ende einer Beziehung geführt.

In den Kommunikationsnetzen verschwimmen die Grenzen. Die zwischen Liebe und Leidenschaft, zwischen realen Affären und digitalen Flirts, zwischen Treue und Untreue. Es verschwimmen auch die zwischen den Geschlechtern. Das betrifft zum einen die Vorurteile, Frauen seien weniger als Männer an explizit sexuellen Angeboten interessiert und weniger bereit, sich in expliziter Form preiszugeben. Ohne verallgemeinern zu können und zu wollen, belegt eine Studie der Psychologin Christina Eichenberg von der Universität Köln[7] das Gegenteil: Bei der Analyse von 300 privaten Homepages im Internet mit sexuellem Inhalt fand die Forscherin auf 20 Prozent der von Frauen eingestellten Seiten pornografisches Material (und nur auf 17 Prozent der von Männern eingestellten Seiten). Zweiundzwanzig Prozent der Frauen veröffentlichten explizite Bilder des eigenen Körpers (und nur 14 Prozent der Männer).

Hilfe, mein Avatar ist nackt

Die Grenzverwischung betrifft vor allem die Ausgestaltung der sexuellen Identität. In der virtuellen 3-D-Welt »Second Life« erschaffen wir uns Avatare, grafische oder bildliche Stellvertreter unserer selbst, die wir auf die virtuelle Reise schicken. Sie lassen sich nach Lust und Laune gestalten.[8] Und so entern die Mitspieler gerne als Figur des jeweils anderen Geschlechts die Inseln ihrer Glückseligkeit. Männer wählen und gestalten Frauenavatare als »Spieler« im Second Life und umgekehrt. Das ist insofern spannend, als Sex natürlich ein wesentlicher Antrieb ist, überhaupt ins Second Life zu gehen und dort Aktivitäten zu entwickeln. Nun kommt jeder Avatar zunächst unschuldig wie Barbies Ken in die virtuelle Welt. Primäre Geschlechtsorgane muss man sich kaufen, oder man kann sie sich schenken lassen.

Das hatte ich noch nicht getan. Und darüber war ich froh, als ich bei einem Kurzbesuch im Second Life feststellen musste: Mein Avatar war nackt. Das war nicht zuletzt deshalb überraschend, als er bei meinem letzten Besuch noch angezogen war.

Dazwischen hatte ich jedenfalls nichts mit ihm gemacht. Und: Mein Avatar war nicht nur unbekleidet. Er war nackt und grau. Ich habe ernsthaft überlegt, ob er vielleicht grau geworden ist, weil ich ihn in den zurückliegenden Wochen so schamlos vernachlässigt hatte. Auf so einen Gedanken kommen Menschen, die schon mal ein Tamagotchi gefüttert haben.

Nun ist es eine etwas ungewöhnliche Situation, wenn man als einziger Nackter in einer Runde Angezogener sitzt. Das ist nicht nur im wirklichen Leben unangenehm, sondern auch in der virtuellen Parallelwelt (deshalb war ich erleichtert, dass mein Avatar immer noch aussah wie Barbies Ken). Ich habe mich sehr unwohl gefühlt und schleunigst versucht, meinen Avatar wieder anzuziehen. Doch er verweigerte standhaft jegliche Kleidung. Auch mein mehrfacher Versuch, zunächst noch einmal die Funktion »Alle Kleidung entfernen« zu nutzen, um dann neue anzuziehen (vielleicht hatte sich ja die Clothing-Attachment-Funktion irgendwie aufgehängt), führte zu nichts. Ich zog daraufhin mehrere Kollegen zurate, die Experten im Second Life sind. Keinem gelang es, meinem Avatar aus dem Zustand der vollständigen Entblößung herauszuhelfen. Es herrschte Ratlosigkeit.

Ich habe dann noch einmal in Ruhe nachgedacht. Das alles war vermutlich kein Zufall. Es war exakt der letzte Tag des G-8-Gipfels in Heiligendamm, an dem mein Avatar plötzlich alle Kleidung verweigerte. Und ich glaube, er protestiert seit diesem Tag nackt, so wie damals einige Gipfelgegner in Rostock. Vielleicht will er mit dem ganzen Konsumrausch nichts mehr zu tun haben, der auch das Second Life dominiert. Was soll es bringen, Hunderte von T-Shirt-Varianten aus den Freebie-Stores im SL herunterzuladen, um meinen Avatar ständig neu einzukleiden? Und warum soll er im Netz mithilfe eines überteuerten

Geschlechsteils schlechten virtuellen Sex haben? Mein Avatar bleibt jetzt einfach nackt. Wahrscheinlich ist er nicht mehr als ein Systemfehler. Aber dann ist er immerhin ein Systemfehler, der auf einen Systemfehler hinweist. Und er ist eine echte Ausnahme. Die meisten Avatare sind nicht nur – zwischenzeitlich – angezogen. Sie sind auch ständig auf der Suche nach dem virtuellen erotischen Kick.

Dafür bietet das Second Life eine nahezu unerschöpfliche Vielfalt von Erotik und Sex, die genau wie im primären Leben teils offenkundig, teils versteckt angeboten wird. Ich kann mit meinem Avatar in den virtuellen Welten von Second Life von Insel zu Insel fliegen, und überall erwartet mich das, was es im realen Leben auch gibt: Einkaufsmöglichkeiten, Unterhaltungsangebote – und natürlich Sex. Ein Besuch beim Hotel »Übergossene Alm« auf Vinca Island, dem ersten Wellnesshotel im Second Life, zeigt schnell: Hier *kann* man sich auch massieren

Nackt im Netz: mein Avatar im Second Life

lassen. Andere Formen der Behandlung werden durch einschlägige Kopulationsgrafiken an den Wänden der Behandlungsräume und durch die freundliche Frage der Mitarbeiter angepriesen: »Soll ich dir die Zimmer zeigen?« Das alles ist ganz lustig auszuprobieren, bleibt aber letztlich schal.

Meine Lust auf Sex bekunde ich wie jede andere Äußerung mit wildem Tippen auf der virtuellen Tastatur, die ich im Second Life vor dem Bauch herumtrage. Begleitet vom Geräusch eines monotonen Tastengeklappers schreibe ich »Nimm mich« in den luftleeren Raum, doch niemand reagiert. Zum Glück ist das vibrierende Ich im Netz längst selbstgenügsam. Ein Knopfdruck reicht, und mein Avatar bewegt sich in eindeutigen Posen. Einen Partner brauche ich dazu nicht. Auch Sex ist hier eben nur ein Programm, Teil einer programmierten Software.

Die sexuelle Revolution revisited

Der Mensch als sexuelles Wesen bleibt im Second Life bei sich selbst und ist auch zur Erfüllung sexueller Lust meist auf sich selbst gestellt. Oswald Kolle, der deutsche Sexualaufklärer der sechziger und siebziger Jahre, fürchtet, dass dies bald auch in der Wirklichkeit der Fall sein wird: »Wir steuern auf eine Masturbationsgesellschaft zu. Viele verlieren das Interesse daran, rauszugehen und zu verführen oder verführt zu werden. Warum sollten sie auch, wenn sie schon befriedigt sind?«[9] Diese Argumentation beruht auf folgender Annahme: Der Mensch sucht letztlich nach der erfüllenden Erfahrung mit dem realen Gegenüber. Dieses Gegenüber wird aber unerreichbar durch das Zurückgeworfensein auf eine isolierte Existenz im virtuellen Raum. Der Mensch versucht gegenzusteuern durch noch mehr Online-Kontakte, noch effizientere Kontaktanbahnung. So entsteht eine fatale Sucht nach Nähe im Netz, die letztlich nie eingelöst werden kann. »Die Betroffenen sind oft im realen Leben mit Beziehungen überfordert und haben im Netz Zugang zu anderen, ohne wirklich Kontakt aufnehmen zu müssen«, resümiert der Psychiater Werner Platz. »Paradoxerweise sind viele Betroffene am Sex gar nicht interessiert. Er ist nur ein Beziehungsersatz. Die Suche nach Nähe kann so aber nicht befriedigt werden. Also ufert das Online-Verhalten aus, weil Qualität mit Quantität verwechselt wird.«[10]

Solche Formen von Sucht gibt es tatsächlich. Sie zeigt sich daran, dass jemand jeden Tag Stunden um Stunden vor dem Computerbildschirm verbringt, dass seine Familie und Freunde nicht wissen, was er da tut, dass er es sogar in Kauf nimmt, die eigene reale Beziehung existenziell zu gefährden, um online aktiv zu sein. Kein anderes Medium hat die Möglichkeiten der Beziehungsaufnahme und -gestaltung so verändert wie das Internet: Wir wechseln nahezu sekündlich zwischen verschiedenen potenziellen Partnern im Erotik-Chat, und wird einer zu frech oder gefällt uns nicht, dann klicken wir ihn einfach weg. Das zumindest ist im wirklichen Leben unvorstellbar. Wer sich einmal auf dem Wohnzimmersofa oder im Bett eingerichtet hat, der lässt sich nicht so ohne weiteres wieder entfernen.

Auch im Übergang zu den realen Beziehungswelten bietet das Netz ein Potenzial an Effizienzsteigerung, die Sex zuweilen zur Fließbandware macht. Eine Unzahl von Dating-Seiten für Heterosexuelle oder Schwule steht dafür zur Verfügung, die lediglich der schnellen und unkomplizierten Verabredung für ein eindeutiges Treffen im Real Life dienen. Das alles verläuft letztlich sehr »funktional«: Die Beteiligten übertragen das technische Serviceprinzip des »universal plug and play« (»einfach einstecken und loslegen«) auf die realen menschlichen Kontakte. Das Konfigurieren entfällt auch hier. Die Besonderheiten des Individuums spielen in dieser technischen Verkoppelung und Verkuppelung keine Rolle. Es geht letztlich um das Auf- und Entladen sexueller Energie.

Nach Schätzungen des »Internet/Computer Addiction Service« sind 6 bis 8 Prozent der weltweit etwa 190 Millionen Internetnutzer internetsüchtig oder zumindest stark suchtgefährdet.[11] Wie viele davon eher durch Spiele, durch Chatten oder auch durch sexuelle Offerten süchtig geworden sind, kann niemand genau benennen. Für Deutschland gehen Schätzungen von etwa 30 000 Online-Sexsüchtigen aus.[12] Der Trieb ins Netz zieht den Einzelnen in eine Spirale des Mehr, die nur durch Erfüllung gestoppt werden könnte. »Die Jagd nach sexueller Eroberung erzeugt genau den sich verschlimmernden Zyklus von Verzweiflung und Desillusionierung, der auch den anderen Abhängigkeiten eigen ist.«[13] Es gibt keine Erfüllung oder zumindest nicht die Form der Erfüllung, die viele Menschen noch immer suchen: Sex ist nur der Vorwand, das Bedürfnis nach Liebe der eigentliche Beweggrund – eine Paradoxie der Moderne.

Vier Jahrzehnte nach der sexuellen Befreiung und inmitten der neuen Formen und Möglichkeiten der virtuellen Kontaktanbahnung gibt es auch Gegenbewegungen. Die in den USA entstandene »Straight-Edge-Jugendszene«[14] steht unter dem Motto »Don't drink, don't smoke, don't fuck«. Sie ist nur die extreme Form einer großen Bandbreite von Bewegungen gegen die sexuelle Selbstentfremdung. Sie verstehen Sex als Funktion einer Beziehung, die nur durch gelebte Intimität entstehen kann. In dieser Vorstellungswelt ist Sex ein Medium menschlicher Nähe, nicht Lustsex also, sondern Sozialsex.[15] Nicht die Ware Liebe bringt Erfüllung, die im Internet nach dem Gesetz des »Triple

A« funktioniert: »access«, »affordability«, »anonymity«.[16] Es ist die wahre Liebe, die den Menschen fordert und glücklich macht. Und die spielt sich nicht in der Risikozone Internet ab, sondern in der Komfortzone wirklichen Beziehungslebens.

Vielleicht ist es überhaupt viel zu früh zu entscheiden, wie das Netz und seine virtuellen Kontaktwelten unser Sex- und Liebesleben verändern. Vielleicht stecken wir mitten in einem Transformationsprozess, den die Modernisierung immer und in allen Lebensbereichen mit sich bringt. In diesem Prozess wirken Medien und Technologien als Treiber: »Wo ein Medium entsteht, da macht sich Lust breit«.[17] Und diese Lust gilt gerade in den Anfangsphasen neuer Medien und Technologien als wesentlicher Treiber für ihre Entwicklung. Etwa 30 Prozent der Transaktionen im Second Life gehen auf Sex oder Spiele zurück[18] – ein Antriebs- und Wirtschaftsfaktor erster Güte im wirklichen wie im virtuellen Leben. Wo die Lust nicht immer dann und immer so erfüllt wird, wie der Nutzer sich das wünscht, wenden Menschen sich auch wieder ab.

»Ist das Medium gereift?«, fragt sich der *Economist*.[19] Das Medium wohl nicht, aber die Menschen im Umgang mit ihm. Bei jeder neuen medialen Evolution wachsen mit der Zeit auch die Habitualisierungen im Umgang mit den Medien und Technologien. Und wo diese Habitualisierungen wachsen, kehrt die »Normalität« zurück. Sie wird immer aus einer größeren Gruppe von Menschen gespeist, die ihre Grenzen und die des Mediums kennen, und durch eine kleinere Gruppe, die diese Grenzen nicht kennt oder permanent versucht, sie zu überschreiten.

Ego-Exhibitionismus im Netz

Eine Form von Grenzüberschreitung ist die Veröffentlichung des eigenen Ichs. Das meine ich hier nicht moralisch wertend, sondern im Sinne der Erweiterung bislang bekannter Vorstellungs- und Handlungsräume des Menschen in der Gesellschaft. Auch diese Veröffentlichung findet in vielerlei Hinsicht im Themenfeld von Sex und Erotik statt. Im Mai 2000 war es dem *Spiegel* eine große Geschichte wert, dass die US-Fotografin Natacha Merritt im Kölner Taschen-Verlag ein Buch mit dem Titel *Digital Diaries* herausbrachte, ein handliches, etwa 250 Seiten dickes Buch voller Akt- und Beischlaffotografien.[20] Wer den *Spiegel*-Text heute liest, fragt sich gegen Ende: Was ist an der Buchpublikation so berichtenswert, wo Natacha Merritt doch all diese Fotos zuvor schon längst ins Internet gestellt hatte? Wenn wir uns die Fotos heute im Netz ansehen (»digitalgirly.com«), dann glimmt in ihnen kaum mehr der Reiz des Revolutionären auf. Gemessen am heutigen Gewöhnungsstand entäußerter Intimkommunikation in Wort und Bild erscheinen sie als nette, gestylte Sauberbilder, die ein wenig fad bleiben. Vor allem gibt es Derartiges heute überall und zuhauf.

Auch auf die Frage, was so aufregend daran ist, wenn Bilder aus dem Netz den Weg zurück in die »traditionellen« Medien finden, fällt die Antwort sieben Jahre später schwer. Vielleicht hat es etwas damit zu tun, dass die Besetzung traditioneller kultureller Medien mit Sex zur Jahrtausendwende noch Unbehagen ausgelöst hat. Damals lautete die Argumentation: Wenn es im Netz »Schmuddelkram« gibt, dann ist das dem technologischen Fortschritt zu danken und der Tatsache, dass damit immer mehr Hürden und Hüllen fallen. Solange sich diese Feststellung auf das Internet beschränkte, war der Grund zur Besorgnis begrenzt. Als diese Entwicklung allerdings begann, auf die traditionellen Medien und Kommunikationsverhältnisse zurückzuwirken, waren die Kulturpessimisten alarmiert.

Genau diese Rückwirkung lässt sich seit Jahren beobachten. Alle Medien, von den Printmedien über den Hörfunk bis zum Fernsehen, verändern sich durch das Internet in dem, was sie anbieten und wie sie es darbieten. Das Internet kennt keinen abgrenzbaren Raum für explizite Offenheit im Umgang mit dem menschlichen Körper und der menschlichen Sexualität. Es hat einen Wandlungsprozess aktiviert und beschleunigt, der sich auch in dem Umgang mit Körperlichkeit und Sexualität spiegelt, der aber letztlich die Position und Rolle des Individuums in der Gesellschaft betrifft. Die Grenze zwischen dem, was wir als privat empfinden, und dem, was wir als öffentlich betrachten, hat sich fundamental gewandelt.

Auf den Plattformen der Kontakt- und Beziehungsanbahnung vermakeln wir unsere intimsten Details – von der Körper- zur Konfektionsgröße, von den Familienproblemen bis zu den bevorzugten Sexualpraktiken. Wir erlauben jedem, der will, das zu lesen, und liefern gleich noch die entsprechenden Lesezeichen dazu. Das heißt in der Sprache der neuen Generation Internet (Web 2.0) »Social Bookmarking« oder »Tagging«.[21] Dabei werden Links im Internet oder persönliche Informationen, wie Blog-Einträge und Fotos, mit Deskriptoren *(tags)* versehen, die allen zugänglich sind und von jedem Netzsurfer vergeben werden können. In Internetgemeinschaften *(communities)* teilen alle Beteiligten diese Informationen und Bewertungen. Ein Beispiel: Ich stelle bei YouTube ein Video ein, das mich nackt in der Badewanne zeigt. Womöglich gibt es andere Menschen, die 1. sich dafür interessieren und 2. glauben, dass wiederum andere sich auch dafür interessieren. Dann versenden sie den entsprechenden Link an ihre Community oder versehen das Video mit einem *tag*, um es für andere auffindbar zu machen und aktiv weiterzuempfehlen.

Für die informationelle Vernetzung hat dieses gemeinschaftliche Indexieren viele Vorteile, weil Informationen besser verbunden und auffindbar gemacht werden können. Für das intime Ich hat die so entstehende »Folksonomy« – ein Kunstwort aus »folks« und »taxonomy« – eine etwas andere Bedeutung. Basal übersetzt heißt der Begriff: »Das Volk taxiert«. Und um nichts anderes geht es auf den vielen Seiten, auf denen Menschen andere Menschen im Schnelldurchlauf anhand von selbst gesetzten Lese- und Werbezeichen scannen, um zu entscheiden, in welche Form von Kontakt man denn nun eintreten will.

Die totale Demokratisierung individueller und persönlicher Informationen im Internet ist zunächst einmal die konsequente Fortschreibung einer demokratischen Öffentlichkeit, die sich aus den Möglichkeiten des technologischen Fortschritts ergibt. Schließlich ist es in einer demokratischen Gesellschaft jedem Einzelnen freigestellt, was und wie viel er von sich preisgeben mag. Die Freiheit der Äußerung und Entäußerung ist eine Errungenschaft der Moderne. Aber sie ist auch eine Geißel der Aufmerksamkeitsökonomie, in der Beachtung zum entscheidenden Legitimations- und Selbstvergewisserungsmechanismus der eigenen Bedeutsamkeit wird: Ich simse, maile, chatte, also bin ich.

Das wird zuweilen zum Kommunikationszwang: »Lost in communication«. Deshalb lohnt es sich, etwas genauer hinter die Kulissen der neuen Netzwerke und ihrer Kommunikationsströme zu blicken. Denn dort tut sich etwas. Das Internet macht etwas mit uns, mit dem, was uns und eigentlich nur uns gehört.

Es befreit uns Schritt für Schritt vom Zauber des Geheimnisses. Wir können immer mehr wissen über die Menschen, denen wir (zunächst) im Netz begegnen, ohne zu wissen, ob wir das alles wirklich wissen wollen. Denn der Zauber des anderen entsteht allzu oft gerade aus dem, was wir von ihm eben *nicht* wissen können, wenngleich wir es brennend gern wissen wollen. In der erotischen Beziehung ebenso wie in der Liebesbeziehung verspricht das umfassende Wissen um den Geliebten oder die Geliebte gelegentlich das Ende der Zuwendung. Informationstotalitarismus zerstört in zwischenmenschlichen Beziehungen die Entfaltungsmöglichkeiten von Erotik und Emotion.

Das Private ist öffentlich

Es hatte gute Gründe, dass das Geheimnis in historischer Betrachtung lange als Stabilisator von Macht und Anerkennung galt. Noch bis ins 18. Jahrhundert hinein wuchs das öffentliche Ansehen einer Person mit ihrer öffentlich zelebrierten Verstellungskunst.[22] Der spanische Jesuitenpater Baltasar Gracián (1601–1658) hat sich in seinem *Handorakel* treffend dazu geäußert: »Mit aufgedeckter Karte zu spielen ist weder klug noch verspricht es zu vergnügen.«[23] Heute gehören Geheimnis und Herrschaftslegitimation nicht mehr zusammen. Das zeigen uns kompromittierende Fotos von einer koksenden Kate Moss in einem Nachtclub, von den Techtelmechteln deutscher Nationaltorhüter, die mit Kulturbeutel vor fremden Haustüren abgelichtet werden, und Schnappschüsse von Mitarbeiterinnen des Deutschen Bundestags, die eine Beziehung zu einem seinerseits anderweitig verheirateten Bundesminister pflegen.

Was für manchen Prominenten peinlich wird, ist vielen Internetnutzern hochwillkommen: die möglichst umfassende Zurschaustellung. Für den Einzelnen sind damit Informations- und Inszenierungsmöglichkeiten verbunden, die es so zuvor nicht gegeben hat. Befreit von gesellschaftlichen Konventionen und der Begrenzung öffentlicher Kommunikationsräume im traditionellen Mediensystem, können Menschen im Netz Partner für alles finden. Indem sie nahezu alles von sich offenbaren, glauben sie, die Aufmerksamkeit der anderen besonders effektiv auf sich ziehen zu können. Das mag ein skeptischer Beobachter maßlos finden. Aber die individuelle Suche und Ansprache über ein potenziell grenzenloses Netzwerk im virtuellen Raum ist mittlerweile unabdingbarer Teil der Individualisierung. Sie offeriert Lebens- und Liebeserfüllung, die zum Grundrecht menschlicher Selbstverwirklichung zählen. Ich bin eins, und meine Zielgruppe ist vielleicht auch nicht größer als eins, aber ich werde sie finden.

Allerdings hinterlassen die Offenbarungseide im Netz einen schalen Geschmack. Wir wollen nicht immer alles von allen wissen und können das auch nicht verarbeiten. Zusätzlich erzeugt der permanente Veröffentlichungszwang in der virtuellen Welt einen erheblichen Druck auf den Einzelnen. Die Ergebnisse dieser Selbstveröffentlichung sind immer auch ein Resultat der Selbstkontrolle, auch wenn man manchmal nicht glauben mag, dass hier irgendwer noch irgendetwas kontrolliert. Das Private, das unser Innerstes vom Öffentlichen abgrenzt, das Intimität erlaubt und das Geheimnis zulässt, hat eine Entlastungsfunktion für den Menschen. Anders als in seiner unter öffentlicher Beobachtung stehenden »Normalität« oder bei seiner möglichst perfekten artifiziellen Inszenierung muss er sich nicht immer beobachten, korrigieren, anpassen und überprüfen.

Dieser »Inszenierungsfreiraum« ist regelmäßig gerichtlicher

Streitgegenstand zwischen Prominenten und Medien. So auch bei einer Verfassungsbeschwerde Caroline von Monacos wegen Verletzung ihrer Persönlichkeitsrechte durch die Veröffentlichung von Fotografien aus ihrem Privatleben durch die *Freizeit Revue* und die *Bunte* 1999.[24] Zu diesem Urteil hat der ehemalige Bundesverfassungsrichter Dieter Grimm geschrieben: »Im Kern geht es um einen Raum, in dem der Einzelne die Möglichkeit hat, frei von öffentlicher Beobachtung und damit der von ihr erzwungenen Selbstkontrolle zu sein, auch ohne dass er sich dort anders verhielte als in der Öffentlichkeit. Bestünden solche Rückzugsbereiche nicht mehr, könnte der Einzelne physisch überfordert sein, weil er darauf achten müsste, wie er auf andere wirkt. Die notwendige Erholung von einer durch Funktionszwänge und Medienpräsenz geprägten Öffentlichkeit ist vielfach nur in der Abgeschiedenheit zu gewinnen.«[25] Der Mensch braucht die Ruhe- und Schutzzonen des Privaten. Ist er immer für alle Welt erreichbar, immer und überall Objekt der öffentlichen Beobachtung, steht er wie nackt im Wind. Da wird es schnell kalt. Und es gibt keinen Platz, der einsamer ist als der im Auge des Hurrikans öffentlicher Betrachtung.

Die Open-Source-Gesellschaft

Die kritische Theorie der Frankfurter Schule hat früh den Boden bereitet für die skeptische Betrachtung einer sich wandelnden Öffentlichkeit, ihrer Rolle und Funktion in der Gesellschaft. Am weitesten reicht die Kritik von Theodor W. Adorno und Max Horkheimer, die in ihrer *Dialektik der Aufklärung* schon 1944 einen gegenläufigen Effekt zu Mündigkeit und Handlungsfähigkeit des Menschen durch den Prozess der Aufklärung konstatieren.[26] Am Beispiel der Kulturindustrie versuchen sie zu belegen, dass die Aufklärung sich selbst zerstört und zur Mythologie verkommt: Die Medien klären nicht auf, sondern machen Kultur zur bloßen Ware. Das Publikum versteht nicht mehr, sondern rezipiert aus Unterhaltungslust und wird so williges Objekt der Manipulation. Der Einzelne erscheint gegenüber den Triebkräften des kapitalistischen Systems »annuliert«.

Wir müssen nicht lange suchen, um die Ansatzpunkte für einen Transfer dieser grundlegenden Kritik auf die Formen der modernen Vernetzung zu finden. Heute ist es der technologische Fortschritt, der für eine neue Stufe der »Aufklärung« verantwortlich zeichnet. Er suggeriert dem Menschen, er könne sich von Alltags- und Gesellschaftszwängen befreien, ein flexibles und selbstbestimmtes Leben jenseits von Konvention und Restriktion führen. Tatsächlich gerät der Mensch ebenso schnell in die Zwänge und Abhängigkeiten der neuen Technologien: Die Teilhabe an den permanenten Informations- und Kommunikationsströmen, die Verwischung der Grenzen zwischen Berufsleben und Freizeit oder das suchtähnliche Surfen im Netz, immer auf der Suche nach der neuen Bekanntschaft und dem neuen Kick – all das sind Beispiele für die »Dialektik« der technologischen Aufklärungsstufe, die wir derzeit durchlaufen.

Wir können aber auch feststellen, dass die Horrorszenarien der fundamentalen Kritik an der Kulturindustrie so nie Wirklichkeit geworden sind. Natürlich hat sich die Kultur im 20. Jahrhundert durch die neu entstehenden Medien (vor allem Radio, Fernsehen, Bild- und Tonträger) verändert. Und doch hat sie im Verlaufe ihrer Entwicklung bewiesen, dass sie in der Lage ist, eine Varianz beizubehalten, die der These der reinen Kommerzialisierung und individuellen Entmündigung entgegensteht. Wer heute ins Theater gehen will, hat viele Möglichkeiten dazu.

Wer im Fernsehen den Aufstieg und Fall der neuen Alltagsstars bei »Big Brother« oder »Deutschland sucht den Superstar« besichtigen will, hat diese Möglichkeit ebenfalls. Und wer im Netz alles von sich preisgeben will, kann das tun. Er kann aber nicht erwarten, dass sein Tun zur Maxime aller individuellen Lebens- und Darstellungsformen einer Gesellschaft erhoben wird. Dass die Nackten und die Toten zum neuen Kulturprogramm der Mediengesellschaft würden, davor hat die Kulturkritik immer wieder gewarnt. Besser oder zutreffender wird eine solche These aber auch durch permanente Wiederholung nicht.

Es hat dennoch seinen guten Grund, dass der Form- und Funktionswandel von Öffentlichkeiten immer wieder kritisch analysiert worden ist. Denn hier handelt es sich um einen grundlegenden Veränderungsprozess, der im Zuge der Modernisierung neue Anforderungen an Individuum, Staat und Gesellschaft stellt. Was veröffentlicht ist, ist zugänglich. Wer sich selbst öffentlich macht, ist erreichbar – mit allen Folgen, die dazugehören.

Jürgen Habermas schließt in seinem Buch *Strukturwandel der Öffentlichkeit* an die *Dialektik der Aufklärung* an, findet aber eine andere Sichtweise auf das, was durch den Wandel unserer Öffentlichkeitssysteme mit dem Einzelnen geschieht. Zwar diagnostiziert auch er erhebliche Folgen, zum Beispiel die »Entdifferenzierung und Entstrukturierung, die in unserer Lebenswelt mit der elektronisch hergestellten Omnipräsenz der Ereignisse und mit der Synchronisierung von Ungleichzeitigkeiten geschieht«.[27] Auf der anderen Seite stellt er klar, dass wir es mit einem ambivalenten Prozess zu tun haben: Entwurzelung geht einher mit der Konstruktion neuer Zugehörigkeiten, demokratische Egalisierung wird begleitet von einem Gefühl der Ohnmacht gegenüber dem Staat und anderen Formen systemischer Komplexität.

Es ist das, was der US-Soziologe Richard Sennett an den Veränderungen im Verhältnis von Privatem und Öffentlichem als das »Paradoxon von Isolation und Sichtbarkeit« beklagt.[28] Es ist, als ob man in einem Haus aus Einwegspiegeln sitzt. Man glaubt, nur man selbst könne sich betrachten, und fühlt sich unbeobachtet. Und doch sieht auch jeder von außen, was man gerade tut. Wir können alles von allen wissen, selbst das, was wir nie wissen wollten. Aber wir können nicht unbedingt etwas damit anfangen. Wir können uns mit allem und allen vernetzen, aber wir sind dadurch nicht unbedingt sozial angebunden.

Es gibt heute nicht mehr *die* kommunikative Ordnung unserer Gesellschaft, weil es auch nicht mehr *die* eine Gesellschaft gibt. Unsere Gesellschaft ist längst die »Holding« für viele kleine Unternehmungen, die sich der Selbstverwirklichung und dem sozialen Engagement in wechselnden Gruppen verschrieben haben. Diese Gesellschaft hält verschiedene Foren und Ausdrucksformen bereit, in denen verschiedene Öffentlichkeiten ihren Platz finden. Sie unterliegt nicht der »Tyrannei der Intimität«, durch die Sennett unsere politische demokratische Öffentlichkeit gefährdet sieht.

Im Gegenteil: Im Netz bilden sich neue Bürgerbewegungen, die sich auf den Plattformen der sozialen Vernetzung ganz eigene Öffentlichkeiten schaffen und gestalten können. Und das Netz stellt Freiräume bereit für die Menschen, die diese Freiräume in ihrem realen Lebensumfeld nicht haben. Weil die politischen und kulturellen Rahmenbedingungen das nicht zulassen. So ist das Internet auch Plattform für Minderheiten (Homosexuelle in muslimischen Ländern zum Beispiel), die ihre Interessen sonst nirgendwo artikulieren und mit anderen diskutieren können.

Die »Tyrannei der Intimität« herrscht lediglich in den verschwitzten Zonen des Internets, in denen sich Menschen bis aufs Blut offenbaren, um sexuell anschlussfähig zu sein. Das ist manchmal abstoßend, manchmal tragisch und mitunter sogar aufregend. Vor allem aber gehört es zu den Veränderungen im Verhältnis zwischen Privatheit und Öffentlichkeit dazu. Auch diese Teile machen die Freiheit aus, die eine Gesellschaft alltäglich bestimmt und ihr die Möglichkeit gibt, sich historisch zu entwickeln.

Wir leben in einer transparenten Gesellschaft.[29] Die Grenzen zwischen Privatheit und Öffentlichkeit werden weiter durchlässig, und das ist ein ambivalenter Prozess: Wir müssen Entgrenzungen zulassen, um die Möglichkeiten jenseits bislang klar gezogener Linien zu erobern. Wir müssen erreichbar sein, um an den kommunikativen und sozialen Vorteilen der modernen und vernetzten Gesellschaft teilzuhaben. Und wir müssen vor allem wissen, was wir da tun und was das für unser Leben bedeutet.

Es gibt nicht mehr *das Private*, das vor der öffentlichen Beobachtung und dem öffentlichen Zugriff geschützt wäre. An seiner Demontage haben wir alle mitgewirkt. Wir müssen nun die Regularien der Open-Source-Gesellschaft zur Kenntnis nehmen. In der liegt nicht nur der Quellcode von Computersoftware wie ein offenes Buch vor uns. Auch der Quellcode des Einzelnen kristallisiert sich in seinen Informationsbestandteilen immer deutlicher heraus. Das menschliche Genom ist entschlüsselt. Der zukünftige Arbeitgeber findet im Netz Detailinformationen zu Fehltritten in Karriere und Lebensplanung (mal gekifft und dabei auch noch inhaliert?). Selbst die einzelnen Stationen einer Beziehungsanbahnung lassen sich mit etwas detektivischem Geschick über den Cache von Browser und Suchmaschine zuweilen lückenlos nachvollziehen.

Das alles ergibt sich aus den Vernetzungsprozessen der virtuellen Welt, in der sich jeder so schnell ent-intimisieren kann, wie es nie zuvor möglich war. Daraus ist ein vulgärer Schauplatz menschlicher Abgründe hervorgegangen, aber auch ein Forum für soziale Vernetzung und kommunikative Anschlussfähigkeit. Wir haben die Freiheit, uns für das eine wie für das andere erreichbar zu machen – oder eben nicht. Ganz im Sinne des Jean-Jacques Rousseau zugeschriebenen Zitats: »Die Freiheit des Menschen liegt nicht darin, dass er tun kann, was er will, sondern darin, dass er nicht tun muss, was er nicht will.«

Das Glück der Unerreichbarkeit

Wenn ich in einem asiatischen oder arabischen Land unterwegs bin, habe ich oft besonders schöne und intensive Zeiten der Wahrnehmung. Ich betrachte mein Umfeld anders und nehme auf diese Weise viele Eindrücke mit nach Hause, die lange in meinem Gedächtnis bleiben und Anregung für neue Ideen sind. Woran das liegt? Ich kann meist die Sprache nicht sprechen und die Schrift nicht lesen. Ich höre Geräusche und sehe Bilder, aber ich vermag keine semantischen Bezüge herzustellen. Das macht mich frei. Es reduziert den Input, den ich durch die Sprach- und Schriftkommunikation sonst in jeder Sekunde bekomme. Und es schafft Freiräume für einen anderen, intensiven Blick auf die Dinge.

Natürlich können wir uns nicht partiell blind und taub stellen, um uns frei zu machen. Aber der Grundgedanke lässt sich doch übertragen: Es muss Wege geben, um Platz im Kopf und Zeit für das Denken zu schaffen. Angesichts von Datenflut und Kommunikationslawine müssen wir Gelegenheit finden, zu unterbrechen und innezuhalten. Das ist viel schwerer, wenn jedes Detail, das um einen herum geschieht, potenziell die Aufmerksamkeit auf sich zieht. Aber es ist möglich.

Den Ausweg aus der Kommunikationsfalle weisen uns genau solche Unterbrechungen und Pausen. Es sind die gezielt gewählten Phasen der *Un*erreichbarkeit, die dem Menschen individuelle Gestaltungsräume eröffnen. Und diese sind die Voraussetzung, Glück zu erfahren und ein erfüllendes Leben zu erreichen.

Kann man sich Glück erarbeiten?

Der Philosoph und Psychologe Paul Watzlawick hat diesen Zusammenhang in seinen klugen Analysen der menschlichen Befähigung zum selbst gewählten Unglücklichsein auf den Punkt gebracht. In einem Interview sagte Watzlawick: »Die Möglichkeit des Glücks liegt in der Tat in der Aufgabe der Idee, man müsse das Glück erreichen. Man kommt dann möglicherweise zu der Einsicht, dass die Suche allein am Nichtfinden schuld war.«[1]

Wer immer auf der Suche nach dem perfekten Glück ist, der hat keine Chance, es zu finden. Er merkt noch nicht einmal, wenn es doch seinen Weg kreuzt. Wer immer gleichzeitig auf Empfang und auf Sendung ist, der bemerkt gar nicht, wann die Botschaft eintrifft, die den Unterschied macht. Für ihn gilt: Er sieht den Heuhaufen vor lauter Nadeln nicht.

In der industrialisierten Welt erhält auch die Idee des glücklichen Lebens eine Leistungskomponente: Du musst dich immer noch mehr anstrengen, um das Glück zu erreichen (das fälschlicherweise dann auch noch in Besitz, Wohlstand und Anerkennung »berechnet« wird). Gelegentlich gewinnt man den Eindruck, Glück sei ein Zustand, der nur noch schwerlich in die moderne Gesellschaft hineinpasst, lenkt er doch von allseitiger Arbeitsbereitschaft und Pflichterfüllung ab. Das Glück ist »dem Angriff des Moralisten«[2] ausgesetzt, der sich der Arbeits- und Leistungsmoral mehr verpflichtet fühlt als der Moral eines erfüllten sozialen Lebens. In unserer Zeit ist es also um das Glück schlecht bestellt. Als soziale Aufladung und Erwartungshaltung im Begehren allgegenwärtig, findet man es selten in wirklicher Erfüllung.

Ich vergesse in diesem Zusammenhang nie die Werbung der siebziger und achtziger Jahre. Werbung ist immer ein Spiegel der sozialen Verhältnisse, und damals spiegelte sie die Vorstellung, die materialisierte Perfektion des Haushalts sei die Wiege des Glücks. Die Standards setzte Henkel mit seinem Markenprodukt »Persil«: Gnade der Hausfrau, deren Wäsche nur sauber, nicht aber rein gewaschen war. Blieb die Wäsche auch nach dem Waschen kratzig, ließ das schlechte Gewissen in Form einer anklagenden lebenden Sprechblase nicht lange auf sich warten: Das wäre mit »Lenor« nicht passiert. Am schlimmsten aber war es, wenn die Frau des Hauses den eigentlichen Moment des Lebensglücks nicht angemessen zelebrierte: den Nachmittagskaffee. Halb ausgetrunkene Tassen blieben zurück. Zu ihrem Unglück kam dann noch Frau Sommer ins Spiel, die wusste, woran das alles lag. »Aber ich habe mir doch solche Mühe gegeben«, klagte die enttäuschte Hausfrau. Die Antwort ging 13 Jahre lang auf die schon nachhaltig in ihrem Selbstbewusstsein erschütterte Hausfrau nieder und auf die gesamte Fernsehnation, die damals noch nicht wegzappen konnte: »Mühe allein genügt nicht!« – Die Kaffeeversagerin musste unglücklich bleiben. Sie hatte nicht verstanden, dass es die richtige Mixtur aus ewigem Streben und den richtigen Produkten ist, die das Glück beschert.

Glück darf nur erwarten, wer alle sozialen Anforderungen 100-prozentig erfüllt. Das scheint bis heute zu gelten: Kommunikationstechnologien versprechen uns die perfekte, die allumfassende Erreichbarkeit. Dafür müssen wir uns wirklich anstrengen und dürfen keine Fehler machen. Die preußische Grundhaltung in allen Lebensdimensionen hat sich längst auch in die Kommunikation eingeschlichen. Wo es einen Reiz gibt, da hat bitte auch eine Reaktion zu erfolgen – mithilfe der besten Technologie und unter Einsatz von allem, was wir geben können. Manchmal bleibt zwischen der Technisierung des Haushalts und der Technisierung der Kommunikation dann kein so gravierender Unterschied mehr. Die Kommunikation verläuft reibungslos. Aber die Momente der geglückten Verständigung werden rar.

Augenblick, verweile doch

Wie könnte der geglückte Moment in Zeiten der mobilen digitalen Vernetzung aussehen? Vielleicht so wie eine gelungene Fotografie. Sie fängt das Bild eines Moments ein, mit den Menschen, den Objekten, ja auch den Bewegungen, auf die wir unsere Aufmerksamkeit, unseren Fokus richten und die in diesem Moment in ihrem Zusammenspiel für uns von ganz besonderer Bedeutung sind und etwas auslösen in uns, eine tiefere emotionale Regung. In Goethes Faust (zweiter Teil) wird diese Momentaufnahme, ungefähr zeitgleich mit der Erfindung der Fotografie, so beschrieben:

> Zum Augenblicke dürft' ich sagen:
> Verweile doch, du bist so schön!
> Es kann die Spur von meinen Erdetagen
> Nicht in Äonen untergehn.
> Im Vorgefühl von solchem hohen Glück
> Genieß' ich jetzt den höchsten Augenblick.

Während der Abfassung dieses Riesenopus klagte Goethe in einem Brief an seinen Großneffen Nicolovius, das »Veloziferische« sei das »größte Unheil unserer Zeit, die nichts reif werden lässt [...-so] dass man im nächsten Augenblick den vorhergehenden verspeist […] und so immer aus der Hand in den Mund lebt«.[3] Dabei kreierte Goethe, wie wir das bis heute gerne tun, einen Neologismus, um ein neues Phänomen mit einem neuen Wort zu belegen: Das »Veloziferische« ist eine Verbindung aus dem lateinischen Begriff für Eile *(velocitas)* und Luzifer. Heute leben wir nicht von der Hand in den Mund, sondern von einer E-Mail zur nächsten. Und sie treffen in schnellem Takt ein. Eilig ist immer noch alles, aber es gibt neue Gründe dafür: zuallererst die Kommunikationstechnologien, die der Mensch nicht nur richtig, sondern auch falsch zu verwenden versteht. Das »Veloziferische« und das »Technoziferische« ergänzen einander ungemein gut.

Sosehr sich Faust bei Goethe auch müht: Kein Augenblick kann verweilen. Eine gelungene Fotografie aber ermöglicht es uns, ihn dennoch in einigen seiner Komponenten und Assoziationsketten zu bewahren. Er wird damit immer wieder zugänglich in einer Zukunft, in der der betrachtete Moment längst vergangen ist.

Die Chance, einen Augenblick fotografisch zu bannen, hängt von der Wahl des richtigen Moments ab. Und dafür sind heute nicht zuletzt die technischen Fähigkeiten der Kamera ausschlaggebend: Wenn ich versuche, einen bestimmten Moment mit meiner digitalen Kamera einzufangen, dann finde ich womöglich nachher auf dem Speicher nur ein leeres Bild oder ein Stück blauen Himmels, ohne dass der Gegenstand des Fotografierens, das eigentliche Objekt abgebildet ist. Warum ist das so? Weil digitale Kameras trotz all der elaborierten Technik und trotz allen Fortschritts noch immer an einem kranken: der Langsamkeit des Auslösers. Die Kamera braucht so lange, bis sie das Drücken des Auslösers in die Aufnahme umwandelt, dass der Moment augenblicklich vergangen ist. Und das eigentliche Abbild mit ihm.

Das ist eine seltsam paradoxe Erscheinung für eine digitale Technologie, die ansonsten immer und überall auf Beschleunigung setzt. In diesem speziellen Fall verlangsamt sie. Und wüsste man nicht, dass Technologien nicht in der Lage sind, zugunsten des Menschen vernünftige Entscheidungen zu treffen, könnte man fast auf die Idee kommen, die digitale Fototechnik wolle uns die Kostbarkeit des Moments vor Augen führen, jenen hohen Anspruch, den der einzelne Augenblick an die Zeit und die Aufmerksamkeit des Betrachters stellt. Wer einen Moment digital festhalten und auf seinen Speicher bannen will, der muss Geduld und Zeit haben. Und er muss sich konzentrieren. Löst er nur im Vorbeigehen aus, bleibt vom Gesehenen zumeist kein Abbild.

Zeit frisst Leben

Die *Neue Zürcher Zeitung* hat ihre Beilage »Literatur und Kunst« im Mai 2007 der Langsamkeit gewidmet. Thema war die Zeit, von der wir in unserem heutigen Leben eigentlich zur Genüge haben sollten. Schließlich nimmt uns die Technik jede Menge Arbeit ab, die wir früher mühsam und zeitaufwendig verrichten mussten. Aber wir nutzen unsere Zeit nicht so, dass Raum bleibt für den Genuss, die Kontemplation und für echte Gespräche. »Kulturen der Langsamkeit sind heute selten geworden«, resümiert die Zeitung.[4] Und mit ihnen schwinden die Lebens- und Kommunikationsformen. Wir verlieren die Voraussetzung für die Freude am Reifen der Dinge, für die bewusste Unterscheidung zwischen Wichtigem und Unwichtigem. Gerade die Kulturen der Langsamkeit sind es, die uns die Kraft des Widerstands gegen den übermäßigen Druck umfassender Erreichbarkeit und Leistungsfähigkeit geben können.

Allerdings ist auch diese Mangelerscheinung gar nicht so neu. Der französische Dichter Charles Baudelaire hat dieses Defizit – für seine Zeit – in *Les Fleurs du Mal* (1857) mit dem kurzen Satz zusammengefasst: »Le temps mange la vie.« Die Zeit frisst das Leben. Wir könnten heute ergänzen: Unsere umfassende Vernetzung, die permanente Kommunikation frisst unsere Zeit und damit unser Leben. Wenn wir es denn zulassen.

Viele Menschen lassen es zu. Das haben die vorangegangenen Kapitel gezeigt. Und es macht die Menschen zuweilen unglücklich. Sie empfinden Defizite in ihrem persönlichen Leben, aber auch im Zusammenleben mit anderen. Die Defizite entstehen allerdings keineswegs unmittelbar durch die neuen Technologien, sondern durch ihren falschen Einsatz. Technologien können keine Verantwortung übernehmen. Aber Menschen können Verantwortung für den Einsatz und die Nutzung von Technologien übernehmen. Und das müssen sie auch. Vor allem dort, wo diese Technologien ihnen auf der einen Seite erhebliche Erleichterungen und Lebensfreuden verschaffen, auf der anderen Seite aber ihre Lebens- und Liebeswelten im Kern berühren.

Könnte der Mensch das problemlos, wäre alles sehr einfach. Er kann es aber offensichtlich nicht ohne weiteres. Wir scheitern an unseren Möglichkeiten oder an der Gestaltung dieser Möglichkeiten. Dabei sind Menschen Anpassungstiere. Die Wissenschaft bezeichnet die Adaption als eine unserer wesentlichen Fähigkeiten. Wir gewöhnen uns innerhalb relativ kurzer Zeit an neue Zustände, finden uns mit ihnen ab und hören auf, Widerstand gegen sie zu leisten. Das hat nichts mit Trägheit oder unkritischer Angepasstheit zu tun. Es ist ein Instrument unserer Überlebens- und Orientierungsfähigkeit.

Wenn wir nicht in der Lage wären, uns an jeweils neue Lebens- und Umweltbedingungen anzupassen, ergriffe bald die Überforderung Platz in unserem Leben. Unser Gehirn käme mit der ständigen Differenz nicht zurande, wir könnten nicht einmal mehr die Prozesse und Handreichungen unseres Alltags vollziehen. Unser Bewusstsein schaltet daher auch bei veränderten Rahmenbedingungen nach einiger Zeit vom Ausnahmezustand um auf den Normalzustand. Das ist der Grund dafür, dass Menschen in länger andauernden Gefahrensituationen unvorsichtig werden. Dass Menschen, die schon einige Zeit eine Affäre haben, beginnen, dies als normal zu betrachten. Dass Menschen sich auf neue Arbeitsbedingungen einstellen und sie als gegeben annehmen, zum Beispiel den Wechsel von einem Einzel- in ein Großraumbüro.

Es ist auch der Grund dafür, dass wir zunehmende Anforderungen an unsere umfassende und immerwährende Erreichbarkeit irgendwann klaglos akzeptieren. Wir haben vor zwei Jahren nur zehn E-Mails in der Woche bekommen? Heute sind es 200. Aber wir haben uns daran gewöhnt. Wir haben noch vor einem Jahre das Handy nur zeitweise tagsüber angeschaltet und lassen es jetzt sieben Tage rund um die Uhr an? Das ist Routine, darüber denken wir nicht mehr nach. Wir haben noch vor sechs Monaten sonntags keine E-Mails gelesen und beantwortet und tun das heute regelmäßig? Das ist eben so, es gehört zum Job dazu.

Wenn der Mensch sein Leben in die eigene Hand nehmen will, muss er diese Adaptionsprozesse gelegentlich bewusst durchbrechen. Wenn wir in der Informationsflut zu ertrinken und uns im Multitasking zu verheddern drohen, brauchen wir einen Moment der Distanz und der Stille, um uns die Frage zu stellen: Wo geht's hier zum Leben, bitte? Wie bleibt genug Zeit und Ruhe, um uns den Menschen und Dingen ganz real zuzuwenden, die für uns und unser Leben wichtig sind, die es verdienen, mit Aufmerksamkeit und Zeit bedacht zu werden, weil sich nur dann ihr Wert für uns selbst und für andere entfalten kann?

Das Glück der Beachtung

Wenn immer alle versuchen, alles zu geben, wird es hektisch. Da verliert der Einzelne schnell den Blick fürs Wesentliche. Der Philosoph und Soziologe Georg Simmel hat um 1900 in seinem Werk *Philosophie des Geldes* das Grundproblem diagnostiziert, das die Menschen auf der Suche nach dem Glück beschränkt.[5] Er beschreibt die Gesellschaft des 19. Jahrhunderts als »nervös«, als angetrieben von einem paradoxen Zusammenhang zwischen Geld und Glück. Geld ist nicht mehr nur Mittel, sondern findet längst »in den Verwebungen der Zwecke seinen Platz«.[6] Die Einführung des Geldes als gängiges Tauschmittel hat in der gesellschaftlichen Entwicklung viele Veränderungen und Vorteile gebracht: Es hat zur Überwindung des Feudalismus ebenso beigetragen wie zur Entwicklung der modernen Demokratien. Aber es hat auch Besitz ergriffen vom menschlichen Streben nach Erfüllung. Das Wertegerüst und das Selbstwertgefühl des Menschen werden durch die Menge Geldes bestimmt, die er besitzt. Es verspricht uns Glück, löst dieses Versprechen aber letztlich nie ein. Aus diesem unerfüllten Suchen nach Glück entsteht das immer forschere Streben nach Geld. Simmel überführt diesen Teufelskreis ohne Erlösung schließlich in das Fazit, dass »Geld der Gott unserer Zeit wäre«.[7]

Der unterstellte Zusammenhang von Geld und Glück (oder auch Leistung und Glück) macht den Kapitalismus aus. Und er findet sich mit ähnlichen Voraussetzungen und ähnlichen

Konsequenzen wieder im angenommenen Zusammenhang von Beachtung und Glück (oder Erreichbarkeit und Glück). Das Selbstwertgefühl des Menschen wird heute wesentlich geprägt durch die Beachtung durch andere, durch den Wettbewerb um Aufmerksamkeit. Der individuelle »Marktanteil« an Beachtung bestimmt den gefühlten »Marktwert« des Einzelnen.

Voraussetzung für das Maß an Beachtung als Währung der Aufmerksamkeitsökonomie ist die kommunikative Anschlussfähigkeit, also die Erreichbarkeit des Individuums. Wer wahrgenommen und wertgeschätzt werden will, muss mitschwimmen im Strom der Informationen, muss Teil sein des kommunikativen Grundrauschens unserer Gesellschaft. Unsere umfassende Erreichbarkeit liegt also in der Logik eines Systems, das der Medienphilosoph Georg Franck als »mentalen Kapitalismus« bezeichnet. Seine These lautet: »Das Wechselspiel von Achtgeben und Wertlegen hat zu einem Gesellschaftsspiel zusammengefunden. Zu einem Spiel, in dem Acht eingesetzt wird, um Beachtung einzunehmen. Das Achten, worauf andere achten, ist in einen Kreislauf des Gebens und Nehmens übergegangen. Mehr noch: Der Kreislauf hat sich zu einem System hoch differenzierter und hoch integrierter Märkte entwickelt.«[8] Und die entscheidende Rolle in diesem System spielt die kommunikative Vernetzung.

Wir platzieren unsere individuellen Informationen und Images auf verschiedenen Märkten: auf dem Arbeitsmarkt, auf dem Beziehungsmarkt, auf dem Markt der Statussymbole und auch auf dem Markt der Eitelkeiten. Wir investieren unsere Aufmerksamkeit in das, was die anderen auf diese Märkte tragen, und hoffen, dass sie uns im Gegenzug ihre Beachtung zukommen lassen. Mit jedem Angebot erhöht sich der Pegel des kommunikativen Grundrauschens, und wir müssen immer lauter trommeln, um noch gehört zu werden. Mit jeder Platzierung wächst der Drang, schneller auf dem Markt zu sein als der andere. Denn nur der, der zuerst dort ist, gewinnt die gewünschte Beachtung.

Dieser Wettbewerb ist globalisiert. Er findet über Zeitzonen und Lebensräume hinweg statt. Und er nimmt in der Regel wenig Rücksicht auf individuelle Befindlichkeiten, auf die Wünsche des Einzelnen oder die seines nahen Lebensumfelds. Was die Märkte uns mit Sicherheit nicht bieten, sind jene Freiräume und Rückzugszonen, die wir brauchten, um uns auf das Wichtige zu konzentrieren, um die eigenen Gedanken zu ordnen und uns den Menschen und Dingen zuzuwenden, die diese Zuwendung von uns erwarten dürfen und verdienen. Die dazu nötigen Räume und Zeiten müssen wir uns selbst sichern, niemand sonst gibt sie uns.

Es geht darum, unseren Blick auf das Wesentliche im Realistischen zu richten: Wie kann es *innerhalb* der uns umgebenden Lebensbedingungen gelingen, den Zugriff auf das eigene Leben zu behalten? Wie können wir die Errungenschaften der technologischen Vernetzung, der umfassenden Erreichbarkeit nutzen und gleichzeitig den Blick für das Wichtige bewahren? Wie schaffen wir es, aktiver Teil dieser Gesellschaft zu sein und gleichzeitig unser privates Leben gegen die Invasion der externen Ansprüche zu verteidigen?

Mut zum konzentrierten Denken

Das alles kann nur der unter einen Hut bringen, der die Kunst des Müßiggangs beherrscht. Vielleicht wird mancher viel beschäftigte Leser bei einem solchen Satz unruhig. Das muss er aber nicht. Schon von Friedrich Nietzsche können wir lernen, dass die Kunst des Müßiggangs nicht nur der Begabung, sondern auch eines konsequenten Willens bedarf. Man muss sie im eigenen Leben zur Geltung kommen lassen *wollen*: »Aus Mangel an Ruhe läuft unsere Zivilisation in eine neue Barbarei aus. Zu keiner Zeit haben die Tätigen, das heißt die Ruhelosen, mehr gegolten. Es gehört deshalb zu den notwendigen Korrekturen, welche man am Charakter der Menschheit vornehmen muss, das beschauliche Element in großem Maße zu verstärken.«[9]

Der Müßiggang wird als Lebensentwurf auch in der Literatur den Überforderungen des Modernisierungsprozesses unserer Gesellschaft entgegengesetzt. Tatsächlich hat Müßiggang rein gar nichts mit Faulheit zu tun, die wir heute oft vorschnell mit diesem Begriff verbinden. Der Müßiggänger ist nicht träge und bequem, er nutzt die Gegenkraft der Entspannung und Passivität für höchste Konzentration und Kreativität. Insofern ist er nicht der Aussteiger aus der modernen Gesellschaft, sondern ihr Garant für die Balance von Bestand und Entwicklung, von Tradition und Innovation – Begriffe, die für die meisten von uns einen deutlich besseren Klang haben.

Friedrich Schlegel hat diesen Zustand in seinem Roman *Lucinde* wie folgt beschrieben: »Wie geschieht alles Denken und Dichten, als dass man sich der Einwirkung irgendeines Genius ganz überlässt und hingibt? Und doch ist das Sprechen und Bilden nur Nebensache in allen Künsten und Wissenschaften, das Wesentliche ist das Denken und Dichten, und das ist nur durch Passivität möglich. Freilich ist es eine absichtliche, willkürliche, einseitige, aber doch Passivität.«[10] Es ist die »heilige Stille der Passivität«, die das Denken, die Konzentration und die Kreativität ermöglicht. Sie ist ein Gegenentwurf zur allgegenwärtigen Hast und Hetze einer wie auch immer gearteten Moderne dauerhafter kommunikativer Vernetzung. Und sie ist der

Garant dafür, dass etwas möglich wird, was den Menschen ausmacht und vom Tier unterscheidet: das Denken.

Der französische Literaturwissenschaftler George Steiner spricht vom »Unterschied zwischen dem Hintergrundrauschen, den Banalitäten des Wiedergekäuten, das aller menschlichen Existenz zu eigen ist […], und der wunderbaren Komplexität und Kraft außergewöhnlichen Denkens«.[11] Steiner schlägt in seiner Argumentation einen pessimistischen Weg ein: Weil wir nicht alles denken können und weil das Denken uns nicht alles ermöglicht, müssen wir der Traurigkeit anheimfallen. Diese Argumentation verkehrt die Reihung von Ursache und Wirkung. Es ist das Denken, das unsere Eigenart ausmacht und unsere Möglichkeiten immer mehr erweitert. Deshalb müssen wir uns das Denken ermöglichen. Denn die Macht des Denkens ist die einzige, die wirklich keine Beschränkungen durch äußere Kräfte erfahren kann – es sei denn, wir lassen es zu.

Nun geht es hier nicht darum, ein Szenario der Kontemplation zu entwerfen, das nicht in unsere Zeit passt. Es geht vielmehr darum, sich in der umfassenden Vernetzung und Mobilität unseres heutigen Lebens gewisse Zeit- und Lebensräume zu sichern, in denen nicht die spontane externe Anforderung uns am Denken hindert. Stattdessen soll das zu seinem Recht kommen, was uns denk- und lebensfähig hält: die soziale Vernetzung mit den (oft wenigen) Menschen, die für uns Kompass und leidenschaftlicher Antrieb im eigenen Leben sind. Die konzentrierte Auseinandersetzung mit einem Gedanken, einer Idee oder einem Gegenstand, die es erlaubt, neue Fragen zu stellen und andere Antworten zu finden. Die Zuwendung zu diesen Menschen und die Konzentration auf diese wichtigen Dinge sichern uns selbst ab in unserem eigenen Lebensentwurf. Sie setzen Kreativität und Motivation frei und haben deshalb für gewisse Zeiten unsere ausschließliche Aufmerksamkeit verdient.

Aufmerksamkeit lässt sich nicht teilen. Der Mensch hat nur einen Fokus in seiner Konzentration. Wenn wir diese besondere Aufmerksamkeit also zuweilen für bestimmte Menschen und Dinge aufsparen wollen, dann müssen wir uns für diese Zeitspannen aus dem umfassenden Strom der Nachrichten freischwimmen, das grundlegende Kommunikationsrauschen abschalten. Sonst kann es nicht gelingen.

Um noch einmal zur Fotografie zurückzukehren: Wir müssen anhalten und innehalten, um fokussieren zu können auf das, was uns in diesem Augenblick wichtig ist. Erst dann können wir die reine Gegenwart (er)leben. Nur so und nur dann geht uns die Welt auf, die jenseits des allumfassenden Kommunikationsrauschens den Moment der Verständigung mit uns selbst und mit anderen eröffnet.

Mut zur Sendepause

Die Qualität von Kommunikation entsteht aus der Ruhe und Stille, aus Augenblicken, in denen der Mensch sich besinnen und konzentrieren darf. Und zwar auf das, was eigentlicher Sinn und Zweck aller Vernetzung ist: die Verständigung mit anderen über gemeinsame Ziele, Interessen, Projekte und natürlich auch Lebensfreuden. Wir pflegen einen Kommunikationskult, doch wir brauchen eine Kommunikationskultur. Und wie jede Kultur setzt auch die Kommunikationskultur ihre beständige Pflege und eine soziale Ordnung voraus.

Der US-amerikanische Kommunikationswissenschaftler John Durham Peters beschreibt in seiner Ideengeschichte der

Kommunikation den Dialog zwischen zwei Menschen etwas archaisch als wechselseitiges Senden (»two people taking turns broadcasting at each other«).[12] Und doch zeigt diese eindimensionale Beschreibung das wesentliche Problem. Insbesondere die konstruktivistische Systemtheorie hat ins Blickfeld gerückt, dass gegenseitiges Verstehen weder Voraussetzung noch wahrscheinliches Ergebnis von Kommunikation ist. Niemand weiß, was im Kopf des anderen vorgeht, was dort angekommen ist, wahrgenommen wird, wie es verarbeitet wird. Es ist die Leistung dieser komplexen Theorie, dass sie aufgeräumt hat mit der irrigen Annahme, wir könnten Botschaften senden, die andere eins zu eins empfangen und entschlüsseln.[13] Menschen sind Blackboxes füreinander, und das macht Kommunikation schwierig. Trotzdem ist sie nicht unmöglich. Und es enthebt uns keineswegs der Verpflichtung, uns stetig darum zu bemühen, den anderen in seinen Kommunikationsangeboten ernst zu nehmen. Wahre Verständigung benötigt also mehr als zwei Menschen, die unablässig wechselseitig aufeinander einsenden.

Das ist es aber genau, was im Zuge der informationellen Vernetzung zunehmend geschieht: Wir senden aufeinander ein. Was daraus wird, ist eine zweite, oft unbeantwortete Frage. Die Folge: Jeder steht unter Beschuss – nicht mehr nur durch persönliche Gespräche, sondern durch SMS, E-Mails, Telefonate. Das hat die zwischenmenschliche Verständigung nicht wahrscheinlicher, sondern noch unwahrscheinlicher gemacht, als sie es ohnehin schon ist. Es bedarf der gelegentlichen Sendepause, um auf Information Kommunikation folgen zu lassen. Schließlich muss der Mensch verarbeiten können, was auf ihn zukommt. Hat er dazu im Dauerfeuer der Botschaften keine Zeit, fällt die Information ins Nichts. Und dann entsteht auch keine Anschlusskommunikation.

Mut zum Einfachen

Was geschieht, wenn wir uns konzentrieren? Wir fokussieren willentlich all unsere verfügbare Aufmerksamkeit auf einen bestimmten Punkt, ein bestimmtes Thema oder einen einzelnen Menschen. Es ist anstrengend, sich zu konzentrieren, und es ist schön zugleich, weil in diesem Augenblick all unsere geistige Kraft einen Punkt berührt. Die anderen Bezugspunkte, die es in jeder Sekunde millionenfach um uns herum gibt, spielen dann keine Rolle. Es ist ein geistiges Brennglas, das wir auf den einen Punkt richten, der dadurch aufgeladen und aktiviert wird.

Im Umkehrschluss bedeutet das: Wir schließen all das aus, auf das wir uns nicht konzentrieren wollen. Darin liegt die eigentliche Anstrengung im Prozess der Konzentration. Sich nicht ablenken zu lassen vom Umfeld desjenigen, das im Zentrum stehen soll. Wenn ich müde bin, fällt mir das besonders schwer. Ich versuche beispielsweise, einen Text zu lesen, der mich wirklich interessiert. Aber meine Aufmerksamkeit schweift immer wieder ab zu anderen Dingen, Gedanken, Bewegungen um mich herum, dem vibrierenden Handy oder dem blinkenden BlackBerry. Wir müssen uns also die richtigen Voraussetzungen und das angemessene Umfeld schaffen, um uns konzentrieren zu können. Das ist noch relativ einfach, wenn es darum geht, einen Text zu lesen. Dann reicht es, gewisse Ablenkungsreize auszuschalten.

Wie aber kann Konzentration auf das Leben gelingen? Dadurch, dass wir versuchen, zu vereinfachen, die Komplexität der jeweiligen Situation und des jeweiligen Lebensumfelds zu reduzieren. Das ist ein Rat, den schon der US-amerikanische Schriftsteller und Philosoph Henry David Thoreau klar formuliert hat:

»Vereinfache, vereinfache!« lautete seine Lebensmaxime. Thoreau hat sich die Situation geschaffen, die ihm das Vereinfachen ermöglichte. Er siedelte am 4. Juli 1845, am Unabhängigkeitstag, in eine selbst gebaute Blockhütte nahe Concord am Walden-See um. Seine Erfahrungen aus den zwei Jahren eines selbstbestimmten und reduzierten Lebens dort schrieb er auf und veröffentlichte sie.[14]

Das Einfache ist etwas Kostbares in der komplexen Welt. Und es ist nur mit viel Mühe und starkem Willen herzustellen. Es ist nicht weniger als das Ergebnis eines dauerhaften, stetiger Überprüfung unterworfenen und wiederum konzentrierten Prozesses, was als das Einfache und Klare übrig bleibt. Das gilt für unsere Arbeit, unser privates Leben und unsere alltägliche Kommunikation. Ich muss zuvor eine Meinung gebildet haben, Entscheidungen getroffen haben und diese in einen entsprechenden Rahmen, in sichernde Strukturen eingebettet haben, bevor ich die Früchte des Einfachen ernten kann.

Carlos Ghosn, Chef von Nissan und Renault, ist das wandelnde Beispiel für diese Form der Strukturierung zugunsten der Einfachheit. Angeblich verläuft jedes Meeting unter seiner Beteiligung gleich: In den ersten fünf Minuten werden die Ziele definiert, dann 20 Minuten Probleme skizziert und weitere 20 Minuten Lösungen diskutiert. Die letzten fünf Minuten sind den Entscheidungen vorbehalten. Und angeblich gibt es im ganzen Unternehmen kein Meeting ohne Beschluss – eine Vorgabe für alle. Dahinter steckt eine Erkenntnis, die Ghosn in einem Vortrag folgendermaßen formuliert: »Simplicity equals hard work – complexity equals no work at all.« Das Einfache ist eben das Schwierigste.

Wenn es gelingen soll, einfach und klar zu kommunizieren, um sich konzentriert mit einem Menschen oder einer Sache zu beschäftigen, dann setzt das viel Arbeit voraus. Ich muss mir darüber klar werden, welche Informationen wichtig sind, wann ich sie bekommen möchte, auf welchem Wege, wann ich bereit bin, sie zu verarbeiten und zu antworten. Vor allem aber muss ich mich entscheiden, wann ich das alles nicht will. Wann ich die notwendige Zeit haben will, mit der schon vorhandenen Information umzugehen, um daraus etwas zu machen. Wann ich in einer Kommunikation verweilen will, weil sie wichtig ist oder einfach auch schön.

Vor diesem Aufwand der Vorbereitung scheuen viele Menschen zurück. Es erscheint viel einfacher, immer spontan auf alles zu reagieren und mit allem umzugehen. Ist es aber nicht. Es ist vor allem eine Verschwendung von Zeit und geistigen Ressourcen. Und es hinterlässt das üble Gefühl, auch die Kommunikation habe inzwischen das Fast-Food-Zeitalter erreicht: Wir greifen spontan zu, fühlen uns schnell übersättigt, das Aufgenommene liegt schwer im Magen und hat fast keinen Nährwert.

Die eigene Drift

Wer sich Räume für Konzentration und Kommunikation sichern will, muss den Mut haben, eigene Entscheidungen zu treffen. Nur so kann er die richtige Mischung herstellen aus Selbstbestimmung und Fremdbestimmung durch die kommunikativen Anforderungen. Ein Ansatz aus der Psychologie greift diesen Gedanken für die menschliche Lebensführung auf: Wir müssen den »Flow« finden, der uns durchs Leben trägt.[15] Dieser »Flow« ist eine mentale Haltung, die es erlaubt, dass der Mensch vollständig eintaucht in das, was er gerade tut. Im »Flow« entsteht fokussierte Energie. Der Mensch ist ganz und gar eingebunden in sein aktuelles Denken und Handeln. Und er ist erfolgreich darin, seine Aufgaben und Aktivitäten voranzutreiben und zu einem guten Ergebnis zu bringen. Aber ein solcher »Flow« stellt sich nicht von selber ein. Nach Ansicht des ungarischen Psychologen Mihaly Csikszentmihalyi, emeritierter Professor an der Universität Chicago, muss eine ganze Reihe von Voraussetzungen hergestellt werden, damit wir in Fluss kommen (die Entsprechungen für die Kommunikation habe ich jeweils hinzugefügt):

- ❒ ein klares Ziel *(Warum will ich kommunizieren?)*;
- ❒ Konzentration und Fokus *(Mit wem und über was?)*;
- ❒ Unterbrechung der permanenten Selbstreflexion *(Ich höre auf zu fragen, ob ich gerade den Erwartungen meiner Umwelt entspreche)*;
- ❒ das Lösen vom Zeitbewusstsein *(Abschalten der Gedanken, was ich in den kommenden Minuten oder Stunden noch tun muss)*;
- ❒ direktes und unmittelbares Feedback *(der Dialog als natürliche Konversation zwischen zwei Menschen)*;
- ❒ eine Balance zwischen dem, was ich schaffen soll und schaffen kann *(zum Beispiel keine zehn E-Mails in zehn Minuten)*;
- ❒ eine bewusste persönliche Kontrolle über die Situation und Aktivität *(zum Beispiel beende ich jetzt gleich dieses Buch, weil mein Ziel erreicht ist)*;
- ❒ eine intrinsische Motivation *(ich möchte mit dieser Person kommunizieren)*.

Ich habe versucht, in diesem Buch einige Hinweise zu geben, wie eine selbstbestimmte Gestaltung der Kommunikation so gelingen kann, dass sie ihren Sinn und Zweck erfüllt: die Verständigung mit anderen und die Erlangung des eigenen Glücks. Die zugrunde liegende Haltung lässt sich in dem folgendem Dreischritt prägnant zusammenfassen:

Wir müssen Prioritäten setzen. Um eine Schneise in den Informationsdschungel zu schlagen und uns nicht in der Vielfalt der Anforderungen zu verheddern, brauchen wir den richtigen Informationsmix (ähnlich der ausgewogenen Ernährung). Statt der Sammelleidenschaft nachzugeben, alles zu bekommen, was auf dem Informationsmarkt erhältlich und neu ist, müssen wir uns auf die Verarbeitung wichtiger Informationen konzentrieren. Dabei sollten wir gelegentlich die Medien wechseln, nicht nur im Netz surfen, sondern auch mal ein Buch lesen, vor allem aber die eigenen Informationen und Interessen im persönlichen Gespräch vertiefen und abgleichen (Kapitel 2–4).

Wir dürfen abschalten. Kommunikationsgeräte haben einen Ausknopf, damit man ihn betätigt. Niemand muss immer erreichbar sein. Und niemand ist verpflichtet, auf die überbordenden, allumfassenden Ansprüche an Information und Reaktion einzugehen, die Kommunikationssoziopathen an ihn herantragen. Dafür lassen sich klare Regeln entwickeln: zum Beispiel Zeiten für die eigene Erreichbarkeit und für die E-Mail-Beantwortung definieren, sich der cc-Flut verweigern, zwischen privater und beruflicher Kommunikation und den jeweiligen Geräten klar trennen (Kapitel 5–7).

Wir haben das Recht auf eine kommunikative Identität. Jeder Mensch darf die eigenen Ansprüche und Interessen als ebenbürtig zu den externen Anforderungen betrachten, die ständig an ihn herangetragen werden. Er ist frei in der Ausgestaltung der Kommunikation, die den Grundmodus seines sozialen Lebens darstellt. Um dies zu erreichen, können zum Beispiel die Regeln der »Flow-Theorie« nützlich sein (Kapitel 8–10).

Mithilfe dieser orientierenden Leitplanken kann jeder Mensch seine eigene Drift entwickeln. Die Quallen von Monterey sind dabei wieder ein gutes Vorbild. Sie sind nicht in der Lage, sich der Grundströmung des Wassers zu widersetzen, so wie wir Menschen uns nicht der Grundströmung eines mobilen vernetzten Lebens entziehen können. Die Quallen sperren sich nicht grundsätzlich gegen Richtung und Geschwindigkeit. Es hätte auch gar keinen Sinn. Sie fließen mit, ohne zu viel Energie für oder gegen etwas in diesem Fluss aufzuwenden. Sie leiten ihr Fortkommen aus den Kräften ihrer Umwelt ab. Aber sie steuern auch mit ihren Tentakeln, allein sowie in der Gruppe.

Der Mensch verfügt über genug Sensoren und Steuerungsmöglichkeiten, um sich selbst auszurichten in den Kommunikationsströmen. Er muss es nur tun. Er muss den Mut haben, durch die aufmerksame und zur Beschränkung fähige Gestaltung seines Lebens das bewusste (und unbewusste) Glück zuzulassen. Der Schweizer Philosophieprofessor und Schriftsteller Peter Bieri schreibt in einem Essay über das selbstbestimmte Leben: »Der Kampf kann mehr oder weniger erfolgreich sein, und er ist nie zu Ende. Selbstbestimmung ist etwas Graduelles und etwas, das immer wieder verloren gehen kann. Wir brauchen viel Glück dabei, Glück mit der Welt und mit uns selbst. In der durchlebten Gegenwart sind wir oft nicht sicher, wie nahe wir dem Ideal sind. Sternstunden der Selbstbestimmung erkennen wir manchmal erst im Rückblick. Dann sagen wir: Damals, in jenem glücklichen Moment, war ich ganz bei mir selbst.«[16]

Unsere Selbstbestimmung entsteht aus Freiheit. Und diese Freiheit ist nicht die Freiheit, immer erreichbar zu sein, auf alles immer zu reagieren und alles sofort zu machen. Freiheit ist die Freiheit, auch einmal nicht erreichbar zu sein, um etwas ganz Bestimmtes, etwas Besonderes wirklich zu machen.

Wenn ich immer für alle erreichbar bin, bin ich nie wirklich da. Wenn ich auch einmal über die externen Kanäle unerreichbar bin, dann erreicht mich der wirklich, der diesen Moment mit mir teilt. Ihn trifft das Glück der bewussten Botschaft: Ich bin dann mal da. Und dieses Glück fällt im Schönsten auf mich zurück.

Anmerkungen

Wir Simultanten

[1] Friebe, H., Lobo, S. (2006): Wir nennen es Arbeit. Die digitale Bohème oder Intelligentes Leben jenseits der Festanstellung, München.

[2] Meckel, M. (2007): »Leben ist da, wo ich Netz habe. Von Heimatlosen, Hasardeuren und Hausbesetzern im Netz-Nirwana«, in: Boltz, D. M. (Hrsg.), Medienheimat. Die Zukunft von Medien und Marken, Mainz, S. 106–129.

[3] Böll, H. (2000): Doktor Murkes gesammeltes Schweigen und andere Satiren, Köln.

[4] eMarketer (2000): The Email Marketing Report, New York.

[5] Birchall, D. W. (2007): The Platronics Wireless Office e-Mail Research Project – Final Draft Report, in: www.henleymc.co.uk/henleyres03.nsf/ files/ FWF-EmailResearch-FullReport.pdf/$FILE/FWF-EmailResearch- Full Report.pdf.

[6] www.netzzeitung.de/arbeitundberuf/661753.html

[7] Pitney Bowes (2001): Business Messaging: Understanding the Customer Perspective: Year 2001, Stamford, CT.

[8] Hallowell, E. (2006): Crazy Busy. Overstreched, Overbooked, and About to Snap! Strategies for Coping in a World Gone ADD, New York.

[9] Westman, M., Eden, D. (1997): »Effects of a respite from work on burnout: Vacation relief and fade-out«, in: Journal of applied psychology, Vol. 82, No. 4, S. 516–527.

[10] Middleton, C.A., Cukier, W. (2006): »Is mobile email functional or dysfunctional? Two perspectives on mobile email usage«, in: European Journal of Information Systems 15, S. 255.

[11] Franck, G. (1998): Ökonomie der Aufmerksamkeit. Ein Entwurf, München, S. 51.

[12] Kermani, N. (2007): Kurzmitteilung, Zürich, S. 11.

In der Kommunikationsfalle

[1] How Much Information? 2003. www2.sims.berkeley.edu/research/ projects/how-much-info/.

[2] www.radicati.com.

[3] Toffler, A. (1970): Der Zukunftsschock, München.

[4] Jacoby, J. (1977): »Information Load and Decision Quality. Some Contested Issues«, in: Journal of Marketing Research, Vol. 14, No. 4, S. 569–573.

[5] Klapp, O.E. (1978): Opening and closing. Strategies of information adaption in society, Cambridge.

[6] Waddington, P. (1996): Dying for information: an investigation of information overload in the UK and world-wide. London: Reuters Business Information.

[7] www.researchandmarkets.com/reportinfo.asp?report_id=368217&t=e&cat_id=.

[8] Glotz, P. (1999): Die beschleunigte Gesellschaft. Kulturkämpfe im digitalen Kapitalismus, München, S. 109ff.

[9] Bush, Vannevar (1945): »As We May Think«, in: Atlantic Monthly, Vol. 176, No. 1, S. 101–108.

[10] Meckel, M. (2001): Die globale Agenda: Kommunikation und Globalisierung, Opladen, S.73.

[11] Moore, G. E. (1965): »Cramming more components onto integrated circuits«, in: Electronics, Vol. 38, S. 114–117.

[12] Coase, R. H. (1960): »The Problem of Social Cost«, in: Journal of Law and Economics, Vol. 3, S. 1–44.

[13] Mattern, F. (2002): Vom Handy zum allgegenwärtigen Computer: ubiquitous computing: Szenarien einer informatisierten Welt, Analysen der Friedrich-Ebert-Stiftung zur Informationsgesellschaft, 6, Bonn, in: www.library.fes.de/fulltext/stabsabteilung/01183.htm.

[14] Weiser, M. (1991): »The Computer for the 21st Century«, in: Scientific American, Vol. 265, No. 9, S. 66–75.

[15] Ebenda (Übersetzung M.M.).

[16] The Phone of the Future, in: The Economist Technology Quarterly, 2.12.2006, S. 14–16.

[17] Mattern, F. (2002): Vom Handy zum allgegenwärtigen Computer: ubiquitous computing: Szenarien einer informatisierten Welt, Analysen der Friedrich-Ebert-Stiftung zur Informationsgesellschaft, 6, Bonn, in: www.library.fes.de/fulltext/stabsabteilung/01183.htm.

[18] Kuhn, P. (2007): Die Luftnummer. Handytelefonate sind bald an Bord erlaubt. Nur stört das die Kunden. In: Frankfurter Allgemeine Sonntagszeitung v. 18.02.2007, S. V3.

[19] Lewis, D. (1999): Information Overload. Practical Strategies for Surviving in Today's Workplace, London.

[20] Pew Internet & American Life Project (2006): The Future of the Internet II. www.pewinternet.org.

[21] Zit. Nach Wallis, C. (2006): »The Multitasking Generation«, in: Time, 19.03.2006, www.time.com/time/printout/0,8816,1174696,00.html (Übersetzung M.M.).

Select all!

[1] Iyengar, S., Lepper, M. (2000): »When Choice is Demotivating: Can One Desire Too Much of a Good Thing?«, in: Journal of Personality and Social Psychology, Vol. 79, No. 6, S. 995–1006.

[2] Gross, P. (1994): Die Multioptionsgesellschaft, Frankfurt/Main.

[3] Ebenda, S. 11.

[4] Beck, U. (1986): Risikogesellschaft. Auf dem Weg in eine andere Moderne, Frankfurt/Main.

[5] Schultze, G. (1992): Die Erlebnisgesellschaft. Kultursoziologie der Gegenwart, Frankfurt/Main.

[6] Gross, P. (1994): Die Multioptionsgesellschaft, a.a.O., S. 15.

[7] Zuckerman, M., Porac, J., Lathin, D., Smith, R., Deci, E. (1978): »On the importance of self-determination for intrinsically motivated behaviour«, in: Personality and Social Psychology Bulletin, Vol. 4, No. 3, S. 443–446.

[8] Hauser, J., Wernerfelt, B. (1990): »An evaluation cost model of consideration sets«, in: Journal of Consumer Research, Vol. 16, No. 4, S. 393–408.

[9] Schwartz, B. (2005): The Paradox of Choice. Why More is Less. How the Culture of Abundance Robs us of Satisfaction, New York.

[10] Timmermans, D. (1993): »The impact of task complexity on information use in multi-attribute decision making«, in: Journal of Behavioral Decision Making, Vol. 6, No. 2, S. 95–111.

[11] Bellah, R., Madsen, R., Sullivan, W., Swindler, A., Tipton, S. (1985): Habits of the Heart, Los Angeles.

[12] www1.eur.nl/fsw/happiness/

[13] www.neweconomics.org/gen/uploads/dl44k145g5scuy453044gqbu11 0 72006194758.pdf.

[14] Lane, R. E. (2000): The Loss of Happiness in Market Democracies, New Haven, CT.

[15] Ebenda, S. 165 (Übersetzung M.M.).

[16] »Vielfalt verdirbt die Konsumlust«, Interview mit David Bosshart, in: www.markant-gmbh.de/download/hm_2002/handelsmagazin_02_11.pdf.

[17] Berlin, I. (1962): Two Concepts of Liberty. An inaugural lecture delivered before the University of Oxford on 31 October 1958, Oxford.

[18] Anderson, C. (2006): The Long Tail. How Endless Choice is Creating Unlimited Demand, London.

[19] Ebenda, S. 6ff.

[20] Ebenda, S. 217.

[21] Simon, H. (1997): Administrative Behavior. A Study of Decision-Making Processes in Administrative Organizations, New York (zuerst erschienen 1994).

[22] Guiso, L., Jappelli, T. (2006): »Rational or Behavioral Investors? Investment in Information and Portfolio Performance), in: www.cerp.unito. it/allegati/jappelli_presentatio.

[23] Kirchgässner, G. (1991): Homo oeconomicus. Das ökonomische Modell individuellen Verhaltens und seine Anwendung in den Wirtschafts- und Sozialwissenschaften, Tübingen.

[24] Bolton, G. E., Ockenfels, A. (2000): »ERC: A Theory of Equity, Reciprocity and Competition«, in: American Economic Review, Vol. 90, No. 3, S. 166–193.

[25] www.redaktion-wissen.de/texte/txt_szw_2005_0405kauftendlich.html.

[26] Bateson, G. (2000): Steps to an Ecology of Mind, Chicago.

Bitte nicht unterbrechen!

[1] Hall, E.T. (1983), The Dance of Life, Garden City, New York.

[2] Bluedorn, A., Kalliath, T.J., Strube, M.J., Martin, G.D. (1998): »Polychronicity and the Inventory of Polychronic Values (IPV)«, in: Journal of Management Psychology, Vol. 14, No. 3/4, S. 205–230.

[3] Der britische Soziologe und Kybernetiker Gregory Bateson definiert Information als »a difference which makes a difference«; Bateson, G. (1972): Steps to an Ecology of Mind, Collected Essays in Anthropology, Psychiatry, Evolution and Epistemology, New York.

[4] Spiegel Online v. 23.04.2005.

[5] Rötzer, F. (2001): »Mythos Multitasking«?, in: www.heise.de/tp/r4/artikel/9/9188/1.html.

[6] www.bmwi.de/BMWi/Navigation/Technologie-und-Innovation/Informationsgesellschaft/informationswirtschaft.html.

[7] Basex (2005): The Cost of Not Paying Attention: How Interruptions Impact Knowledge Workers Productivity, New York.

[8] Spira, J.B. (2005): »The high cost of interruptions«, in: KM-World 8, S. 1 und 32.

[9] González, V., Mark, G. (2004): »Constant, Constant, Multi-tasking Crazines«: Managing Multiple Working Spheres, in: CHI, 24.–29. April, S. 113–120.

[10] Pöppel, E. (1997): Grenzen des Bewusstseins, Frankfurt a.M., S. 59ff.

[11] Mark, G., González, V., Harris, J. (2005): »No Task Left Behind? Examining the Nature of Fragmented Work«, in: CHI, 2.–7. April, S. 321–330.

[12] Horvitz, E., Jacobs, A., Hovel, D. (1999): Attention-Sensitive Alerting. Microsoft Research. www.research.microsoft.com/~horvitz/attend.htm.

[13] www.research.microsoft.com/~dcr/work/talks/avi02_talk_01.ppt.

[14] González, V., Mark, G. (2004): »Constant, Constant, Multi-tasking Craziness«, a.a.O., S. 117.

[15] Robertson, G., et al. (2005): Scalable Fabric: Flexible Task Management. Microsoft Research. www.research.microsoft.com/~horvitz/sca lable_fabric.htm.

[16] González, V., Mark, G. (2005): »Managing currents of work: Multi-tasking among multiple collaborations«, in: Gellersen, H., et al. (Hrsg.), ECSCW 2005: Proceedings of the Ninth European Conference on Computer-Supported Cooperative Work. 18.–22. September, Paris, S. 143–162.

[17] www.de.wikipedia.org/wiki/Multitasking.

[18] Die Hirnregion soll sich im frontalen Assoziationskontext oder präfrontalen Kortex des menschlichen Gehirns finden; vgl. Rötzer, F. (1999): »Schwimmen in der Informationsflut. Gehirnareal für Multitasking entdeckt«, in: www.heise.de v. 20.05.1999.

[19] Jiang, Y., Saxe, R., Kanwisher, N. (2004): »Functional Magnetic Resonance Imaging Provides New Constraints on Theories of the Psychological Refractory Period«, in: Psychological Science 15 (6), S. 390–396.

[20] Healy, M. (2004): »We're all multi-tasking, but what's the cost?«, in: latimes.com/features/health/la-he-multitasking19jul19,1,2049254.story.

[21] Hallowell, E. (2006): Crazy Busy. Overstreched, Overbooked, and About to Snap! Strategies for Coping in a World Gone ADD, New York.

[22] Seven, R. (2004): »Life interrupted. Plugged into all, we're stressed to-distraction«, in: www.seattletimes.nesource.com/pacificnw/2004/1128/cover.html.

[23] Teach, E. (2004): »Avoiding decision traps: cognitive biases and mental shortcuts can lead managers into costly errors of judgement«, in: CFO Magazine, June, 1.

[24] www.lifehacker.com/software/adhd/attention-deficit-trait-work-induced-add-165689.php

[25] Hallowell, E., zit. Nach: Von Rutenberg, J. (2006): »Der Fluch der Unterbrechung«, in: Die Zeit, Nr. 46 v. 9.11.2006, S. 74.

[26] Turkle, S. (1998): Leben im Netz. Identitäten in Zeiten des Internet, Reinbek bei Hamburg, S. 16.

[27] Turkle, S. (2006): »Living online: I'll have to ask my friends«, in: www.personal.si.umich.edu/.../SI110/readings/In_Out_and_Beyond/Turkle %20on %20Social%20Ntwkng%20Sites.pdf (20.September 2006).

Digitale Zeitdiebe und Hausbesetzer

[1] In Anlehnung an Towers, I., Duxbury, L., Higgins, C., Thomas, J. (2006): »Time thieves and space invaders: technology, work and the organization«, in: Journal of Organizational Change Management, Vol. 19, No. 5, S. 593–618.

[2] www.prognos.com/html/p_worklife.html.

[3] Wirtschaftswoche, Nr. 12 v. 19.3.2007, S. 97.

[4] WHO (2006): Commission on Social Determinants of Health, Newsletter No. 9.

[5] Knights, D. (1990): »Subjectivity, power, and the labour process«, in: Knights, D., Willmott, H. (Hrsg.), Labour Process Theory, London, S. 297–335.

[6] Lewis, S., Rapoport, R., Gambles, R. (2003): »Reflections on the Integration of Paid Work with the Rest of Life«, in: Journal of Managerial Psychology, 18, No. 8, S. 824–841.

[7] Kaufmann, C., Lane, P.L., Lindquist, J.D. (1991): »Exploring More than 24 Hours a Day: A Preliminary Investigation of Polychronic Time Use«, in: Journal of Consumer Research, Vol. 18, S. 392–401.

[8] Towers, I., Duxbury, L., Higgins, C., Thomas, J. (2006): Time thieves and space invaders, a.a.O.

[9] Higgins, C., Duxbury, L. (2002): »The 2001 National Work-Life-Con-

flict Study, Report One«, in: www.phac-aspc.gc.ca/publicat/work-travail/pdf/rprt_1_e.pdf.

[10] Towers, I., Duxbury, L., Higgins, C., Thomas, J. (2006): Time thieves and space invaders, a.a.O.

[11] www.psychiater.org/ambulanz.htm. Inzwischen hat diese Suchtberatungsstelle einen Ableger: die »Münchner Ambulanz für Börsen-Abhängige«, in der sich spekulationswütige Zeitgenossen beraten und helfen lassen können. Offenbar eignen sich nicht nur Fortschrittstechnologien, sondern auch sonstige Errungenschaften des modernen Lebens hervorragend, um Menschen überdurchschnittlich in ihren Bann zu ziehen.

[12] Festinger, L. (1978): Theorie der Kognitiven Dissonanz, Bern.

Nomaden im Geiste

[1] Virilio, P. (1993): Revolutionen der Geschwindigkeit, Berlin.

[2] Gronemeyer, M. (2002): Die Macht der Bedürfnisse. Überfluss und Knappheit, Darmstadt, S. 27.

[3] Glotz, P. (1999): Die beschleunigte Gesellschaft. Kulturkämpfe im digitalen Kapitalismus, München.

[4] Tully, C.J. (2006): »Stillstand ist der Gegensatz zur Moderne. Eine Betrachtung über die Grundlagen und Folgen mobiler Lebensstile«, in: Süddeutsche Zeitung v. 26.08.2006, S. V2/3.

[5] Sennett, R. (1998): Der flexible Mensch. Die Kultur des neuen Kapitalismus, Berlin.

[6] Es gibt keine vernünftige deutsche Übersetzung für dieses Wort; es bedeutet ebenso »sich treiben lassen« wie von einer Strömung »fortgetrieben werden«, die stärker ist als man selbst.

[7] Hassan, R. (2003): »Network Time And The New Knowledge Epoch«, in: Time & Society, Vol. 12, No. 2–3, S. 225–241.

[8] www.destatis.de/presse/deutsch/pk/2005/mikrozensus2004b.htm.

[9] Schneider, N.F., Limmer, R., Ruckdeschel, K. (2002): Mobil, flexibel, gebunden. Beruf und Familie in der mobilen Gesellschaft, Frankfurt/Main.

[10] Gleick, J. (1999): Faster. The Acceleration Of Just About Everything, New York.

[11] Virilio, P. (1993): Revolutionen der Geschwindigkeit, a.a.O., S. 18.

[12] Virilio, P. (1992): Rasender Stillstand, München.

[13] Eriksen, T.H. (2001): Tyranny of the Moment. Fast and Slow Time in the Information Age, London.

[14] Rosa, H. (2005): Beschleunigung. Die Veränderung der Zeitstruktur in der Moderne, Frankfurt/Main.

[15] Verantwortlich für unsere innere Synchronisation sind die »circadianen Rhythmen«. Sie regeln bei nahezu allen Lebewesen im Gehirn die Aktivitäts- und Ruhephasen und werden selbst wiederum wesentlich durch Licht gesteuert. Rüschemeyer, G. (2007): »Der Rhythmus, bei dem jeder mit muss«, in: Frankfurter Allgemeine Sonntagszeitung v. 25.03.2007, S. 68.

[16] Schinkel, A. (2003): »Das Bedürfnis nach Mobilität ... und die Kunst des Müßiggangs«, in: Universitasonline 2003, www.hirzel.de/universitas/archiv/schinkel.pdf.

[17] www.edupolis.de/praesenz2004/folien/vowe.pdf.

[18] Augé, M. (1994): Orte und Nicht-Orte. Vorüberlegungen zu einer Ethnologie der Einsamkeit, Frankfurt/Main.

[19] Du Gay, P., Salaman, G. (1992): »The cult(ure) of the customer«, in: Journal of Management Studies, Vol. 29, No. 4, S. 615–633.

[20] Der Spiegel v. 02.04.2007, S. 100–102.

[21] www.slowfood.com

[22] www.news.com.com/Driven+to+distraction+by+technology/2100-1022_3-5797028.html.

[23] Klose, A. (2007): »Stillstand ist nicht der Gegensatz der Moderne. Über Beschleunigung und Erstarrung – Thesen zu einer kritischen Theorie der Mobilität«, in: Süddeutsche Zeitung v. 10./11.03.2007, S. V2/6.

Kommunikationsrequisiten

[1] Fortunati, L. (2006): »Das Mobiltelefon als technologisches Artefakt«, in: Glotz, P., Bertschi, S., Locke, C. (Hrsg.), Daumenkultur. Das Mobiltelefon in der Gesellschaft, Bielefeld, S. 171–184.

[2] Goffmann, E. (1983): Wir alle spielen Theater. Die Selbstdarstellung im Alltag, München.

[3] Cooley, C. H. (1902): Human Nature and the Social Order, New York.

[4] Giddens, A. (1991): Modernity and Self-Identity: Self and Society in the Late Modern Age, Cambridge.

[5] Goffmann, E. (1986): Interaktionsrituale. Über Verhalten in direkter Kommunikation, Frankfurt/Main.

[6] Blumler, H. (1969): Symbolic Interactionism: Perspective and Method, Englewood Cliffs, N.J.

[7] Strom, G. (2002): »Mobile Devices as Props in Daily Role Playing«, in: Personal and Ubiquitous Computing, Vol. 6, No. 4, S. 307–310.

[8] Katz, J.E. (2006): »Mobile Kommunikation und die Transformation des Alltagslebens: Die nächste Phase in der Mobiltelefon-Forschung«, in: Glotz, P., Bertschi, S., Locke, C. (Hrsg.), Daumenkultur. Das Mobiltelefon in der Gesellschaft, Bielefeld, S. 197–212.

[9] Latour, B. (1998): »Fatti, Artefatti, Fatticci«, in: Nacci, M. (Hrsg.), Oggetti d'uso quotidiano. Rivoluzioni tecnologiche nella vita di oggi, Venedig, S. 17–36.

[10] Katz, J.E. (2006): Mobile Kommunikation und die Transformation des Alltagslebens, a.a.O, S. 207.

[11] www.heise.de/newsticker/meldung/11613.

[12] www.MobileIN.com.

[13] Fortunati, L. (2006): Das Mobiltelefon als technologisches Artefakt, a.a.O., S. 176f.

[14] Meyrowitz, J. (1985): No sense of place: the impact of electronic media on social behaviour, Oxford, S. 109.

[15] Chase, S. (2000): »BlackBerry season«, in: The Globe and Mail (Toronto) v. 14.12.2000, S. T1.

[16] Cooper, G. (2001): »The Mutable Mobile: Social Theory in the Wireless World«, in: Brown, B., Green, N., Harper, R. (Hrsg.), Wireless World: Social and Interactional Aspects of the Mobile Age, London, S. 19–31.

[17] Goffmann, E. (1971): Relations in Public: Microstudies of the Public Order, Harmondsworth, S. 71.

[18] Forschungsprojekt der Universität Sussex; vgl. Bassett, C., Cameron, L., Hartmann, M., Hills, M., Karl, I., Morgan, B., Wessels, B. (1997): »In the Company of Strangers: User Perceptions of the Mobile Phone«, in: Haddon, L. (Hrsg.), Communication on the Move: the experience of mobile telephony in the 1990s, COST248 Report, Farsta: Telia, www.cost269.org/Cost 248/7_COMPANY.doc.

[19] Katz, J.E. (2006): Mobile Kommunikation und die Transformation des Alltagslebens, a.a.O.

[20] Morris, D. (1977): Manwatching: A Field Guide to Human Behaviour, New York.

[21] Hall, E. T. (1977): Beyond Culture, New York, S. 71f.

[22] Hall, E. T. (1966): The Hidden Dimension, New York.

[23] Süddeutsche Zeitung v. 20.02.2007, S. 13.

[24] Cooper, G. (2001): The Mutable Mobile, a.a.O.

[25] Strom, G. (2002): Mobile Devices as Props in Daily Role Playing, a.a.O.

[26] Teichert, W. (1973): »Fernsehen« als soziales Handeln (II). Entwürfe und Modelle zur dialogischen Kommunikation zwischen Publikum und Massenmedien«, in: Rundfunk und Fernsehen, Vol. 21, No. 4, S. 356–382.

[27] Katz, E., Foulkes, D. (1962): »On the use of the mass-media as »escape«: Clarification of a concept«, in: Public Opinion Quarterly, Vol. 26, No. 3, S. 377–388.

[28] www.sueddeutsche.de/tt4m2/deutschland/artikel/20/71948/

[29] Zernike, K. (2003): »Calling in Late«, in: New York Times v. 26.10. 2003, S. ST 1, ST 11.

A rose is a rose is a @—>>—>>—

[1] Emoticon für »Rose«, ideal als Illustration für eine Liebeserklärung per SMS.

[2] Der Spiegel, Nr. 12 v. 20.03.1006, S. 78 ff.

[3] Schmidt, G., Matthiesen, S., Dekker, A. (2006): Spätmoderne Beziehungswelten. Report über Partnerschaft und Sexualität in drei Generationen, Wiesbaden.

[4] Forschungsprojekt »Beziehungsbiographien im sozialen Wandel«, vgl. www.beziehungsbiographien.de.

[5] Di Fabio, U. (2005): Die Kultur der Freiheit. Der Westen gerät in Gefahr, weil eine falsche Idee der Freiheit die Alltagsvernunft zerstört, München.

[6] Schirrmacher, F. (2006): Minimum. Vom Vergehen und Neuentstehen unserer Gemeinschaft, München, S. 21.

[7] Bolz, N. (2007): »Die Umerziehung der Männer«, in: Frankfurter Allgemeine Sonntagszeitung v. 08.04.2007, S. 13.

[8] Hradil, S. (1995): Die Single-Gesellschaft, München.

[9] Elias, N. [1939] (1992): Über den Prozess der Zivilisation, 2 Bände, Bd. II, Frankfurt/Main, S. 324.

[10] Katz, J. E., Aakhus, M. (Hrsg.) (2002): Perpetual Contact. Mobile Communication, Private Talk, Public Performance, Cambridge, MA.

[11] Bartholomew, K. (1990): »Avoidance of Intimacy: An Attachment Perspective«, in: Journal of Social and Personal Relationship, Vol. 7, No. 2, S. 147–178.

[12] Bierhoff, H. W., Grau, I. (1999): Romantische Beziehungen. Bindung, Liebe, Partnerschaft, Bern.

[13] Döring, N. (2002): »1 x Brot, Wurst, 5 Sack Äpfel I.L.D. – Kommunika-

tive Funktionen von Kurzmitteilungen (SMS)«, in: Zeitschrift für Medienpsychologie, Vol. 14, No. 3, S. 118–128, S. 119.

[14] MORI & LYCOS (2000): »I just text to say I love you«, in: www.ipsos-mori.com/polls/2000/lycos.shtml.

[15] Neue Zürcher Zeitung v. 20.12.2003, S. EM1.

[16] www.tnsofres.de/pdf/presse-presseinformationen/2003/2003_02_14_TNS_Emnid_Partnersuche_Internet.pdf.

[17] Voland, C. (2001): »... scheuen das Licht der Öffentlichkeit. Eine kurze Geschichte des Liebesbriefs«, in: www.soz.uni-frankfurt.de/ K.G /B4_2001_Voland.pdf.

[18] Bürgel, P. (1976): »Der Privatbrief. Entwurf eines heuristischen Modells«, in: Deutsche Vierteljahresschrift für Literaturwissenschaft und Geistesgeschichte, Vol. 50, S. 288.

[19] Dorer, J. (1999): »Das Internet und die Genealogie des Kommunikationsdispositivs. Ein medientheoretischer Ansatz nach Foucault«, in: Hepp, A., Winter R. (Hrsg.): Kultur – Medien – Macht. Cultural Studies und Medienanalyse, Opladen, S. 300.

[20] Herlyn, G. (2001): »Partnersuche im Internet. Mediale Mythenbildung und Aneignungserfahrung einer alltäglichen Kommunikationstechnik«, in: kommunikation@gesellschaft, Vol. 2, www.soz.uni-frankfurt.de/ K.G/B2_2001_Herlyn.pdf.

[21] Kaseniemi, E. L., Rautiainen, P. (2003): »Das Leben in 160 Zeichen: Zur SMS-Kultur finnischer Jugendlicher«, in: Höflich, J., Gebhard, J. (Hrsg.): Vermittlungskulturen im Wandel. Brief, E-Mail, SMS, Frankfurt/Main, S. 303.

[22] Giddens, A. (1991): Modernity and Self-Identity: Self and Society in the Late Modern Age, Cambridge.

[23] Döring, N., Dietmar, C. (2003): »Mediatisierte Paarkommunikation: Ansätze zur theoretischen Modellierung und erste qualitative Befunde«, in: Forum Qualitative Sozialforschung, Heft/Band 4, Nr. 3, www.qualitative-research.net/fqs-texte/3-03/3-03doeringdietmar-d.htm.

[24] Höflich, J. (2001): Das Handy als »persönliches Medium«. Zur Aneignung des Short Message Service (SMS) durch Jugendliche«, in: kommunikation@gesellschaft, Vol. 2, www.soz.uni-frankfurt.de/K.G/B1_2001_Hoeflich.pdf.

[25] Döring, N. (2003): »Neuere Entwicklungen in der Partnerschaftsforschung: Wechselwirkungen zwischen Telekommunikation und Paarbeziehungen«, in: Bierhoff, H. W., Grau, I. (Hrsg.), Sozialpsychologie der Partnerschaft, Berlin, Heidelberg, S. 553.

[26] Riemann, V. (1999): Kontaktanzeigen im Wandel der Zeit. Eine Inhaltsanalyse, Opladen.

[27] Reichertz, J. (1991): »Kontaktanzeigen in Stadtmagazinen oder Die Suche nach dem anderen, den man nicht treffen will«, in: Müller-Doohm, S., Neumann-Braun, K. (Hrsg.): Öffentlichkeit – Kultur – Massenkommunikation, Oldenburg, S. 254.

[28] Strauß, B. (1984): Paare, Passanten, München.

[29] Luhmann, N. (1982): Liebe als Passion. Zur Codierung von Intimität, Frankfurt/Main, S. 10.

[30] Zitat mit Ergänzung durch M.M. nach: Beck, U., Beck-Gernsheim, E. (1990): Das ganz normale Chaos der Liebe, Frankfurt/Main, S. 21.

Das vibrierende Ich

[1] Moser, C. (2006): »Zeit der Annäherung war gestern … Ab ins Bett«, in: Die Weltwoche v. 11.05.2006, S. 46.

[2] www.news.ufl.edu/2003/07/17/internetinfidelity/ (Übersetzung M.M.).

[3] Maheu, M., Subotnik, R. (2001): Infidelity on the Internet. Virtual Relationships and Real Betrayal, Naperville/Ill.

[4] Frankfurter Rundschau v. 09.06.2006, S. 43.

[5] Rötzer, F. (2003): »Die leichteste Verführung zur Untreue«, in: Telepolis v. 22.07.03, www.heise.de/tp/r4/artikel/15/15274/1.html.

[6] Melle, T. (2006): Raumforderung. Erzählungen, Frankfurt/Main.

[7] Moser, C. (2006): Zeit der Annäherung war gestern, a.a.O., S. 46.

[8] Der Begriff »Avatar« entstammt dem Sanskrit und bedeutet übersetzt »Abstieg«. Das meint den Abstieg einer Gottheit in irdische Sphären. 1992 hat Neil Stephenson den Begriff in seinem Science-Fiction-Roman *Snow Crash* für die digitale Welt übernommen und ihm zur heutigen Popularität verholfen. Hier beschreibt der Begriff eine (animierte) 3-D-Figur, die einen Spieler oder eine Person in der virtuellen Welt (zum Beispiel im Second Life) repräsentiert.

[9] Woman v. 28.06.2005, S. 16.

[10] Süddeutsche Zeitung v. 31.01.2007, S. 9.

[11] New York Times Magazine v. 01.12.2005, S. E1.

[12] Focus v. 02.05.2005, S. 112.

[13] Giddens, A. (1993): Wandel der Intimität. Sexualität, Liebe und Erotik in modernen Gesellschaften, Frankfurt/Main, S. 93.

[14] www.spiegel.de/schulspiegel/leben/0,1518,430242,00.html.

[15] Lindner, M. (2007): »Auf der Suche nach der passenden Lust«, in: GEO v. 01.02.2007, S. 26.

[16] Cooper, A. (1998): »Sexuality and the Internet: Surfing into the New Millennium«, in: CyberPsychology and Behavior, Vol. 1, No. 2, S. 187–193

[17] Eichenberg, C., Ott, R. (2000): »Poppnet«, in: c't 16, S. 68.

[18] Economist v. 21.04.2007, S. 66.

[19] Ebenda.

[20] Der Spiegel v. 08.05.2000. S. 270–273.

[21] Golder, S.A., Huberman, B. (2005): »The structure of collaborative Tagging Systems. Information Dynamics Lab, HP Labs«, in: www.hpl.hp.com/research/idl/papers/tags/tags.pdf.

[22] Soboczynski, A. (2007): »Das Ende der Geheimnisse«, in: Die Zeit v. 08.03.2007, S. 64.

[23] Gracián, B. (1992): Handorakel und Kunst der Weltklugheit, Stuttgart.

[24] BVerfGE 101, 361.

[25] Zit. nach Süddeutsche Zeitung v. 12./13.05.2007, S. 15.

[26] Adorno, T. W., Horkheimer, M. (1969): Dialektik der Aufklärung. Philosophische Fragmente, Frankfurt/Main.

[27] Habermas, J. (1990): Strukturwandel der Öffentlichkeit. Untersuchungen zu einer Kategorie der bürgerlichen Gesellschaft, Frankfurt/Main, S. 49.

[28] Sennett, R. (1998): Verfall und Ende des öffentlichen Lebens. Die Tyrannei der Intimität, Frankfurt/Main, S. 358.

[29] Vattimo, G. (1992): The Transparent Society, Baltimore.

Das Glück der Unerreichbarkeit

[1] Neue Zürcher Zeitung v. 03.03.2007, S. 42.

[2] Thomä, D. (2003): Vom Glück in der Moderne, Frankfurt/Main, S.27.

[3] Brief aus dem November 1825; Osten, M. (2003): Alles veloziferisch Oder Goethes Entdeckung der Langsamkeit, Frankfurt/Main, Leipzig.

[4] Neue Zürcher Zeitung v. 19./20.05.2007, S. B1.

[5] Simmel, G. (1989): Philosophie des Geldes, Suhrkamp, Frankfurt/Main.

[6] Ebenda, S. 263.

[7] Simmel, G. (1990): »Zur Psychologie des Geldes«, in: Jahrbuch für Gesetzgebung, Verwaltung und Volkswirtschaft im Deutschen Reich, hrsg. von Gustav Schmoller, 13. Jg., Leipzig, S. 1264.

[8] Franck, G. (2005): Mentaler Kapitalismus. Eine politische Ökonomie des Geistes, München, S. 14.

[9] Nietzsche, F. (1997): Menschliches, Allzumenschliches, Bd. 1, in: Nietzsche, F., Werke, Bd. 1, hrsg. von Karl Schlechta, Darmstadt, S. 620f.

[10] Schlegel, F. (1985): Lucinde, Frankfurt/Main, S. 47.

[11] Steiner, G. (2006): Warum Denken traurig macht. Zehn (mögliche) Gründe, Frankfurt/Main, S. 65.

[12] Peters, J. D. (1999): Speaking into the Air. A History of the Idea of Communication, Chicago, London, S. 264.

[13] Siehe dazu z.B. Schmidt, S.J. (2002): Kognitive Autonomie und soziale Orientierung. Konstruktivistische Bemerkungen zum Zusammenhang von Kognition, Kommunikation, Medien und Kultur, Frankfurt/ Main.

[14] Thoreau, H. D. (1979): Walden oder Leben in den Wäldern, Zürich (»Vereinfache, vereinfache!«, S. 99).

[15] Csikszentmihalyi, M. (1990): Flow: The Psychology of Optimal Experience, New York.

[16] Bieri, P. (2007): »Was heißt es, über unser Leben selbst zu bestimmen?«, in: Zeitmagazin Nr. 24 v. 06.06.2007, S. 50.

Abbildungsnachweis

S. 23: Quelle: www.youtube.com/watch?v=T2la_aGzpw8.
S. 64: © Markus Holzmeier.
S. 158: © Swiss International Air Lines Ltd.
S. 168 (links): © Museum für Kommunikation, Frankfurt.
S. 168 (rechts) und S. 169 (links): © Deutsche Telekom AG.
S. 169 (rechts): © Frank Röder.
S. 177: © Dirk Meissner/Meissner Cartoons.
S. 208: © Pitopia/Leon Wolf, 2003.
S. 226: Privat.

Dank

Dieses Buch ist unter Bedingungen entstanden, von denen ich im Text entschieden abrate: parallel zu vielen anderen Projekten im laufenden Semester, auf Reisen, im Flugzeug, in Zügen, in Hotelzimmern in Zürich, Berlin, San Francisco und Oslo. Es entstand auch an Wohnzimmertischen mir nahestehender Menschen, die irgendwann trotz aller Zuneigung kaum mehr ertragen konnten, dass ihr Lebensraum von meinen Büchern und Kopien überflutet wurde. Irgendwann habe ich es zumindest geschafft, während des Schreibens mein Handy abzustellen und den BlackBerry auch. Ich habe sogar vorgetäuscht, ein Wochenende zu verreisen, bin aber heimlich zu Hause geblieben, um zu schreiben. Vielleicht ist dieses Buch also auch ein selbsttherapeutisches Projekt. Jedenfalls hat es mir Freude gemacht, es zu schreiben, und mir selbst viele neue Erkenntnisse und praktische Hinweise gebracht.

In unzähligen Gesprächen mit Freunden, in der Familie und mit Kolleginnen und Kollegen habe ich Akzente dieses Themas diskutiert. Dabei wurde deutlich: Das Thema elektrisiert. Jede und jeder fühlte sich irgendwie und irgendwann betroffen. Die meisten Menschen lieben zwar die Möglichkeiten, die die Kommunikationstechnologien uns geben: vernetzt zu sein, dauererreichbar, unabhängig vom Schreibtisch oder dem Telefon zu Hause. Aber niemand hat die richtigen Rezepte, damit so umzugehen, dass der Kern des eigenen Lebens, die Freiräume und Ruhezonen gesichert sind.

Ich möchte mich bei einigen Menschen bedanken, die mittelbar oder unmittelbar an der Entstehung dieses Buches mitgewirkt haben. Dabei gilt ein herzlicher Dank dem Verlag, Klaas Jarchow, Marlies Hebler und den Mitarbeiterinnen und Mitarbeitern, die mich im Entstehungsprozess tatkräftig unterstützt haben. Christian Weller danke ich für das sorgfältige, zuweilen hartnäckige Lektorat, das dem Text wunderbaren Schliff gegeben hat. Die Auseinandersetzungen um einzelne Textstellen waren darüber hinaus ein argumentatives Vergnügen. Dank gilt meinen Mitarbeiterinnen und Mitarbeitern am Institut in St. Gallen, die in vielen Diskussionen und durch ihre tägliche Arbeit dazu beigetragen haben, dass etwas entstehen konnte. Thomas Wimmer hat das Manuskript sorgfältig und kritisch durchgearbeitet und auch Christian Fieseler, der dann entschieden hat: »Seit ich dieses Buch gelesen habe, gehe ich nicht mehr ans Telefon.« Ich weiß inzwischen, dass das nicht stimmt, und finde es auch besser so.

Dank gebührt René Obermann, der die Idee durch ein gemeinsames Forschungsprojekt über den Einsatz von Black-Berrys in Unternehmen mit beflügelt hat und der trotz aller beruflichen Belastung immer ein besonders aufmerksamer und kreativer Gesprächspartner ist. Gleiches gilt für viele Kolleginnen und Kollegen an der Universität St. Gallen. Hervorheben möchte ich Dieter Thomä, der mir bei einem gemeinsamen Zürcher Geschnetzelten und einer philosophischen Diskussion über Simmels Unerreichbarkeit des Glücks durch Geld geholfen hat, die Titelidee zu entwickeln.

Ich möchte auch meiner Familie danke sagen, meinem Vater und meiner Schwester, weil sie in den vergangenen Monaten nicht viel von mir hatten und das mit Geduld und Verständnis ertragen haben. Dass mein Vater mit 78 Jahren mit mir simst und mailt, bereitet mir besondere Freude. Er ist der lebendige

Beleg für meine Grundthese, denn er hat das natürliche Talent und die Weisheit des Alters im Umgang mit diesen Technologien. Manchmal kommt tagelang nichts; dann ist er unerreichbar. Aber ich kann mich darauf verlassen, dass diese Phase auch wieder endet.

Ich wünschte mir, dass meine Mutter dieses Buch noch lesen könnte. Sie hat leider nur die ersten Anfänge und Überlegungen mitbekommen dürfen. Wenn sie es läse, würde sie erkennen, dass manch ein Gedanke in diesem Buch sehr viel mit ihr zu tun hat. Ich widme ihr das Buch von Herzen.

Dank gilt meinen Freunden, die ebenfalls meine zwischenzeitliche Unerreichbarkeit ertragen haben, ohne daraus die falschen Schlüsse zu ziehen. Ich danke für die vielen schönen gemeinsamen Erlebnisse, die zum Teil auch Eingang in dieses Buch gefunden haben. Und ich bin froh, dass es ihnen immer wieder gelingt, mich in meinen angenommenen Selbstverständlichkeiten zu irritieren. Meinem Freund HW danke ich für viele Diskussionen und Inspirationen auf dem Weg zum Manuskript. Meiner Freundin danke ich für viel mehr als die Geduld mit mir und diesem Buch. Sie hat alles gelesen und mit mir – wenn nötig – über jeden Satz verhandelt. Manchmal kämpfe ich um Texte. Dass sie auch das aushält und dabei das Bessere gewinnt, ist einfach wunderbar.

Die Arbeitsphase rund um dieses Buch hat mir neben der Freude am Schreiben ganz persönlich einige Einsichten gebracht, die ich an den Schluss stellen möchte: Ich meine die Ansage auf meiner Mailbox inzwischen ernst: »Ich bin derzeit leider nicht erreichbar«. Ich antworte grundsätzlich nicht mehr auf Mails, die mit einem »asap« enden (»as soon as possible«). Und ich gebe sehr bewusst acht darauf, dass ich mich nicht immer aufteile in meiner Aufmerksamkeit und Zuwendung. Wenn es um Wichtiges geht oder wenn ich mit Menschen zusammen bin, die mir wichtig sind, dann gilt: Ich bin dann mal da.

Lars Reppesgaard

Das Google-Imperium

280 Seiten, ISBN 978-3-86774-046-3

In nur zehn Jahren ist GOOGLE zum erfolgreichsten Unternehmen der Welt geworden. Die Kalifornier schwimmen im Geld und verwenden es, um ihr Imperium mit immer neuen Diensten und Projekten weltweit auszubauen. Der Internetgigant ist der Hauptlieferant für den wichtigsten Rohstoff des 21. Jahrhunderts: Daten. Längst sind wir alle Bewohner des Planeten GOOGLE. Diese Macht wirft Fragen auf: Warum fotografieren die Kalifornier ganze Straßenzüge und scannen Millionen von Büchern? Ist der freundliche Suchmaschinenriese eine Datenkrake? Was weiß Google über uns? Und was macht GOOGLE damit?

Lars Reppesgaard war bei GOOGLE – in Hamburg, in Zürich und im Googleplex. Er weiß, was GOOGLE kann und will. Er sagt, wie wir GOOGLE nutzen und uns zugleich schützen können. Kenntnisreich und spannend beantwortet er alle wichtigen Fragen zum Phänomen GOOGLE.

»Spannend erzählt Reppesgaard, auf welchen neuen Spielfeldern Google agiert und mit welchen Ideen das Unternehmen jeweils den Erfolg sucht. Es kommt dem Buch zugute, dass er dem Leser nicht vorzugaukeln versucht, er sei ein abgeklärter Beobachter.«

Financial Times Deutschland